INTELLECTUAL PROPERTY AND MARKET COMPETITION

No.8

知识产权与市场竞争研究 第8辑

宁立志 主编

主办单位 | 武汉大学知识产权与竞争法研究所
湖北省法学会竞争法学研究会

法律出版社
LAW PRESS · CHINA
北京

图书在版编目(CIP)数据

知识产权与市场竞争研究. 第8辑 / 宁立志主编. --
北京 : 法律出版社, 2022(2023.10重印)
ISBN 978-7-5197-7292-5

Ⅰ. ①知… Ⅱ. ①宁… Ⅲ. ①企业-知识产权-关系
-市场竞争-研究-中国 Ⅳ. ①D923.404

中国版本图书馆CIP数据核字(2022)第208258号

知识产权与市场竞争研究(第8辑)
ZHISHI CHANQUAN YU SHICHANG JINGZHENG YANJIU (DI-8 JI)

宁立志 主编

策划编辑 沈小英
责任编辑 沈小英 张思婕
装帧设计 李 瞻

出版发行 法律出版社
编辑统筹 法治与经济出版分社
责任校对 张翼羽
责任印制 吕亚莉
经 销 新华书店

开本 710毫米×1000毫米 1/16
印张 13.5 **字数** 276千
版本 2022年11月第1版
印次 2023年10月第2次印刷
印刷 北京虎彩文化传播有限公司

地址:北京市丰台区莲花池西里7号(100073)
网址:www.lawpress.com.cn
投稿邮箱:info@lawpress.com.cn
举报盗版邮箱:jbwq@lawpress.com.cn

销售电话:010-83938349
客服电话:010-83938350
咨询电话:010-63939796

书号:ISBN 978-7-5197-7292-5
定价:96.00元
凡购买本社图书,如有印装错误,我社负责退换。电话:010-83938349

编 委 会

卷 首 语

在学界各位同仁的鼓励与支持下,《知识产权与市场竞争研究》已经顺利出版了7辑。本书作为第8辑,仍聚焦于知识产权法和竞争法领域的理论探讨及实务研究,考虑选题性质、收稿时间等因素,精选出了10篇文章,分别收录于"理论聚焦""学术专论""青年论坛"三个栏目中。

"理论聚焦"栏目共收录了4篇名家大作,以期聚焦前沿法律问题,深剖背后法学理论。曲三强教授的《论禁令制度与知识产权》就禁令制度的缘起和演变、禁令制度的属性和特征、禁令制度的外部法律关系以及禁令制度与知识产权的关系等问题进行了系统化的梳理和研究,揭示了禁令制度的内在本质和外部特征,从而为禁令制度在我国的发展提供了理论支撑。管育鹰教授的《软件相关商业方法发明可专利性判定难题的应对》注意到各国逐渐放宽了对软件相关商业方法发明的客体适格性准入门槛,但是对专利"三性"的把握并不清晰,这可能使保护范围过于宽泛。为此,她建议将发明的充分公开要件审查实质化,作为实用性审查的替代或客体适格性的补充。孙国瑞教授的《论知识产权行政执法标准与司法裁判标准的统一》指出,我国以司法保护为主、行政保护为辅的知识产权保护制度符合现阶段国情,但行政保护应当随着司法制度的健全而陆续回归行政管理本位,知识产权行政执法标准与司法裁判标准的统一取决于法律的统一、对法律的一体遵循以及相关配套制度的完善。冯晓青教授与李可的《平台垄断数据的法律规制研究》剖析了平台数据垄断的成因及影响,就数据对于相关市场界定的意义以及典型的数据垄断行为如拒绝交易、限定交易、搭售和价格歧视进行了深入分析,并在理论和实践层面提出了数据垄断行为的规制方案。

"学术专论"栏目共收录了3篇文章,分别对知识产权权利穷竭原则、短视频二次创作的版权问题以及互联网平台拒绝交易问题进行了富有见地的探索。李强博士在《知识产权权利穷竭原则研究概览及展望》一文中梳理了国内外对于知识产权权利穷竭原则的研究现状,以及关于知识产权权利穷竭原则的研究已从早前以平行进口为主扩展到包括基本理论、网络环境、二手商品市场和数字图书馆等方面。卢鑫和刘淑均的《类型化视域下二次创作短视频版权定性及治理探究》将存在版权侵权争议的二次创作短视频分为混剪类、解说评论类、模仿类等类别,采用“四要素标准”对二次创作短视频的合理使用进行探究,形成了侵权判定的基本框架,并对完善二次创作短视频版权治理提出了建议。喻张鹏的《互联网平台企业拒绝交易行为的法律规制》认为互联网平台实施的拒绝交易行为具有较高的垄断风险,但禁止滥用市场支配制度的困境使此类行为很难被认定违法,适用必需设施原则也存在诸多局限性。因此,他建议引入与反垄断法相配合的事前监管工具。

“青年论坛”栏目共收录了 3 篇文章。孙慕野的《账号交易的法律规制》对账号交易行为的主体、对象和类型进行了界定,认为账号交易既不属于著作权侵权行为,也不属于《反不正当竞争法》规定的典型不正当竞争行为,需要在保持《反不正当竞争法》谦抑性的基础上适用一般条款与“互联网条款”进行个案衡量。曹越的《算法责任构成研究——以大数据杀熟为例》在分析大数据杀熟行为的影响及其与算法的联系的基础上,将算法责任细化为责任主体、行为模式、举证责任与主观心态以及赔偿金额认定等具体构成要件。张键的《平台经济领域的相关市场界定——以保护消费者利益为价值导向》认为应将保护消费者利益确定为平台经济领域相关市场界定的基本价值导向,在选择具体的界定方法时,应在数量选择、工具选择等方面采取最符合消费者利益的方法,在此基础上,他提出了优化平台经济领域相关市场界定方法的建议。

《知识产权与市场竞争研究》的出版离不开各位作者、编辑以及出版社工作人员的热情支持和无私奉献,在加强知识产权保护、强化竞争执法的宏观背景下,希望本书能够起到凝聚学术共识、研拟法治策略的作用,为中国知识产权法与竞争法事业的进步略效绵力。

目　　录

理论聚焦

学术专论

青年论坛

理论聚焦

论禁令制度与知识产权

曲三强*

内容提要:长期以来,禁令制度一直是引起理论界和司法界广泛讨论的议题。禁令制度是早期英国衡平法的产物,在经历了数百年发展之后,借由世界贸易组织的平台进入中国。由于跨越了普通法和大陆法两个不同传统的法律体系。本文拟就禁令制度的缘起和演变、禁令制度的属性和特征、禁令制度的外部法律关系以及禁令制度与知识产权的关系等问题展开研究,致力于探明禁令制度的内在本质和外部特征,为顺利实现禁令制度在我国发展的目标提供理论上的支撑。

关键词:衡平法;禁令制度;临时措施;知识产权

表1　简称表

中文全称	英文全称	简称
世界贸易组织	World Trade Organization	WTO
与贸易有关的知识产权协议	Agreement on Trade-Related Aspects of Intellectual Property Rights	TRIPs 协议

禁令制度起源于英国历史上的衡平法,在经历了数百年的发展演变后,借由世界贸易组织(World Trade Organization, WTO)的《与贸易有关的知识产权协议》(Agreement on Trade-Related Aspects of Intellectual Property Rights, TRIPs 协议)进入到中国。WTO 框架下的禁令制度主要适用于知识产权领域。伴随中国加入 WTO 的进程,禁令制度也对中国的立法建构和司法实践产生了深刻的影响。本文尝试从基本概念、历史演变、理论基础、制度设计以及司法实践等诸方面,对禁令制度作出全面系统

* 北京理工大学法学院教授、博士生导师,中国法学会知识产权法学研究会副会长,北京知识产权法研究会会长。

地分析研究,以澄清当下理论与司法层面上对禁令制度的模糊认识,探究禁令制度的内在本质和外部特征,认清中国语境下的禁令制度所具有的法律功能与机制作用。

一、禁令制度的历史考察

(一)禁令基本概念①

迄今为止,围绕禁令而展开的概念表述可谓是五花八门,形态多样。这种概念表述上的混乱所造成的直接后果就是理论和实践对禁令认识的歧义。由于缺乏明确的前提,在讨论禁令问题的时候难免各说各话,李代桃僵。以历史的眼光看待,禁令从其产生到现在经历了一个发展变化过程。在历史发展的每一个阶段和空间,禁令都具有其特定的内涵与外延。因此,认清禁令的前世今生和发展嬗变,不仅可以帮助我们更好地认识禁令的法律属性和社会功能,而且还可以帮助我们更好地掌握和利用这种法律工具为今天经济社会的进步发展提供服务。

这里把历史上曾经出现过的关于禁令的表述尽可能全面地罗列出来,并加以梳理归纳,以为后面的讨论提供一个清晰的轮廓和前提。迄今为止,能够收集到的关于禁令的中文表述有如下列:禁令(injunction)、禁止令(injunction)、禁制令(injunction)、诉前禁令(preliminary injunction)、中间禁令(interlocutory/interim injunction)、临时禁令(provisional injunction)、终局禁令(permanent/perpetual injunction)、命令性禁令(mandatory/compulsive injunction)、禁止性禁令(restrictive injunction)、临时措施(provisional measure)、临时救济(provisional remedy)、行为保全(behavior preservation),等等。

如果按照法律效力、存续时间和诉讼时段的标准对前列概念进行归纳,关于禁令的表述大致可以分成以下三类。

(1)统称为禁令。禁令与禁止令和禁制令同属一个概念,都是源自英文的法律术语"injunction"一词,只是由于中文翻译的缘故而表现为不同的译法。禁令因其存续状态、法律效力和发生时段的不同被赋予不同的形式。以存续状态为标准,可以把禁令分为临时禁令和终局禁令;以法律效力为标准,可以把禁令分为命令性禁令和禁止性禁令;以发生时段为标准,可以把禁令分为诉前禁令和中间禁令。

(2)统称为临时措施。临时措施与临时救济是两个非常近似的概念,在多数场合下两者可以替换使用。当然,如果从理论上进行探究的话,两者还是存在些许差异的:临时救济更侧重理论层面的表达,强调的是对权利的补救;临时措施更侧重实践层面

① 牛津法律大辞典编译组编译:《牛津法律大辞典》,光明日报出版社1988年版,第453页。

的效果，强调的是手段的运用。

临时措施的概念出现在 WTO 的 TRIPs 协议中。① 从性质和内容上看，TRIPs 协议所规定的临时措施与英美法中经常使用的临时禁令并无二致。不知 WTO 为何没有沿用禁令的概念，而是采用了"临时措施"的概念，可能这种制度安排更彰显 WTO 的包容性和公允性，因为临时措施概念在一定意义上也涵盖了大陆法的相关元素。无论如何，临时措施从英美法的禁令制度发展变化而来的事实是无庸置疑的。换句话说，临时措施的骨子里镌刻着禁令的基因，他们是血脉相连的孪生兄弟。只有认识到这一点，我们才能历史地去看待临时措施这种法律制度，将其作为一个传承整体而不是孤立现象对待。

(3)统称为行为保全。行为保全是在中国法语境下禁令的另外一种称谓。在民事诉讼法的概念中，行为保全是指为了避免当事人或者利害关系人的利益受到不应有的损害或进一步的损害，法院可以对相关当事人的行为采取强制措施。对行为保全的裁定，可以申请复议，但不可以上诉。从法律语义上讲，行为保全的外延似乎要比禁令的外延宽泛，因为在中国法语境下，行为保全不仅针对人的行为，而且还针对人的人格和人身安全。

无论各国法律对禁令采取什么样的称谓，都不能改变其本质相同的事实。禁令是在对侵权诉讼进行最终裁决之前，由法院依据权利人的申请作出的要求被申请人停止侵权行为的决定。禁令的目的就是维护申请人的合法权益，防止损害范围的扩大。② 从禁令到临时措施，再到行为保全，这种发展变化过程具有其内在的逻辑承继性，禁令在不同的时空条件下所展示的内涵是一样的。换言之，它们不过是在不同语境下对同样的法律现象的国别化解读。有了这样的认知之后，也就不难理解为什么这些概念会被经常性地互换或替代使用。

(二)禁令制度发展的历史

禁令制度可以追溯到古罗马法，它是一种责令被申请人停止某种行为或者不得为

---

① TRIPs 协议第 50 条规定，为了制止侵犯任何知识产权活动的发生，尤其是制止包括由海关放行的进口商品在内的侵权商品进入其管辖范围的商业渠道，保存被诉为侵权的有关证据，司法机关有权责令采取及时有效的临时措施。该协议强调司法当局在有关利害关系人提出请求之后可以采取有关措施。当事人应该在提出申请的时候提供证明自己是知识产权权利人的证据、提供侵权可能会马上发生或已经发生的证据、提供保证金、提供能够使司法当局去认定侵权的必要信息。参见 TRIPs 协议知识产权执法部分第三节之规定。

② 参见蒋顺：《TRIPs 协定中的诉前禁令制度及其在中国的实践》，广西师范大学 2008 年硕士学位论文，第 10 页。

一定行为的命令。① 伴随历史的发展,禁令演变成英国衡平法的一项救济措施。禁令的主要功能是,当普通法对某种损害行为不能提供充分救济时,便可以利用禁令来作为补救。禁令主要是被用来防止侵权行为的未来侵害,而不是对已经发生的损害进行补偿;或者是对不能以金钱来衡量或给予金钱损害赔偿并非恰当解决方式的损害行为提供救济。

1. 衡平法的兴起

历史上衡平法是英国经济社会发展的产物。12~13世纪的英国经济社会已经发展到了较高的水平,商品经济的日益复杂形成许多新的财产关系和人身关系。在新的商品经济关系中形成的特殊权益,很难在普通法院找到合适的诉讼形式来加以保护。传统的普通法在面对这些新变化时显得捉襟见肘,应对无措,其自身的缺陷和局限性逐渐显露。

普通法奉行的信条是程序优于权利,难免陷入"程序之奴"的境地。因此,严重的形式主义一直被看成普通法的硬伤。按照普通法的理念,手段的价值高于目的的价值,形式的意义大于内容的意义,其强调只有程序的公正才能保证实体的公正,实体正义只能通过程序正义才能够实现。受这种理念的影响,法律体系的建构势必倒向实体法对于程序法的极大依赖,实体权利和义务被紧紧地束缚在诉讼程序的框架里。长此以往,普通法逐渐演变为不是以实施公平为目的的法律体系,而是繁苛的程序堆砌。普通法的令状制度便是这种极端形式主义的典型表现。所谓令状是由大法官以国王的名义颁发的要求接受令状者履行某种行为的命令。令状是普通法诉讼的前提和基础,没有令状就不能在王室法院起诉。在普通法早期,对令状的种类并无限制,但是到了1258年英国议会通过的《牛津条例》后,②情况发生了本质变化。根据《牛津条例》

---

① 禁令在罗马法中是指由地方行政官发给某一特定人的命令或禁止令。发布前不需要进行长时间的调查,旨在给予原告人受到威胁的利益直接的保护。有关的利益是与维护公共秩序有关的利益,如财产所有权、继承权、地役权、抵押权和其他个人权利。如果被告人不遵守禁令,则案件将以不利于他的方式加以审理。这种禁令也可以用于保护公共利益,诸如与道路或河流有关的公共利益。在苏格兰法中的禁令大致相当于英格兰法中的强制令,主要用于终止威胁性地侵犯或者持续、重复地侵犯原告人拥有的某些权利,如以滋扰、污染、侵犯专利权或版权等方式进行的侵犯。它可以作为临时禁令,批准与否由法院根据各种条件下的难易程度斟酌决定;也可以作为永久性禁令,长期用于调整当事人之间的关系。它还可以用于延缓执行扣押,可以作为处理可继承财产所有权问题的一种方式。不服从禁令要受到严肃处理,并可给予监禁或罚款的处罚。

② 为了迫使英王亨利三世遵守1215年由其父亲英王约翰签署的《大宪章》,贵族再次向国王宣战。其中由伊特福特率领的军队打败了亨利三世,并在1258年4月与英王谈判,后者被迫答应于6月12日在牛津举行改革会议,会议由12名廷臣和12名男爵组成,签署了著名的《牛津条例》。

的规定,议会法具有最高权威,一切法令均不得与其相悖。15 名贵族组成的委员会与国王一起共同施政。国王采用的任何措施都必须征得委员会的同意方可实施。自此以后,英国大法官不再有权颁布有违先例的新令状。旧有的令状及其所对应的诉讼形式和程序的种类被严格地固定下来。这种刻板、僵化的诉讼制度显然不能满足商品经济的发展和财产关系日益复杂的现实需要,更何况申请令状的高昂费用也令人望而却步。

普通法的另外一个缺陷是内容陈旧、审判保守和救济方法单一,不能为权利人提供有效的法律救济。普通法是在中世纪晚期的自然经济环境中形成的,这时的内容已经变得陈旧甚至僵化,制度规范已经明显落后于经济发展的需要。普通法向受害人所能够提供的唯一救济手段是金钱赔偿,而且只能对那些现实存在的损害才进行赔偿,对无法以金钱衡量的损失以及受害人将来有可能遭受的损失则不予考虑。除此之外,对于那些不要求赔偿,只要求制止侵权行为的受害人而言,普通法也无法提供有效的救济。由于普通法院无权发布禁令,因而无力制止侵权行为的发生、持续和重复。普通法院也无法克服诸如陪审团受贿、治安法官徇私枉法、效率低下等长期存在的弊病。所有这些因素最终导致普通民众很难通过诉诸普通法而获得公平及时的法律救济。

中世纪普通法法庭视国王为一国之父。在封建观念看来,"国王与臣民的关系表现为国王保护臣民的福祉和臣民效忠于国王"①。当普通法不能有效地保护臣民的福祉时,他们就把希望转移到国王身上。"依靠普通法得不到保护的当事人,就按照自古形成的习惯直接向国王请求裁决。起初国王都是亲力亲为审理这些案件,但是,长此以往就变成了一种沉重负担,国王便不得不把这项繁重的业务交给大法官分担。"②就是在这样一个权力转换的窗口期,衡平法获得了充分表现的机会。1474 年,英国大法官第一次以自己的名义颁布了一道衡平法令,而此前所有法令都必须以国王的名义颁布。而这也成为衡平法院独立的标志,大法官根据公平正义原则,采用简洁的诉讼程序,审理不属于普通法诉讼范围的民事案件,用以弥补普通法的不足。

由此可见,经济社会的发展不可避免地会导致新的社会矛盾和复杂关系的出现。英国历史上的衡平法就是在经济发展需要新的法律保护,徒具僵硬的诉讼形式并且内容狭隘的普通法又不能解决社会上新讼争的情况下应运而生的。

2. 衡平法的内容

15 世纪末叶,英国法律体系由于衡平法的出现而形成了普通法与衡平法分立的二

---

① 牛津法律大辞典编译组编译:《牛津法律大辞典》,光明日报出版社 1988 年版,第 453 页。

② 牛津法律大辞典编译组编译:《牛津法律大辞典》,光明日报出版社 1988 年版,第 453 页。

元制状态。这一时期的普通法和衡平法各有自己的法院系统,诉讼程序也各执一套。①

禁令是由衡平法院发展起来的一种救济方法,由法官根据自由裁量原则决定,其目的在于填补普通法的救济不足。当事人通过向法庭申请中间禁令要求禁止被申请人采取某种行为从而达到在诉讼过程中维持现状的目的。法官在受理中间禁令申请的时候重点考虑两个因素:一个是原告能否提出证据证明其有可能最终胜诉;另一个是原告能否证明其由于得不到禁令而遭受的损失将超过被告的行为受限而遭受的损失。

衡平法创立了几项基本原则,了解这些原则对于我们今天认识禁令制度的法律属性和本质具有重要意义。这些基本原则包括以下几项。

(1)衡平法无救济则无权利(Equity will not suffer a wrong to be without remedy)。它是指当一种错误造成损害结果,受到损害的权利必须能够得到法律上的救济。也就是说,当普通法出现权利救济的空白时,衡平法就会施以援手,因为衡平法不能容许权利遭受损害而得不到法律救济。最典型的例子是信托事项,委托人将财产转移给受托人之后,如果受托人声称这些财产是他自己的,那么,受益人在普通法上是很难得到救济的。因为在普通法看来,那些财产的确是受托人的,他就是财产的法定所有者。在这种情况下,受益人不得不去寻求衡平法的救济,方能使其权利得以实现。当然,这个格言并不意味着任何受损的权利都能得到衡平法的救济。事实上,衡平法院能够提供救济的情形也只限于那些能够在司法上予以强制实施的受损权利,否则,衡平法也是爱莫能助。

(2)衡平法之对人行为(Equity act on people)。即衡平法针对的是人的行为。衡平法院的禁令就是强制被告人实施一定的行为(作为)或者不实施一定的行为(不作为)。起初,在用益权场合,衡平法院针对的是拥有法定土地所有权的受让人。后来,衡平法院的命令不仅针对财产的法定所有人,而且在一定条件下,也可以针对后来获得财产的法定所有人。结果,由于涉及被告的财产,衡平法权益也就有了某些对物权的特征。至于信托受益人的权益到底是对人权还是对物权,则始终存在争议。

(3)衡平法遵从法律(Equity follows the law)。它的意思就是衡平法不能违背制定法,凡是普通法承认的权益,衡平法也不能拒绝。衡平法并非要取代普通法,而是对普通法的补充。衡平法除了承认普通法权益外,还承认那些不为普通法承认的部分权益。在信托制度中,普通法认为信托财产的法定所有权属于受托人,对此衡平法并不加以否认,否则便会与普通法产生冲突。衡平法是在承认普通法权益的基础上要求受

---

①　这一时期的衡平法院系统主要包括大法官法院、上诉法院和恳请法院。

托人履行他的信托义务。衡平法承认受托人是信托财产的法定所有人,然而,这并不构成阻却其履行信托义务的合法理由。衡平法强调的是受托人必须履行信托义务,即遵照委托人的指示为了受益人的利益而去管理和处分财产。

(4)衡平法者须衡平行事(Those who seek equity must do equity)。它的意思就是,那些诉诸衡平法救济的原告也必须用同样的衡平法原则去对待被告。如果原告不能或不愿履行未来的义务,那么也就没有理由要求被告履行相应的义务。同样的道理,如果实现原告的公正结果将会给被告造成更大的不公正,那么衡平法便失去了干预的理由,因为衡平法不能为了实现公正而造成更大的不公正。

3. 衡平法的淡出

19 世纪中叶,衡平法和普通法二元体制的弊端日渐显露,其中最突出的就是程序的繁苛和成本的高昂,不能为当事人的权利提供及时有效的救济。1867 年英国议会司法委员会提出主张要推行二元体系的合并。1875 年英国议会颁布实施《司法条例》,取消了普通法院和衡平法院的二元体制,并创设了包括高等法院和上诉法院两个部分的最高法院。在英国高等法院下面设立了五个法庭:衡平法庭[①]、王座法庭[②]、普通法法庭[③]、棋盘法庭[④]和负责遗嘱、离婚以及海事的法庭[⑤]。这时的上诉法院仅管辖高等法院的上诉案件,后来也开始受理郡法院的上诉案件。与此同时,《司法条例》还制定了一套专门适用于最高法院统一的诉讼规则。

在 1875 年《司法条例》之前,英国高等法院的五个法庭已经不再是彼此独立的法院了,而是各具职能又相互依赖的法庭。[⑥] 在 1875 年之后,各个法院的业务分工则发生了根本性的变化,案件业务的分配不再需要国会法令批准,而是依照法官的命令即可变更。甚至就连高等法院的法庭设置都可以遵照御前会议的命令废除或变更而无须国会颁布法令。法官无论属于哪个法庭,都必须在由他审理的案件中适用已有的案件判决,而无论是基于普通法规则还是基于衡平法规则。任何一个法庭均不得以不适用衡平法或普通法为由不受理案件。至此,英国的衡平法院彻底完成了其历史使命,在司法改革中与普通法院实现了统一。

---

① 薛波主编、潘汉典总审订:《元照英美法词典》,北京大学出版社 2003 年版,第 341 页。

② 同前注,第 1133 页。

③ 同前注,第 340 页。

④ 同前注,第 340、341 页。

⑤ 同前注,第 1098 页。

⑥ 衡平法院负责慈善或私人信托的执行,抵押物的赎回权的取消等。

4. 衡平法的影响

英国高等法院下设的五个法庭和上诉法院均有权签发禁令。法院签发禁令是根据属人原则而不是属地原则,即不论受禁制的行为是否发生在其管辖范围之内,均可以签发。例如,在要求偿还到期债务而提起的诉讼中,即使被告人不在英国,只要是有财产在英国境内,法院即可签发中间禁令以防止其在案件审理期间将财产转移出去。在离婚或分居的案件中,为了防止骚扰发生或财产转移,法院也可以发出禁令。如果被告违反法院签发的禁令,其行为将被视作藐视法庭而受到严厉处罚。

以大法官制为中心形成的衡平法是英国人对人类法律思想的重要贡献,衡平法中的禁令制度对后续国际法和国别法的发展均产生了深刻的影响。

二、禁令制度的本体分析

从前文对禁令制度的考查中,我们已经对禁令的产生、发展和演变过程有了一个基本认识。禁令制度沿袭到今天,无论其表现形式或叙事方式有多么的不同,其本质属性并没有改变。对禁令制度的本体作进一步探究,可以帮助我们更深刻地认识其价值基础、法律属性、实质内容以及适用程序。

(一)禁令制度的正当性诠释

如果法律仅赋予公民赔偿请求权却不能使其有机会制止即将发生的损害,那么这种赔偿权就是不完善的;如果一个国家不授予其法院在损害尚未发生期间内基于当事人的申请而提供法律保护措施的职权,这个国家就未尽到提供法律保护的义务。[①] 中国加入 WTO 以来,知识产权案件呈现出数量多和法律关系复杂的特征。产生这种现象的主要原因有以下几点。(1)随着全球化时代的到来,人与人之间的社会交往比历史上任何一个时代都更为密切且频繁,社会关系的复杂导致了法律关系的复杂。(2)随着经济社会的发展和科学技术的进步,法律关系中掺杂了许多其他因素,使法律纠纷中的事实判断和法律评判日趋复杂。(3)随着人们生活水平的提高,人们的物质欲望也相应增加,社会普遍盛行的逐利心态促使一些人尝试着去触碰法律的底线,故意制造形式合法而实质违法的现象,人为地造成法律关系的复杂化。

从民法的价值取向上看,对自由法益保护的价值应该高于对财产法益保护的价值。最高人民法院《关于人民法院办理财产保全案件若干问题的规定》明确规定,在考虑适用财产保全的条件时,应当坚持适用比例原则。该解释的第5条和第13条确立了

---

① 参见[德]克里斯蒂安·冯·巴尔:《欧洲比较侵权行为法(下)》,张新宝译,法律出版社2001年版,第166页。

价值相当原则和最小损害原则。既然财产保全必须要遵循比例原则,那么,作为比财产保全所保护的法益具有更高价值顺位的行为保全,适用比例原则更具有正当性。

在普通的行为保全或财产保全程序中,法院通常更倾向于对权利人的保护。这种取向的主要原因是,普通的侵权纠纷的双方当事人只是普通关系,而且相对稳定;相较之下,知识产权纠纷的双方当事人往往是处于竞争状态的利害关系人,是一种特殊关系,相对不够确定。譬如,在申请主张人格权禁令的场合下,禁令的适用并不会对被申请人自身的经济利益产生太大的影响。然而,在竞争关系中,禁令的采取则可能完全不同的效果。双方之间经常是在零和博弈。如果采取行为保全措施,则会给被申请人的市场利益造成极大的负面影响;反之,如不采取保全措施,则申请人的利益就会受到影响。基于这样的利益关联,保全程序的重点在于关注利益平衡,即慎重地对待行为保全的必要性和正当性。利益平衡是适用行为保全程序中的一个重要考量因素。

从某种意义上说,禁令制度似乎与自然法的理性价值并不十分吻合。普通法基于朴素的公平正义价值观,强调行为的客观损害而较少关注行为主体的心理状态对于责任构成上的意义。普通法主张损害结果是损害赔偿的唯一的客观依据,侵权责任构成的基础是侵权行为与损害结果之间的因果联系,而行为主体的心理状态并不重要。普通法以自由意志和自然理性为其理论基础,在侵权责任的建构上只强调危害行为的已然性,而对未然行为的危险性则不予考虑。强调只有现实的损害结果才是损害赔偿的逻辑前提,而未来的可能损害则不能作为法律处分的合法依据。总而言之,普通法是以权利本位为理念,以意思自治、等价交换和公平正义为基础的法律体系,其效力所及是已然的现实世界,而不是未然的未来世界。①

与普通法相比,衡平法中的禁令制度在坚持公平正义价值观的前提下,也会强调效率价值对经济社会发展和法律关系调整的重要意义。这种法律理念上的变化不能不说是一种进步。因为经济社会日益复杂,调整人们社会关系的法律也要随之变化。在这样的社会背景之下,效率价值超越公平价值而成为现代社会所尊奉的一种法律观念就不难理解了。

(二)禁令制度的法律属性

长期以来,关于禁令到底是一种实体处分还是一种程序措施的问题一直存在争议。从衡平法的历史看,禁令从一开始就是作为一种实体处分而不是一项程序措施,禁令适用的对象是行为而不是财产。法院以行为作对象而作出的具体裁判是有别于那些以财产为对象的诉讼的。禁令之所以会发生在诉讼之前或诉讼之中,是由诉讼对

① 牛津法律大辞典编译组编译:《牛津法律大辞典》,光明日报出版社1988年版,第453页。

象的性质所决定的。如果禁令是永久性的,那么就与终局的裁决没有区别了。在一般情况下,财产所承载的法律关系表现为一种静态关系,时空条件的变化不会影响财产本身的价值,即使在诉讼终结之前财产持续遭受损害,在诉讼终结的时候,损害的结果也可以获得足额的赔偿,财产法律关系仍旧可能恢复到原来的状态。相比之下,行为所承载的法律关系通常表现为一种动态关系,时空条件的变化或者人为因素的作用都会直接影响到最终的结果。尤其是当行为具有经济意义的时候,为或不为这种行为就会直接导致金钱财产的损益变化,而且这些变化具有不确定性和难以弥补的性质。行为的不可预期性和结果的不可挽救性都决定了公权力提前干预的必要性和紧迫性。采取禁令的方式来阻断侵权行为的继续发生,并将其固定在一个可予评估的阶段,以便在诉讼终了之时用以判定损害赔偿的多寡,这就是禁令存在的重要意义。

在许多场合下侵权行为都具有持续性或连续性特征,任何阻断行为的结果都会逻辑性地影响将来,这是行为的惯性使然。如同一条河流,如果没有遇到水坝拦截,就会按照自身的流向继续流动下去。禁令就像一道水坝,侵权行为被阻断是通过法律设计的外在力量完成的,其目的既包括对阻断之前的侵权行为及其造成损害加以固定,也包括对未来可能发生的损害的防范。把这一过程形容成止损是比较恰当的。由此可见,禁令的根本目的是对既往行为的处断,而不是对未来可期的法律关系的处分,防止可能发生的损害是禁令适用的自然效果。在这一点上,行为禁令与诉讼程序保全措施具有本质上的区别。

禁令从其发生之始就具有实体性而不是程序性的法律属性。认识到这一点非常重要,否则,我们就很难对禁令制度的本质有一个深刻的理解。以行为为对象的禁令制度始终受到行为本身的制约。为了避免造成不可预期或难以挽回的损害结果,必须在诉讼之前或诉讼之中而不是诉讼终结的时候采用禁令,这是由行为的特性所决定的。不过问题来了,既然禁令是带有实体性的法律处分,而且还是在诉讼终结之前被采用,那么这种“未审先判”的合法性在法理上又该如何解释。按照自然法理论,只有经过合法程序作出的实体裁决才符合正义,才具有合法性。如果未经过一系列的诉讼过程,诸如事实陈述、证据质询、法庭抗辩等程序而作出的实体裁决则是不公平的,不具有合法性。理由很简单,程序正义是实体正义的前提,只有程序的公正才能保证实体的公正。既然如此,又该如何解释“未审先判”的禁令制度。这就需要回到衡平法的理论框架中去寻找答案。衡平法有一条非常重要的原则,就是“无救济则无权利”。就是说,当一种侵权行为发生并且造成损害结果时,法律必须为受损害的权利提供救济。这种救济必须是全面且充分的,不应给侵权行为留下任何漏洞和可乘之机。

禁令制度的实体性还可以从德国法的假处分制度(einstweilige anordnung)中得到

印证。[1] 在德国法律中，关于行为保全的内容被包含在假处分之中。为避免重大损害，或阻止突发暴力，或基于其他公益上的重要理由而有紧急需要者，德国联邦宪法法院得以假处分的措施对该状态作暂时之处置。在特别紧急的情况下，法院可以不给予案件当事人、诉讼参与者或有陈述权利的人陈述意见的机会，可以不经言辞辩论而作出假处分的裁决。[2] 由此可见，假处分制度实际涵盖了行为保全的内容。在民事诉讼案件中，为避免重大损害或防止紧急暴力行为，或基于其他原因，对于有争议的法律关系，特别是具有继续性或连续性的法律关系，有必要规定其暂时状态时，可以实施假处分。假处分的具体内容由法官进行自由裁量，包括但不限于命令相对方当事人为或不为一定行为，并且在原则上不因对方当事人的反担保而撤销。

（三）禁令制度的主要内容

禁令作为一种法律制度安排，在内容结构的设计上须满足功能上的需要。根据TRIPs协议，临时措施的内容主要包括其实施主体和适用对象。[3] TRIPs协议第50条规定，为了制止侵犯任何知识产权活动的发生，尤其是制止包括由海关放行的进口商品在内的侵权商品进入其管辖范围的商业渠道，保存被诉为侵权的有关证据，司法机关有权责令采取及时有效的临时措施。这里所称的司法机关，即实施主体，应作广义解释，包括司法部门和行政部门。在有关利害关系人提出请求之后司法机关可以采取临时措施。在当事人提出申请的同时还必须提供证明自己是知识产权权利人的证据、侵权可能即将发生或已经发生的证据、能够使司法当局认定侵权的必要信息，并提供保证金。

TRIPs协议还对边境措施作出特别规定。[4] 边境措施主要是用来阻止侵权的进口商品进入海关。边境措施也是一种带有禁令性的临时措施。边境措施不同于临时措施的地方是实施主体不一样，采取临时措施的主体是司法部门，而采取边境措施的主体是行政部门（海关）。

---

① 牛津法律大辞典编译组编译：《牛津法律大辞典》，光明日报出版社1988年版，第453页。

② 参见《德国民事诉讼法》第940条之规定，因避免重大损害或防止急迫的强暴行为，或因其他原因，对于有争执的法律关系，特别是继续性的法律关系，有必要规定其暂时状态时，可以实施假处分。假处分的具体内容由本案法院自由裁量，它包括但不限于命令对方当事人为一定行为或禁止对方当事人为一定行为，并且原则上不因对方当事人的反担保而撤销。在紧迫的情形下，可以不经言辞辩论作出裁决。德国民事诉讼法关于假处分规定的一个显著特点在于它强调假处分程序的独立性。虽然假处分是在第八编强制执行中规定的，但它并非执行程序，而是简化了的加速判决程序，其诉讼标的是要求担保之权利，而非债权本身，假处分的请求并不中断债权本身的诉讼时效，假处分的裁决也对本案主诉程序也没有任何的拘束力。

③ 参见TRIPs协议第50条之规定。

④ 参见TRIPs协议第51～60条之规定。

2021年《中华人民共和国民事诉讼法》(以下简称《民事诉讼法》)对行为保全设置了双重目的。一种情形是,当行为保全请求属于本案诉讼请求的组成部分时,譬如说在专利权侵权、著作权侵权纠纷中,如果申请人的诉讼请求已经包含行为保全请求的内容,即行为保全所要保护的法益属于本案诉讼请求所保护的法益组成部分,此种类型就属于确保型行为保全。另一种情形是,为了防止给权利人的合法权益造成难以弥补的损害,法律允许对申请人诉讼请求以外的其他法益通过行为保全加以保护,此种类型为制止型行为保全。① 两种行为保全在适当性原则的要求上有以下区别。

(1)对于确保型行为保全而言,适当性原则要求将保全申请所采取的手段和本案的诉讼请求来进行比对,看该手段是否有助于实现本案诉讼请求。不过,由于保全程序是一个附带性程序,如果本案诉讼请求不具有胜诉可能性,也就意味着保全程序缺乏可能性,所以很难达到适当性的要求;如果行为保全申请没有超出本案诉讼请求范围,则可以认定其符合适当性要求。

(2)对于制止型行为保全而言,由于行为保全所采取的手段并不是本案诉讼请求所保护的法益,所以申请人需要证明的有两点:一是行为保全所保护的法益是存在的;二是保全手段能够实现保护法益。因此,在制止型行为保全中,申请人需要承担较重的证明责任。在司法实践中,大多数案例都属于确保型行为保全。

(四)禁令制度的价值取向

"衡平法者须衡平行事"的基本原则已经被融入禁令制度的灵魂,那些诉诸衡平法救济的原告也必须用同样的原则去对待被告,衡平法不能为了实现一种公正而造成一种更大的不公正。这种追求公平的衡平法精神深刻地影响着禁令制度的价值取向,禁令制度所强调的比例原则便是衡平法精神的最集中的体现。

比例原则最早是以公法的原则出现的,由宪法和行政法所确立,后来逐步扩展到诉讼法领域。比例原则的宗旨是,在行使自由裁量权时权力机关必须全面衡量公益与私益的得失,并在此基础之上选择对相对人侵害最小的适当方式实施,不能超过必要限度。正是在这种意义上,比例原则也被称为最小侵害原则、禁止过度原则或平衡原则。按照比例原则,在合宪的前提之下,首先要考虑手段的有效性,其次去选择对公民权益侵害最小的手段来实现同样的目标。必须要对所涉及的利益进行总体上的考量,评估程序的目标价值是否明显超出为了实现目标所采取的手段对公民基本权利的损害价值。

禁令是凭借国家司法权强制介入私权领域的一项临时措施。临时措施的性质决

---

① 参见《民事诉讼法》第103条之规定。

定了司法权的介入不仅要有正当性依据，而且还要有相应的程序保障。比例原则恰恰是对国家公权力如何在正当程序的保障下介入私权领域的规制方式。在禁令的适用中，比例原则将涉及对适当性、必要性、衡量性以及相对性的审查。

关于知识产权的临时措施，必须要强调其正当性和比例原则，强调双方当事人利益的平衡，避免由于采取临时措施而对被申请人或社会公共利益造成损害。

相较于以财产为对象的保全措施而言，比例原则对于行为保全而言具有特别意义。财产保全所保护的法益可以凭借金钱来补偿，而行为保全所保护的法益却并不都是金钱补偿可以做到的。因此，在行为保全的场合下，“难以弥补的损害”的要素需要特别加以强调。所谓“难以弥补的损害”在这里主要是指非财产性的损害。禁令需要限制被申请人的行动自由，假如被申请人是一位市场经济参与者，则会在很大程度上限制其进行市场经济活动的权利。

从法律与实践的情况看，适用比例原则时需要满足三个原则要求，即适当性原则、必要性原则和均衡性原则。(1)适当性原则是指，所采行的临时措施能够实现诉讼目的，或至少是有助于实现诉讼目的的正确手段。手段与目的之间的关系必须相称。[①] (2)必要性原则是指，在适当性原则已获肯定后，在能达成法律目的的诸多方式中，应选择对人民权利最小侵害的方式。(3)均衡性原则是指，法院应就所采取的临时措施与所要达到的目的之间的损益进行权衡。在诸多方式的选择面前，法院应本着“两害相权取其轻”的功利标准进行选择。禁令的宗旨要求法官在所采用的手段和所要达到的目的之间寻求平衡，或者说，法官应当优先选择对被申请人造成最小损害的手段而用之。

三、禁令制度的外部关系考察

禁令制度从其产生到如今的数百年间里经历了许多发展和变化，尽管如此，根植于禁令制度骨子里的基因却未有改变，仍旧是普通法体系的有机部分，与普通法体系浑然一体，难以分割。相对于普通法系，中国法传统更接近于大陆法系，这就使禁令制度在中国法体系中不可避免地会产生排异现象或水土不服。为禁令制度在中国的立法和司法带来不小的挑战。如果把禁令制度当作独立的一套系统看，那么当其被借鉴到中国法律体系中时，不可避免地会与既有的传统制度产生交叉与重叠，甚至还会发生冲突。因此为了更好地消除这些排异反应，实现禁令制度在我国更好的发展，并将

---

① 申请人申请行为保全措施时，法院在采取保全措施时是否满足了适当性要求，应该依据法律规定的标准衡量。参见《民事诉讼法》第 103 条和第 104 条之规定。

其有机地融入中国法体系,就十分有必要厘清禁令制度与现有的其他法律制度之间的联系与区别,从外部关系上对禁令制度进行考察。

(一)WTO语境下的禁令制度——临时措施

TRIPs协议是WTO"一揽子"协议中的一项重要协议,要求所有加入的成员都必须一体遵守。TRIPs协议关于知识产权最低保护的原则也体现在其对程序法的规定上面。TRIPs协议关于临时措施的规定不仅十分明确,而且还非常具体,这就为各成员的国内(境内)立法提供了标准和指南。

在WTO框架下禁令制度被表述为临时措施的概念。依照TRIPs协议,临时措施被分为诉前临时措施和证据保全措施两大类,所保护的内容包括版权及其相关权利、商标权、地理标志权、工业品外观设计权、专利权、集成电路布图设计(拓扑图)权和未经披露的信息(商业秘密)专有权等权利。以临时措施的目的为标准,又可以将临时措施分为制止侵权的临时措施和证据保全的临时措施。制止侵权的临时措施包括停止已经发生以及即将发生的侵权损害;证据保全的临时措施是对所有涉案的证据进行保全,因为证据是确认侵权的根据,是法院在此后诉讼中作出判决不可或缺的基础条件,保存侵权证据其实就是证据保全。

1. 临时措施的主要内容,包括制止侵犯任何知识产权活动的发生,阻止由海关放行的进口侵权商品进入其管辖区的商业渠道,保全证据,保存被诉为侵权商品的有关证据,不排除财产保全的内容。

2. 临时措施的实施主体,主要是司法当局,在符合相同原则的前提下行政当局也可以采取这种临时措施。

3. 临时措施的启动,主要是由司法当局根据当事人的申请而采取,至于司法当局能否依据职权主动采取临时措施则没有作出明确规定。

4. 临时措施的程序,包括申请程序、确认程序、担保程序、通知程序、认证程序、撤销程序以及赔偿程序。①

(二)中国法语境下的禁令制度——行为保全

中国于2000年加入WTO后,开始修正法律以满足TRIPs协议对知识产权保护的最低标准。调整后的相关法律将禁令制度纳入其中。就现行法律规定而言,禁令的适用范围还仅限于著作权、专利权、商标权以及集成电路布图设计专有权,另外,地理标志也被作为一种标识纳入商标权的保护领域,同时外观设计也被放入专利法保护范围。初期的法律调整并未明确将不正当竞争行为包括在禁令救济的范围。2013年上

---

① 牛津法律大辞典编译组编译:《牛津法律大辞典》,光明日报出版社1988年版,第453页。

海市第一中级人民法院根据2012年新修改的《民事诉讼法》第100条规定,率先将禁令应用于不正当竞争案中,打响了司法实践的第一枪。① 直到2018年最高人民法院发布《关于审查知识产权纠纷行为保全案件适用法律若干问题的规定》,法律上才明确将不正当竞争行为纳入适用禁令的范围。②

中国履行其加入WTO的承诺,依照TRIPs协议的相关规定,在涉及知识产权保护的临时措施方面分别对《中华人民共和国专利法》(以下简称《专利法》)、《中华人民共和国商标法》(以下简称《商标法》)和《中华人民共和国著作权法》(以下简称《著作权法》)进行修改和补充,增加了有关临时措施的规定,正式确立了禁令制度在知识产权领域中的地位。③ 2001年最高人民法院根据修改后的《专利法》新增加的诉前临时措施规定,发布了《关于对诉前停止侵犯专利权行为适用法律问题的若干规定》(已失效),为禁令制度在司法实践中的适用提供了指南。④ 2012年修改的《民事诉讼法》首次确立了行为保全制度。该法明确法院不仅可以依照当事人的申请采取临时措施,而且还可以依照职权采取临时措施。⑤ 这就从立法上进一步明确了TRIPs协议在相同问题上的立场。⑥ 2018年12月最高人民法院在总结了近20年的司法实践和案例积累的

---

① 美国礼来公司等诉黄孟炜侵害技术秘密纠纷案,上海市第一中级人民法院(2013)沪一中民五(知)初字第119号民事裁定书。

② 参见最高人民法院《关于审查知识产权纠纷行为保全案件适用法律若干问题的规定》第10条:"在知识产权与不正当竞争纠纷行为保全案件中,有下列情形之一的,应当认定属于民事诉讼法第一百零一条规定的'难以弥补的损害':(一)被申请人的行为将会侵害申请人享有的商誉或者发表权、隐私权等人身性质的权利且造成无法挽回的损害;(二)被申请人的行为将会导致侵权行为难以控制且显著增加申请人损害;(三)被申请人的侵害行为将会导致申请人的相关市场份额明显减少;(四)对申请人造成其他难以弥补的损害。"

③ 参见《专利法》第72条、《商标法》第65条、《著作权法》第56条之规定。

④ 参见最高人民法院《关于对诉前停止侵犯专利权行为适用法律问题的若干规定》第1条之规定,"根据专利法第六十一条的规定,专利权人或者利害关系人可以向人民法院提出诉前责令被申请人停止侵犯专利权行为的申请。提出申请的利害关系人,包括专利实施许可合同的被许可人、专利财产权利的合法继承人等。专利实施许可合同被许可人中,独占实施许可合同的被许可人可以单独向人民法院提出申请;排他实施许可合同的被许可人在专利权人不申请的情况下,可以提出申请"。

⑤ 2012年《民事诉讼法》第100条第1款规定,"人民法院对于可能因当事人一方的行为或者其他原因,使判决难以执行或者造成当事人其他损害的案件,根据对方当事人的申请,可以裁定对其财产进行保全、责令其作出一定行为或者禁止其作出一定行为;当事人没有提出申请的,人民法院在必要时也可以裁定采取保全措施"。

⑥ TRIPs协议第50条强调司法机关在有关利害关系人提出请求之后可以采取有关措施。而对司法机关能否依照职权主动采取临时措施的情况未加规定。

基础上,有针对性地发布了《关于审查知识产权纠纷行为保全案件适用法律若干问题的规定》,[①]对知识产权适用行为保全的目的、适用原则、紧急情况的界定、知识产权效力是否稳定以及难以弥补的损害如何判定等法律规定作出司法解释。[②] 至此,禁令制度融入了中国的法律体系。从广义上讲,这是经济全球化带来的结果,是中国法与国际社会接轨的重要举措;从狭义上讲,这也是中国社会经济发展内部结构变化的必然结果。

从体系上讲,临时措施被当作紧急救济制度或临时救济程序。加入WTO之前,中国已经有了保全程序、先行给付[③]和非讼程序[④]等具有程序保障性的法律制度,他们被形象地比喻为"三驾马车",各就其位,各行其道。当禁令制度借由知识产权保护进入中国之后,这种以行为为适用对象的临时措施,事实上已经成为与上述三套系统并立的一套新系统。从制度功能、发生时段和法律效果上看,禁令制度与保全程序、先行给付和非讼程序三项制度存在某种程度上的重叠或交叉,形似一族,然而从本质上看,禁令制度却与这些制度存在本质上的区别。这种本质上的区别是由于禁令制度与这些制度之间缺乏联系造成的。这种现象不仅是关于禁令制度的理论上的问题,还有实践上的问题。事实证明,要想使禁令制度在中国发展,需要有一个从最初的抵触摩擦,到中途的并行不悖,直至最后的浑然一体的同化过程。

(三)禁令制度与相关法律制度的关系

禁令与临时措施和行为保全没有本质上的区别,这一点已经在禁令制度前世今生的发展变化过程中得到了印证。禁令与临时措施和行为保全之间具有相同的法律属性,其发展变化过程也存在内在逻辑的承继性,其所展现的内涵并无二致,只是在不同语境下对同一法律现象所作的国别化解读。在多数场合下,这几个概念是可以互换或替代使用的。

从形式上看,禁令是带有保全性质的临时措施,由于其发生在诉讼之前或者诉讼过程之中,经常被混同于一种诉讼程序上的保全措施。然而,从实质上看,他们却是具

---

① 2018年11月26日最高人民法院审判委员会第1755次全体会议讨论通过了最高人民法院《关于审查知识产权纠纷行为保全案件适用法律若干问题的规定》,并于2019年1月1日起正式施行。该司法解释进一步完善了行为保全制度在知识产权与竞争纠纷领域的实施。

② 2020年《民事案件案由规定》第170条,将知识产权行为保全表述为临时措施,从概念表述上完成了与TRIPs协议的对接。

③ 后来被改为先予执行。

④ 传统行为保全的审查程序属于非讼程序,不需要进行询问。法官能够大致判断权利依据存在就可以裁定准予适用行为保全。人身保护令和准许股东查询公司账目均属此列。

有不同属性的法律措施。在外部法律关系方面,禁令制度与诉讼保全程序、禁令制度与先予执行(先行给付)、禁令制度与非讼程序之间,都存在本质上的区别。鉴于此,有必要从法理上对这些制度之间的联系与区别进行条分缕析,从而正确地认识和区分他们的法律属性。

1. 禁令与财产保全的关系

2012 年修改的《民事诉讼法》首次增设了行为保全的规定,①与传统的财产保全制度一道构成了民事诉讼法的一项新制度,在保护当事人权益方面发挥了重要作用。从以往的司法实践看,财产保全运用得比较多,②而行为保全的使用情况则比较少。财产保全和行为保全的主要区别在于以下几个方面。

(1)设立的目的不同。财产保全的目的是能够保证将来判决的顺利执行。相形之下,行为保全的目的不仅包括保证将来判决能够顺利执行,而且还包括防止侵权行为的继续施行、防止损失扩大或者造成不可挽回的损失,而且后者更是行为保全的主要目的。

(2)保全的对象不同。财产保全的对象是被申请人可供执行的财产。相比之下,行为保全的对象则是被申请人的行为,包括作为和不作为。

(3)是否需要被申请人答辩不同。在财产保全中,为了防止"打草惊蛇",需在保全裁定送达被申请人之前采取保全措施。相比较之下,在行为保全中,由于保全的对象是被申请人的行为,所以在采取保全措施之前,一般需要双方进行听证。

(4)保全的措施不同。财产保全一般采取查封、扣押、冻结等方法,而行为保全的措施则为停止侵害、排除妨碍或限制活动等方式。

(5)法律后果不同。一般来说,财产保全后诉讼仍将继续进行。相比之下,采取行为保全措施,往往会导致当事人或利害关系人之间和解,如此则无必要再行起诉或继续诉讼。经验表明,法院关于行为保全的裁定往往预示着案件的最终结局。

2. 禁令与先予执行的关系

先予执行是指法院在终局判决之前,为解决权利人生活或生产经营的急需,裁定义务人预先履行将来生效判决中所确定之义务的一种措施。③ 涉及先予执行的当事人

---

① 参见《民事诉讼法》(2012 年修正)第 100 条之规定。

② 参见《民事诉讼法》(2012 年修正)第 100 条之规定。

③ 参见《民事诉讼法》(2021 年修正)第 109 条、第 110 条和第 111 条之规定。2022 年 4 月修订的《最高人民法院关于适用〈中华人民共和国民事诉讼法〉的解释》第 169 条规定:"民事诉讼法规定的先予执行,人民法院应当在受理案件后终审判决作出前采取。先予执行应当限于当事人诉讼请求的范围,并以当事人的生活、生产经营的急需为限。"

之间权利义务关系明确,如不采取先予执行将会严重影响申请人的生活或生产经营。法院根据当事人申请,裁定债务人在判决生效前先行履行义务。在下列情况下,法院可以依申请作出先予执行的裁定:追索赡养费、扶养费、抚育费、抚恤金、医疗费用的;追索劳动报酬的;因情况紧急而需要先予执行的情形。在裁定先予执行时,法院可以责令申请人提供担保。如果申请人不能提供担保,法院就会驳回申请。如果申请人最终败诉,则应当赔偿被申请人因先予执行遭受的财产损失。

民事诉讼中的先予执行更接近于行为保全的功能。作为诉讼程序保全措施的先予执行,其目的是保障给付之诉的执行,审查对象是妨碍或影响诉讼请求执行的行为。2015年司法解释将预防性侵权的紧急救济规定在先予执行制度中。先予执行可以适用于解决指向未来的侵权行为或其他妨碍生活或生产(包括交易)的紧急救济。不过,《民事诉讼法》规定的先予执行范围过窄,条件也严苛,很难适用于包括知识产权在内的其他民事案件。2012年《民事诉讼法》新增了行为保全的规定,将行为保全的范围扩展到更广泛的民事领域,知识产权侵权行为被明确纳入行为保全的适用范围。然而,对知识产权禁令制度的解读与运行仍然会受到保全制度历史沿革的惯性思维的严重影响。

3. 禁令与非讼程序的关系

民事诉讼法意义上的非讼程序,是指法院审理某些非民事权益纠纷案件所适用的特殊程序,与之相对应的是包括简易程序在内的普通程序。从法律意义上讲,非讼程序是诉讼程序法之外的程序法,据以作出的裁决不具有既判力,可因事实的改变而使其失效,不如诉讼判决的确定力和拘束力更强。也就是说,依照非讼程序作出的判决,即使发现在认定事实或适用法律方面存在错误,或者有新的事实和情况出现,也不能按照再审程序对判决提请再审,原申请人和相关人只能另行申请,请求法院依照非讼程序重新判决撤销原判决。

非讼程序适用的案件包括两类:一类是选民资格案件;另一类是非讼案件。法院审理非讼案件,必须遵守以下原则。(1)优先适用民事诉讼法关于特别程序的规定,不能满足需要时,再适用民事诉讼法的其他规定。(2)除选民名单案件或重大、疑难的案件由审判员组成合议庭审判外,均由审判员一人独任审判。(3)一审终审,所作判决和裁定,自送达之日起,立即发生法律效力,不允许上诉。(4)审理过程中发现本案属于民事权益争议的,应当裁定终结特别程序,并告知利害关系人按照普通程序或简易程序另行起诉。(5)依照特别程序审理的案件,除选民资格案件须于选举日前审结外,自立案之日起一个月内或者公告期满一个月内审结。(6)无须缴纳诉讼费。

诉讼程序与非讼程序的区别主要表现在以下方面。(1)诉讼程序实行辩论主义,而非讼程序则采取职权探知主义。(2)诉讼程序实行公开主义,而非讼程序则以不公开审理为原则。(3)诉讼程序实行言辞主义,而非讼程序则贯彻书面主义。(4)诉讼程序以直接主义为原则,而非讼程序则兼采间接审理主义。(5)诉讼程序实行当事人进行主义,而非讼程序实行职权进行主义。(6)在证明标准上,诉讼程序是严格证明标准,而非讼程序则承认自由的证明。(7)诉讼程序以当事人双方审理为原则,而非讼程序则以一方当事人审理为原则。此外,在裁判形式、裁判效力以及审计制度上,诉讼程序与非讼程序也存在差别。总之,两者最大区别是:非讼程序相较诉讼程序具有更大的灵活性,程序更简洁,而且审期更短暂。

禁令制度与非讼程序具有本质上的不同。从法律特征上看,非讼程序是在没有相对方的情况下针对某些非民事权益纠纷所适用的特殊程序;相形之下,禁令制度则是在具有相对方的情况下针对某种行为采取的行为保全措施。

4. 知识产权禁令与人格权禁令、人身安全保护令的关系

行为保全除了针对知识产权采取的临时措施(知识产权禁令)以外,还包括人格权禁令和人身安全保护令。行为保全与人格权禁令①、人身安全保护令②具有相同的法律属性,适用的对象都是行为而非财产。作为行为保全意义上的禁令,与人格权禁令和人身安全保护令不同,主要区别在于公法目标的追求上,知识产权禁令在价值判断、利益衡量以及维护公共利益方面具有更加明确的价值取向,衡平法理念也有更为充分的体现。从程序法意义上讲,由于禁令制度具有相对的独立性,所以现行民事诉讼制度对其难以覆盖。

(1)知识产权禁令和人格权禁令的共同点在于,他们都是独立的实体法措施,而不具有程序保全意向。这一点对于理解知识产权禁令具有特别重要的意义。与人格权禁令相比,知识产权禁令更加强调效率价值,当然也就会相应地削弱程序保障的稳定性。从法律性质上看,知识产权禁令的功能并不完全是为了保障未来判决的实现,而是充当了中间判决的角色。从司法实践上看,法院在采取禁令的必要性审查时其实就已经选择了倾向性的立场,尽管这种立场并不具有既判力,但是无疑会影响到之后的诉讼乃至终审判决结果。

(2)知识产权禁令与人格权禁令在请求权基础、行为目的和程序独立等方面存在区别。就请求权基础而言,知识产权禁令的请求权基础是诉权,而人格权禁令的请求

---

① 《中华人民共和国民法典》第997条规定:“民事主体有证据证明行为人正在实施或者即将实施侵害其人格权的违法行为,不及时制止将使其合法权益受到难以弥补的损害的,有权依法向人民法院申请采取责令行为人停止有关行为的措施。”

② 《中华人民共和国反家庭暴力法》第23~32条,对人身保护令的申请条件、适用范围、申请方式、管辖法院等进行了明确规定。

权基础则是人格权请求权。就行为目的而言,知识产权禁令的目的在于保全裁判结果的实现,而人格权禁令的目的则在于恢复权利主体对人身自由、人格尊严的自我掌控。就程序独立而言,知识产权禁令的申请人应于法院采取保全措施后30日内提起诉讼或仲裁,否则法院将依法解除行为保全,而人格权禁令却能够不依托人格权诉讼而独立存在。

(3)知识产权禁令与人身安全保护令在前提条件、功能定位、担保要求和执行机关等方面存在区别。就前提条件而言,知识产权禁令提起的前提为诉讼正在进行或即将发生,人身安全保护令则不受是否提起诉讼的限制。就功能定位而言,知识产权禁令的功能在于确保判决的顺利实现,人身安全保护令的功能主要体现在保护婚姻家事关系中受害方免遭家庭暴力的侵害。就担保要求而言,申请知识产权诉前禁令必须提供担保,诉中禁令则由法院决定是否提供担保,人身安全保护令则无担保要求。就执行机关而言,知识产权禁令的执行机关为被申请人住所地或对案件有管辖权的法院,人身安全保护令的执行机关除了申请人或申请人居住地、家暴发生地的法院,还有当地的公安机关和居委会、村委会作为协助配合单位。

四、禁令在知识产权领域的应用

禁令制度来到中国是借由WTO的TRIPs协议实现的,①是中国兑现其对知识产权保护要与WTO规则接轨的承诺的结果。禁令制度从其来到中国的那一刻起,就与知识产权结下了不解之缘。2001年以后修订的《专利法》②、《商标法》③和《著作权

① TRIPs协议第50条第2款规定,"如果认为适当,司法当局应有权在开庭前依照一方当事人请求采取临时措施,尤其是在一旦有任何延误则很可能给权利持有人造成不可弥补的损害的情况下,或在有关证据显然有被销毁的危险的情况下"。第4款规定,"如果临时措施系开庭前依照单方请求而采取,则应及时通知受此影响的当事人各方,至少在执行该措施之后不得延误该通知。在通知之后的合理期限内根据被告的请求应提供复审,包括给被告陈述的权利,以决定是否修改、撤销或确认该临时措施"。

② 参见《中华人民共和国专利法》(2000年修正)第61条第1款规定:"专利权人或者利害关系人有证据证明他人正在实施或者即将实施侵犯其专利权的行为,如不及时制止将会使其合法权益受到难以弥补的损害的,可以在起诉前向人民法院申请采取责令停止有关行为和财产保全的措施。"

③ 参见《中华人民共和国商标法》(2001年修正)第57条第1款规定:"商标注册人或者利害关系人有证据证明他人正在实施或者即将实施侵犯其注册商标专用权的行为,如不及时制止,将会使其合法权益受到难以弥补的损害的,可以在起诉前向人民法院申请采取责令停止有关行为和财产保全的措施。"

法》①分别增加了知识产权禁令的内容。根据新规定,权利人和利害关系人有证据证明他人正在实施或者即将实施侵犯知识产权的行为,如不及时制止将会使其合法权益遭受难以弥补的损害的,可以在起诉前向法院申请采取责令停止相关侵权行为的措施。与之相应,法律还对知识产权禁令的申请条件、审查标准和解除条件等事项作出了规定。随后,最高人民法院分别于2001年和2002年发布了关于知识产权禁令的两个司法解释,即最高人民法院《关于对诉前停止侵犯专利权行为适用法律问题的若干规定》(已废止)和最高人民法院《关于诉前停止侵犯注册商标专用权行为和保全证据适用法律问题的解释》(已废止)。直至2012年修改《民事诉讼法》之前,除了《中华人民共和国海事诉讼特别程序法》规定的海事强制令外,禁令主要适用于知识产权领域的案件,也就是在提起诉讼之前责令被申请人停止有关侵犯知识产权行为。②

显而易见,知识产权禁令针对的是实体行为,也就是构成双方实体争议标的和诉讼请求的那个行为。无论禁令能否被核准,审查程序都是不可或缺的。对知识产权禁令审查的内容包括:实体要件、实体行为在法律上的地位和胜诉的可能性,除此之外,还必须对双方的利益作出总体评价。既然事关实体权利的处分,那么程序上的对抗、证据开示、听证和证明也就成为应有之义。尽管证明标准和程序标准都可以比终局判决的标准低,但是,实体争议的性质和对抗的性质却并无本质上的差别。标准低是因为禁令的法律效力不是终局性的,不产生既判力,但是禁令的执行力却是实体性的,因此审查的事项也必须要有实体要件。

(一)禁令制度所面临的困境

在中国,禁令制度已经成为理论与实践都无法回避的问题。从现实情况看,禁令制度在中国所遭遇的困境表现在以下几方面:衡平法禁令所称的不可替代性和不可弥补性都是相对于普通法的金钱救济而言的,这一点对于中国法官和当事人而言,理解起来并不容易。除了人格权禁令、人身安全保护令等法益本身不能以金钱救济以外,知识产权领域中的几乎全部法益都属于商业性利益,完全可以通过金钱补偿得以实

---

① 参见《中华人民共和国著作权法》(2001年修正)第49条第1款规定:"著作权人或者与著作权有关的权利人有证据证明他人正在实施或者即将实施侵犯其权利的行为,如不及时制止将会使其合法权益受到难以弥补的损害的,可以在起诉前向人民法院申请采取责令停止有关行为和财产保全的措施。"

② 据不完全统计,在此前的5年中,全国法院分别受理知识产权诉前停止侵权和诉中停止侵权案件157件和75件,裁定支持率分别为98.5%和64.8%。知识产权行为保全案件虽然数量较少,但行为保全措施能够使知识产权受到侵害时获得及时救济,该项制度越来越受到知识产权权利人以及其他经营者的重视,许多案件也备受社会关注。参见宋晓明、王闯、夏君丽、郎贵梅:《〈关于审查知识产权纠纷行为保全案件适用法律若干问题的规定〉的理解与适用》,载《人民司法》2019年第7期。

现。在这种情况之下,究竟该如何建立一个适当的禁令标准,便成为立法者和司法者所面临的一个难题。

2018年最高人民法院《关于审查知识产权纠纷行为保全案件适用法律若干问题的规定》发布以来,在理论界和司法界引起了广泛讨论。[①] 讨论的主要焦点集中在禁令制度的正当性与合法性问题,当然也涉及禁令及其配套程序的问题。从法律体系性的角度看,理论和制度资源匮乏既是产生这些争议的主要原因,同时也是化解这些争议的关键。由于保全程序的本土体系尚不完善,所以很难通过原有的诉讼保全请求权体系对禁令制度进行理论消化与续造。

禁令制度的宗旨是要给予权利人一种程序救济的保障,依照这样的逻辑推理下去,禁令制度应该突出其程序救济的性质才对。然而,事情的过程却没有按照这种逻辑发展,禁令制度在中国并没有率先出现在程序法中,而是出现在具有实体法性质的知识产权法中。这样的制度安排使得禁令在本质上成了权利人所享有的一项实体请求权,而不是权利人在其权利受到侵害时所获得的诉讼救济手段。这种法律上的模糊性很容易导致实体判定与程序正义之间的冲突。"裁判者中立"和"当事人平等"是民事诉讼最低限度原则的基本要求。在一般情况下,禁令是法院依申请人单方的申请而采取的措施,是法院未经审理而作出的带有实体性质的预先判定。禁令的这种特质似乎并不符合"裁判者中立"和"当事人平等"的原则。这种质疑看似不无道理:法院依据申请人单方举证而进行实体审查,并在此基础上作出实体性裁决,这种做法可能存在错判的风险。不仅如此,法院所作的实质审查很有可能会给以后的诉讼造成先入为主的偏见,并进而影响到终局裁决。换一个角度看,在诉讼之前就要求申请人提供证明侵权行为的证据,并举证证明实体胜诉的可能性,事实上加重了申请人的举证责任,变相提高了申请禁令的门槛。

禁令门槛设置的高低会直接影响到申请人对诉诸禁令的态度。门槛过低有可能形成对申请人的某种激励,因为申请人会以较小的诉讼成本博取较大的诉讼收益。从实践情况上看,虽然法律对禁令适用设置了许多限制条件,然而相对于整体诉讼程序而言,申请人承担的举证责任并不算重。从功利的观点出发,如果能够先获得禁令然后再进行诉讼,申请人在大多数情况下都会选择优先申请禁令,因为这样可以为申请

---

① 2019年最高人民法院在发布《关于审查知识产权纠纷行为保全案件适用法律若干问题的规定》时,公布了这样一组数据:全国法院受理知识产权诉前停止侵权和诉中停止侵权的案件分别为157件和75件,裁定支持率分别为98.5%和64.8%。由于知识产权案件申请临时禁令无须提供担保,相较于传统的保全,这个接受率是非常高的。但司法解释中的一些制度在实践中落实得还不到位,比如关于利益保护的及时原则和稳妥原则,司法实践更强调及时原则,对稳妥原则强调得比较少。

人在以后的诉讼中争取到优势，也更容易迫使相对人就范。依照现行法规定，在采取禁令之后，留给申请人的救济机会也仅仅是对禁令裁决的复议；而在采取禁令之前，对被申请人的救济则接近于无。这种状况在一定程度上有违衡平法最早适用禁令时必须遵守“衡平法者须衡平行事”的原则。

司法实践表明，法院通常更为关心的是临时禁令与最终判决能否达成一致的问题。为了达到一致性的目标，法院在对待禁令适用上都会采取极为谨慎的态度，这就使得禁令被采用的情况并不多见，甚至还会出现禁令被搁置的情况。这种状况直接影响了禁令制度功效的发挥。

（二）禁令的程序定位与程序保障

1. 关于程序定位

衡平法的禁令制度对中国禁令制度的构建具有很大的影响。事实上，就程序定位与程序保障而言，知识产权禁令制度的构建一直在两条路径的选择上左右彷徨。这两条路径具体是指：(1)作为司法审查权的一种拓展，将知识产权禁令定位为新增设的一种特别程序，进而确定其特有的审查标准与程序规范；(2)将知识产权禁令理解为实体法上的一项制度，从而寻找和参照已有的实体法规范和制度进行诠释和适用。

在对保全制度的研究中，经常被忽略的是关于请求权基础的问题：亦即保全是否须要有保全请求权。大陆法系国家普遍强调实体法的依据，是否准予保全的裁定主要取决于两个要素：一个是保障判决执行的必要性；另一个是有无紧急状况导致当事人或者利害关系人的权益可能受到难以弥补的损失。知识产权禁令提出了关于请求权基础的思考，现行法关于知识产权禁令的规定，①其实都可以理解为是知识产权请求权（保全请求权或者行为保全请求权）的基础。

最高人民法院《关于审查知识产权纠纷行为保全案件适用法律若干问题的规定》有向衡平法禁令制度靠拢的倾向，譬如，该司法解释第6条第1项规定，申请人的商业秘密即将被非法披露的情况构成申请禁令的理由，这是由商业秘密的特点决定的，因为商业秘密一旦被非法披露，将永远失去被救济的可能。

2. 关于程序保障

关于知识产权禁令需要重点强调两个问题。(1)是否需要在双方当事人在场的情况下进行询问。除了有关商业秘密的情况以外，一般情况下应当保障当事人的诉讼参与权。(2)是否会加重任何一方的证明责任。2015年最高人民法院《关于适用〈中华

① 参见《中华人民共和国专利法》(2020年修正)第72条、《中华人民共和国商标法》(2019年修正)第65条和《中华人民共和国著作权法》(2020年修正)第56条之规定。

人民共和国民事诉讼法〉的解释》将“规范说”明确规定为分配证明责任的唯一标准,取消了法官依据职权进行分配的可能,因此,法官任何试图缓解一方证明责任的做法都是于法无据的。知识产权禁令的证明责任分配无疑是司法实践的一个难题,必须在考量和平衡双方当事人的证据搜集能力方面建立一个公平的标准。

3. 关于程序启动

根据什么样的理由才可以启动禁令适用的程序,在这个问题上,TRIPs协议与中国法律所持的立场不尽一致。TRIPs协议规定临时措施主要由司法机关依当事人一方的请求而采取,而未对司法机关依职权主动采取的情况作出明确规定。相形之下,最高人民法院《关于贯彻执行〈中华人民共和国民法通则〉若干问题的意见(试行)》(已废止)第162条第1条规定,“在诉讼中遇有需要停止侵害、排除妨碍、消除危险的情况时,人民法院可以根据当事人的申请或者依职权先行作出裁定”。该条规定为法院及时制止侵权行为提供了法律依据。早在1992年最高人民法院《关于审理专利纠纷案件若干问题的解答》也有规定:“在人民法院审理专利侵权案件中,经常发生侵权人利用请求宣告专利权无效故意拖延诉令,继续实施侵权行为……专利权人提出财产保全申请并提供担保的,人民法院认为必要时,在裁定中止诉讼的同时责令被告停止侵权行为或者采取其他制止侵权损害继续扩大的措施……”①由此可见,在法院能否依职权主动采取禁令的立场上,中国法的取向是积极的。造成上述立场上的差别的主要原因是:作为国际公约的TRIPs协议,奉行的是最低保护原则,它只是为各成员设定建立了知识产权保护的最低标准。对于中国而言,在TRIPs协议的标准之上提高对知识产权保护的门槛应该说并不违背TRIPs协议的精神。

依当事人一方请求而采取临时禁令的程序为:法院在开庭前应一方当事人请求可以采取临时禁令。在通常情况下,当事人请求司法机关采取临时禁令的情形有两种:(1)任何延误都有可能给权利人造成不可弥补的损失;(2)相关证据明显存在被销毁的危险。申请人应当提供任何可以合法获得的证据,以使司法机关能够建立充足的确信来认定申请人就是遭受侵权的权利持有人,并且其权利正在遭受侵犯或者侵权行为即将发生。与此同时,申请人还必须提供必要的信息,以使司法机关能够确认相关的侵权商品。认证程序与提供证据程序一样重要,都是确认临时措施程序的前提。为了防止申请人滥用权利,同时为了避免采取临时措施之后造成对被申请人合法利益的损

① 1992年最高人民法院《关于审理专利纠纷案件若干问题的解答》虽然是以“财产保全”冠名,但是其保全的内容却是直接针对被告的行为,因此,在某种程度上可以将这项规定看作是知识产权禁令制度的雏形。

害，司法机关有权责令申请人提供保证金或与之相当的担保。

法院依当事人请求而采取临时措施禁令时，应当及时通知受此影响的当事各方，至少在执行该措施之后不得延误通知。应该明确的是，通知程序不是采取临时禁令的前置程序，当被申请人收到通知后，有权请求复审并陈述自己的权利。根据复审结果和被申请人陈述的理由，法院可以决定是否需要修改、撤销或确认所采取的临时禁令。

在通知复审程序正常进行的情况下，申请人应当在合理的期限之内提起法律诉讼，否则，则应根据被告的请求，撤销临时措施或中止其效力。如果临时措施被撤销，或者由于申请人的任何疏忽行为而导致临时措施失效，或者临时措施虽未撤销但事后发现自始就不存在对知识产权的侵犯或侵权威胁，在这种情况下，根据被申请者的请求，法院应当责令申请人就有关临时措施给被申请人造成的全部损害向被申请人作出赔偿。

（三）采取禁令须满足的法律条件

为了能够及时防止权利人的合法权益不受侵害，也为了避免因适用禁令而带来的误伤或因滥用禁令而造成对被申请人的损害，在对行为保全安排设计时，对禁令的实质要件、实质标准和法官自由裁量权等要素，必须秉持公平、合理以及科学有效的价值取向。遵从这种理念，2018 年最高人民法院发布的《关于审查知识产权纠纷行为保全案件适用法律若干问题的规定》对以往 20 年来有关禁令的法律规定和司法经验进行了归纳总结，在坚持“及时与稳妥兼顾”①、“分类施策”②和“前瞻性与现实可行

① 该原则主张，知识产权相对物权而言不具有独占性特征，受到侵害后难以恢复原状，即便知识产权权利人经过诉讼赢得官司，却可能早已丧失市场竞争优势，或者商业秘密信息已经泄露。为充分及时有效保护知识产权等合法权益，最高人民法院《关于审查知识产权纠纷行为保全案件适用法律若干问题的规定》一方面关注解决行为保全申请审查程序的便捷、快速，如第 6 条明确了“情况紧急”的认定。另一方面，为防止申请人滥用诉权申请行为保全进行不正当竞争或者损害公共利益，也明确了审查行为保全申请的考量因素、申请有错误的认定采用客观归责等内容。

② 该原则主张，须区分知识产权的不同类型，妥善采取行为保全措施。由于著作权、专利权、商标权等不同权利产生的基础和条件不同，在判断是否采取保全措施时应当有不同的要求。例如，对于涉及著作权、商标权的行为保全案件，事实清楚、证据充分的，应及时采取有效措施制止侵权，降低权利人的维权成本；对于侵害专利权等案件需要进行较为复杂的技术比对才能作出判定的，应慎重采取行为保全措施，以维护企业的正常经营。最高人民法院《关于审查知识产权纠纷行为保全案件适用法律若干问题的规定》第 6 条关于“情况紧急”的认定、第 8 条关于“知识产权效力稳定”的审查判断、第 10 条关于“难以弥补的损害”的认定，均考虑了知识产权的类型或者属性，第 9 条更是对依据不经过实质审查的实用新型专利、外观设计专利申请行为保全提出了更为严格的要求。

性相结合”[①]等基本原则的基础上,对禁令制度作出了系统的司法解释,为司法实践的依规界定标准,为禁令制度的完善提供。最高人民法院《关于审查知识产权纠纷行为保全案件适用法律若干问题的规定》在设置采取禁令必须满足的条件上,还借鉴了英美法中关于临时禁令的“四要素审查法”。[②]

从司法层面上来看,中国法院对案件审理的结果一般采取判决和裁定两种形式。凡是对实体性争议的决定都采用判决形式;凡是针对程序性的决定都采取裁定形式。需要质疑的问题是:对于涉及实体性的临时禁令究竟应当采取哪一种决定形式才能准确反映其法律属性。似乎两者的任一选择都难免陷入相互矛盾的境地。如果知识产权禁令仅仅属于程序问题,那么任何考虑实体要件或胜诉可能性都纯属多余,当然听证或抗辩也就不必需要了。然而情况恰好相反,禁令从其开始就是一种带有实体性质的法律措施。

传统上由于保全程序只是保障执行的附带程序,因而经常性地被定义为程序事项。只需要求相关行为对于申请人构成单方面不可弥补的损害即可,而无须就双方当事人的损害进行评估,因为只需要审查那个妨碍未来执行的一方当事人的行为就足够了。然而,自从2012年《民事诉讼法》将执行保全的条款延伸至双方当事人所争议的行为本身,也就是作为诉讼标的的那个行为,原本保全制度的要素欠缺和程序缺陷的弱点便显露无遗了。[③] 由于禁令法律属性的模糊不清而导致其不能与现行民事诉讼法的基本理念和原则相融合,使禁令制度无论是在程序上还是实体上都存在许多不确定的因素,其中最为突出的问题就是应该如何把握禁令适用的标准,即所谓采取禁令应当满足的法律条件。

根据相关法律和司法解释的规定,申请禁令应当提供证明权利真实有效和被申请

---

① 最高人民法院《关于审查知识产权纠纷行为保全案件适用法律若干问题的规定》在总结知识产权行为保全实践经验以及遵守TRIPs协议、借鉴域外相关制度的基础上,对两个诉前停止侵权的司法解释以及《民事诉讼法》有关行为保全的规定予以完善,兼顾前瞻性和现实可行性。根据最高人民法院《关于审查知识产权纠纷行为保全案件适用法律若干问题的规定》第5条规定,采取行为保全措施应当以询问为原则,以不询问为例外,最高人民法院《关于审查知识产权纠纷行为保全案件适用法律若干问题的规定》第16条则明确了申请有错误的认定采用客观归责原则;对于司法实践中欠缺案例支撑或者可能有较大争议的问题,如反垄断纠纷引发的行为保全案件中对于“难以弥补的损害”的认定,以及反垄断纠纷中原告败诉对于申请行为保全有错误的认定的影响等问题,最高人民法院《关于审查知识产权纠纷行为保全案件适用法律若干问题的规定》未作具体规定。

② 参见姜君:《论知识产权临时禁令制度的理性应用》,载《山西警官高等专科学校学报》2010年第2期。

③ 参见2012年《民事诉讼法》第101条之规定,2021年《民事诉讼法》第103条之规定。

人正在实施或者即将实施侵权行为的初步证据。法院审查的内容主要集中在以下几个方面。

1.有初步证据表明,申请人的合法权益正在或即将遭受被申请人行为的侵害,或者被申请人正在实施或即将实施的行为构成侵权。在一般情况下,禁令主要适用于事实比较清楚或侵权易于判断的案件。采用的标准是适度严格地评判侵权可能性,并达到了基本确信的程度。

2.如不采取有关措施,是否会给申请人合法权益造成难以弥补的损害。这里应当重点考虑相关损害是否可以通过金钱赔偿予以弥补,以及是否具有可执行的合理预期。凡是可以用金钱补偿或能够用金钱量化补偿的损失,而且存在可执行的合理预期的,一般不认为是难以弥补的损害。

3.评估申请人提供担保的情况。担保金额应该合理有效:一方面需要考虑禁令实施后对被申请人可能造成的损失;另一方面也要参考申请人请求的赔偿数额。

4.中止被申请人相关行为是否会损害社会公共利益。这一因素仅在涉及公众健康、环境保护或者其他重大社会利益的情况下才加以考虑。如果采取禁令会严重影响公共利益,则不予核准。

最高人民法院《关于审查知识产权纠纷行为保全案件适用法律若干问题的规定》对申请禁令的审查条件和对复议的审查条件作出了并不完全一样的要求,在适用禁令时,应当注意这两者之间的区别。司法解释采用了比较法上通行的"四要素审查法"①。

1.胜诉的可能性。这里主要是指原告实体胜诉的可能性。申请人请求法院发布临时禁令时,需要提交的表面证据或初步证据,这些证据只要能够证明有侵权行为存在的合理性即可满足要求,而无须提供确凿的证据来充分证明被申请人侵权行为的存在。从比较法上看,法官认定胜诉的可能性一般是通过审查申请人权利的有效性和被控行为侵权的可能性两方面的因素来把握的。

2.难以弥补的损害。禁令救济的必要条件之一是现有救济方式的无效或不足,主要是指对于侵权行为而言金钱赔偿不是一种充分的救济。② 如果拒绝发布禁令的话,原告是否会遭受不可弥补的损害,法院在审查中对"不可弥补的损害"通常采取严格标准,主要考查下列因素。(1)侵权行为的规模。(2)损害是否可以通过金钱赔偿损失予以救济。凡是能够采用金钱补偿或者能够量化为金钱补偿数额且有可执行的合理预

---

① 参见最高人民法院《关于审查知识产权纠纷行为保全案件适用法律若干问题的规定》第7条之规定。

② 参见[美]谢尔登·W.哈尔彭等:《美国知识产权法原理》,宋慧忠译,商务印书馆2011年版,第430页。

期的情况,一般不予认定。在许多场合下,难以弥补的损害是指非财产权益的损失,诸如侵害人身权益或商誉,减少市场份额,丧失竞争优势等情形。(3)被申请人的赔偿能力。如果预期的损害远超被申请人的赔偿能力,也可以认为是不可弥补的损害。(4)反向推定。申请人不当延误的事实可以构成推翻其"难以弥补的损害"假定的理由。如果请求人不合理地迟延提起诉讼,这种迟延本身就已经表明该侵权造成的损害并非不可弥补。如果有证据表明申请人明知被申请人的侵权行为正在发生却佯作不知,任其继续,意欲纵其做大而后分肥,则不再具有采取禁令的理由。

3.利益之间的权衡。在原告的实际损害与被告因采取禁令而遭受的可能损害之间加以权衡。采取禁令给被申请人带来的损害与拒绝发布禁令使申请人遭受的损害孰轻孰重,可以采用经济分析的方法去思考这个问题。在这里法院需要权衡的对象是错误的成本,也就是说如果法院错误地拒绝采取禁令会给申请人带来的成本,如果错误地采取禁令会给被申请人带来的成本。只有当未采取禁令会给申请人造成的损害大于采取禁令给被申请人带来的损失时,法院才有理由采取禁令。如果只考虑不采取禁令对申请人的影响,而不考虑采取禁令对被申请人的影响,则难以实现社会利益的最大化。

4.公共利益考量。在知识产权禁令的适用条件中,公共利益是一个需要重点加以考量的因素。除了最高人民法院《关于审查知识产权纠纷行为保全案件适用法律若干问题的规定》将其作为诉前禁令的审查标准之外,在《专利法》第5条、第14条、第49条、第52条都有关于公共利益的规定。然而,对于公共利益的定义、公共利益的内容以及公共利益的受益对象,法律却没有给予明确的界定。2020年《专利审查指南》的相关释义或许可以引作参考,"妨害公共利益,是指发明创造的实施或使用会给公众或社会造成危害,或者会使国家和社会的正常秩序受到影响"①。在这里,"公共"是指公众、社会和国家,可以引申为公共利益的主体范围包括国家、社会,或者不特定的群体。"利益"则是指国家和社会的正常秩序。具体可以理解为是国家利益、社会利益以及不特定群体的利益。

总而言之,采取禁令需要全部满足上述四个条件。虽然这些条件与前述的比例原则高度契合,但是并未完全满足比例原则对于禁令条件的要求。

(四)禁令不当的法律救济

禁令制度是一种特殊的救济措施,是必须严格依照法律的要求才能给予当事人的

① 参见2020年《专利审查指南》3.1.3之规定。

法律救济。[1] 对于禁令适用不当的法律救济源于“衡平法者须衡平行事”的公平理念。为了被申请人的权利也能获得法律的公平保障,法院在采取禁令时应当审查申请人的请求是否具有事实基础和法律依据,包括请求保护的知识产权效力是否稳定,申请人的请求是否具有最终胜诉的可能性等条件状况。

在适用知识产权禁令的过程中,必须强调对被申请人合法权利保护的重要意义。经验表明,知识产权禁令很容易被用来作为商业竞争的辅助工具。禁令一经批准,被申请人就不得不配合法院中止裁定所指控的行为。中止状态所持续的时间是难以确定的,因此,采取禁令行为本身所辐射出来的效果很有可能会给被申请人的经济利益和社会声誉带来负面影响。当然,被申请人也可以通过提起确认不侵权之诉来消解禁令带来的负面影响,然而,不侵权之诉并不能阻止禁令的执行,被申请人的损失仍会持续发生。待双方诉讼结束后,如果法院认定被申请人并未构成侵权,则被申请人可以另行提起因知识产权禁令而产生的损害赔偿之诉,不过那将是一场充满不确定性的诉讼。从已经发生的司法实践看,被申请人还很难证明自己的损失是对方申请禁令的错误造成的。

如果审理结果证明作出中间禁令是错误的,那么被告因禁令所遭受的损失就应当获得补偿。根据 TRIPs 协议,如果临时措施被撤销,或者因申请人的任何行为或疏忽而失效,或者事后查明不存在侵权行为或侵权威胁,司法机关有权责令申请人就此临时措施给被告造成的任何损害向被告给予适当赔偿。

为了保障被申请人的权利不会因临时措施的错误适用而遭受不公平的损害,应当考虑更有效的救济途径,用来弥补和纠正禁令使用过程中的不当。譬如,坚持“询问是原则,不询问是例外”的原则;[2]在申请禁令的程序中设置反担保程序,以此来平衡双方的利益;[3]对诉前禁令的裁定应当允许被申请人向上级法院申请复议,由上级法院对程序条件和实体条件进行实质审查;对诉中禁令的裁定应当允许被申请人上诉;等等。

---

① 《美国民事诉讼法》第 65 条共规定了两种中间禁令:预备性禁令(preliminary injunction)和暂时禁令(temporary injunction)。第 65 条 C 款规定,除非申请人提供担保,不得发布暂时禁令或预备性禁止令。提供的担保金额是法院认为适当的,能够支付对方当事人阻止或限制活动所支出的费用或遭受的损失。

② 参见最高人民法院《关于审查知识产权纠纷行为保全案件适用法律若干问题的规定》以及最高人民法院答复。

③ 《民事诉讼法》第 107 条规定,被申请人提供担保的,人民法院应当解除财产保全。但是在知识产权案件中,被申请人提供担保往往不被法院接受。法院应该在询问过程中予以提示并将被申请人是否提供反担保作为是否发布禁令的考虑因素。比如申请人请求赔偿 500 万元,被申请人表示愿意提供 500 万元的担保,如果将来侵权的损害结果可以确定为 500 万元,此时就不应该采取临时禁令。其实是将被申请人提供反担保作为临时禁令的解除条件。

设置救济程序有可能会削弱禁令的时效性,但是在公平与效率的价值选择上更应该向公平倾斜,这也是禁令制度的应有之义。

五、结语:禁令制度的合理建构

禁令制度是源自域外且异于中国法传统的法律设计,是为了防止侵权行为扩大,在侵权行为被法院判决之前赋予申请人维护自身权利的一项救济措施。禁令制度于中国法而言,应该是一个建构而不是解构的过程。禁令制度的依归是要在程序正义与程序效益之间达到平衡,尽可能地发挥最大的积极效能。由于各种复杂原因,禁令制度的完美融入还需要一个漫长过程。时至今日,在中国法的立法建构和司法实践中,禁令制度需要不断地加以完善才能达到理想的目标。

1. 完善禁令的立法。根据TRIPs协议,临时措施应当适用于知识产权的所有领域。按照这种精神,未来完善立法应该注重以下几个方面的问题。(1)扩大对数字内容产业的适用范围。最高人民法院《关于审查知识产权纠纷行为保全案件适用法律若干问题的规定》第6条第5项对"时效性较强的热播节目正在或者即将受到侵害"的紧急情形作出规定。实践中与热播节目相对应的细分数字内容产业的类别也比较多见,例如热门网络游戏、直播、音乐、文学以及重大体育赛事等,与这些事项相关的侵权行为也应纳入禁令的适用范围。① (2)建立统一的评价胜诉可能性的标准,用以解决各个法院之间执法不平衡的问题。各法院在考虑采用禁令时,在胜诉可能性的评判上所采用的标准并不一致。有的法院认为胜诉可能性就是指一般胜诉可能性;有的法院认为是较大胜诉可能性,还有的法院认为是极大胜诉可能性。标准过宽则容易导致权利滥用,而标准过严又容易限制禁令的适用范围。因此建议通过立法来统一胜诉可能性的标准,以防止司法不平衡。② (3)明确诉前禁令与诉中禁令的功能与目标。从法律意义上说,诉前禁令与诉中禁令所具有的功能是一样的,然而,两者之间却有目标上的差距。诉中禁令的主要目标是要保证未来判决的执行,而诉前禁令的主要目的则是要制止被申请人的侵权行为。总而言之,禁令制度的实施应与其他措施保持同步,形成一套完整的司法保护措施。

2. 完善禁令担保制度。申请人提供担保是采取禁令的前置条件。从法律意义上讲,临时禁令是未经审判而对相对人作出的侵权推定,这种推定是允许反驳的。一旦

① 参见廖怀学:《行为保全制度在互联网不正当竞争中的适用——基于全国47例典型行为保全案例实证分析》,载《电子知识产权》2019年第4期。

② 参见廖怀学:《行为保全制度在互联网不正当竞争中的适用——基于全国47例典型行为保全案例实证分析》,载《电子知识产权》2019年第4期。

反驳成立，申请人便须承担申请禁令不当的法律责任。因此，提供担保是对被申请人利益的重要保证。然而，法律对禁令担保的数额和方式都缺少具体明确的规定或释义，实践中基本上是凭法官的自由意志裁量。这种法律规定上的模糊性给禁令功能的发挥带来了消极影响。合理建议是，在自由裁量担保数额并发布禁令后，应当通知被申请人并同时告知被申请人可以就担保的数额提出异议，必要时可以组织当事人进行协商，根据实际情况作出修正。此外，还可以把全部赔偿原则作为确定担保数额的参考标准，[①]对侵权行为造成的实际损失进行合理评估。[②] 在担保方式方面，司法解释重申了《民法典》关于担保方式的规定，包括保证、抵押、质押和留置。[③] 只要当事人提供保证、抵押等形式的担保合理并有效，法院就应当予以核准。[④] 至于何种程度的保证或抵押方式才能构成合理有效的担保，以及是否可以使用其他担保方式，法律则没有作出具体的规定。

3. 完善听证和辩论质证程序。临时禁令是法院依据单方申请而采取的临时措施，其优点是能够及时并迅速地中止侵权行为，缺点是容易导致权利的滥用。为了扬长抑短，建议将听证程序和辩论原则引入到禁令程序中来，赋予双方当事人充分陈述、申辩和反驳的机会。在采取禁令时，尽可能地为当事人提供听证的机会，使法院能够在充分听取双方意见、全面掌握案件事实的基础上作出适当的决定。

（1）关于听证程序，虽然最高人民法院《关于对诉前停止侵犯专利权行为适用法律问题的若干规定》（已失效）安排了询问程序，[⑤]即法院接受专利权人或者利害关系人提出责令停止侵犯专利权行为的申请后，在48小时内需要对有关事实进行核对，可以传唤单方或双方当事人进行询问。然而，该程序因受到各种因素制约，所发挥的作用有限，不能将其等同于比较法意义上的听证程序。实践表明，采取禁令会对被申请人的生产、销售等经营活动造成重大且长远的负面影响，在缺少听证程序的情况下，被申请人就不能拥有充分陈述、申辩和反驳的机会，法院也无法及时发现、纠正并撤销错误的裁定，因此完善禁令程序改造的一个关键就是要设定适合的听证程序。

（2）关于辩论质证，从公平正义的价值取向出发，作为涉事主体的当事人应当享有

---

① 参见王利明、杨立新：《中国侵权行为法》，法律出版社1998年版，第191页。

② 参见杨良宜、杨大明：《禁令》，中国政法大学出版社2000年版，第568页。

③ 参见2020年最高人民法院《关于适用〈中华人民共和国民法典〉有关担保制度的解释》。

④ 参见2001年最高人民法院《关于对诉前停止侵犯专利权行为适用法律问题的若干规定》（已失效）第6条之规定。

⑤ 参见2001年最高人民法院《关于对诉前停止侵犯专利权行为适用法律问题的若干规定》第9条第2款之规定。

充分的机会参与到诉讼之中,包括主张权利、提供证据,提出反驳并进行交叉询问和辩论。在采取禁令的程序中安排辩论质证,有助于当事人积极参与诉讼活动。当事人可以通过对相关证据和争议焦点进行针锋相对的辩论质证来充分阐明自己的观点和理由,如此方能有效地防止司法的专横与擅断,消除当事人的疑虑和不满。辩论质证是诉讼程序民主化的集中表现,也是裁判公正与合理的内在要求。

总而言之,在强调完善听证和辩论质证程序的同时,也不要忘记禁令作为临时性措施的法律属性。临时禁令不是终审判决,不能用对待实体审理的程序去对待临时禁令,那样只会削弱禁令的及时性和效率功能。由此可见,在构建中国法框架下的禁令制度的过程中,意欲在公平与效率之间找到合理的平衡显然绝非易事。

软件相关商业方法发明可专利性判定难题的应对

管育鹰*

内容提要：在计算机实施相关发明的专利保护中，最有争议的是软件相关商业方法发明的可专利性问题。各国历经长期理论探讨和实践尝试，在新一轮智能技术革命背景下逐渐形成了对客体适格性开放准入门槛的趋势。为了防范过于宽泛的保护可能导致的不利后果，各国在专利"三性"，特别是创造性标准的把握上，尽量探求软件相关商业方法发明专利授权质量的稳定性和可控性，但目前看比较难以形成相关判定标准的可预期性。笔者认为，近些年各国专利审查和司法实践中显示出的一种替代性解决思路比较切合实际。具体来说，对于计算机实施的软件相关商业方法发明，在通过客体适格性检验后、开始进行"三性"判定之前，应对权利要求书和说明书是否清楚、完整、能够实现进行考察，筛选出可以进一步审查"三性"的对象。为应对软件相关商业方法发明的可专利性判定难题，应当从理论上明确，充分公开的要求是与"三性"同等重要的专利授权条件，可视为客体适格性或实用性的替代审查要件。

关键词：软件专利；商业方法发明；可专利性

表1　简称表

中文全称	英文全称	简称
中国国家知识产权局	China National Intellectual Property Administration	CNIPA
美国专利商标局	United States Patent and Trademark Office	USPTO
欧洲专利局	European Patent Office	EPO

* 中国社会科学院知识产权中心主任，研究员。本文为2021年度中日合作研究项目成果。

续表

中文全称	英文全称	简称
日本特许厅	Japan Patent Office	JPO
美国联邦上诉法院	United States Court of Appeals for the Federal Circuit	CAFC

21世纪以来,信息和网络技术的创新与应用深入人们生产生活的各个层面,给社会发展带来深刻的影响,同时带来了新的矛盾和问题。计算机软件的创新设计和运用是推动信息及相关产业发展的核心内容。近年来,以软件实施为关键步骤的物联网、5G通信及人工智能和区块链等创新技术方案,在新业态催生和发展方面发挥着日益重要的作用,产业界迫切需要更明确的规则以保护创新和规范竞争。如何为创新者提供恰当而有效的法律保护,成为各国决策者、立法者和执法者都需要考虑和应对的问题。专利是保护产业技术创新最为重要的知识产权制度。自20世纪90年代以来,世界各国陆续以软件作为整体技术方案必不可少的一部分的方式,将软件相关发明纳入可获专利权保护的客体范围。尽管如此,软件相关发明的可专利性①一直是各国审查和司法实践中最为棘手的问题,特别是其中不包含新产品或装置系统的商业方法发明。本文采用广义的可专利性概念,既包括申请保护的发明具有可获专利保护的客体适格性、未违反专利法其他不可授权的规定,又包括发明具有新颖性、创造性、实用性(以下简称“三性”),并符合权利要求书和说明书公开、清楚、充分的要求。基于此,本文拟对近些年各国应对软件相关方法发明的可专利性这一难题的经验进行分析,并对这一问题的未来解决方向作出展望。由于各国在实践中的用语有差别,本文统一采用“软件相关发明”的表述,指代CNIPA《专利审查指南》第二部分第九章“涉及计算机程序的发明”、USPTO和EPO专利审查指南中的“计算机实施之发明”(computer-implemented inventions),以及JPO审查基准所称的“计算机软件相关发明”(コンピュータソフトウエア関連発明)。

一、软件相关商业方法专利客体适格性要件的放宽趋势

(一)新一轮智能化技术发展中的软件相关专利保护老问题

软件相关发明的可专利性问题在全球范围内的讨论由来已久。早在20世纪60年代,美国软件产业界已经开始申请软件相关专利保护,但因分歧太大,立法上一直未加

① 中国在学理上并无统一的“可专利性”概念。有学者将其纳入“可专利主题”概念,参见吴汉东:《人工智能生成发明的专利法之问》,载《当代法学》2019年第4期;有学者认为“可获专利性”指专利权的三个要件,即“三性”,参见李明德:《知识产权法》,社会科学文献出版社2007年版,第211页。

以明确,由此开始了由审查部门和法院通过个案解决这一棘手问题的历程。美国通过判例确认了纯数学公式、算法和通用性活动规则不能作为专利权保护客体的规则,因为对这类抽象概念实施专利保护,将会阻止人们使用这些对从事科技工作非常关键的工具、从而阻碍实用技术的进步与发展,有悖于专利政策;而且,软件内容具有不直观性、不容易理解,专利审查员要对软件进行实质性审查也极为困难。① 不过,到20世纪80年代,当软件在世界范围获得版权保护成为通行实践、越来越多的国家加入软件产业竞争时,鉴于仅能制止代码复制抄袭的版权制度和难以举证的商业秘密保护制度对能实现新技术效果的软件保护力度明显不足,美国对软件相关专利保护的探索进入了一个新阶段。实践中,很多计算机软件的"工具性"明显多于"作品性",其被设计出来并不主要是为了被阅读欣赏,而是作为实现某种特定功能或效果的工具;而在产业界,"计算机程序的功能限定和逻辑设计是整个程序开发最重要、最复杂、投入最多、耗时最长的环节,也是真正体现这种智力成果之创造性的关键环节"②。作为对产业界强烈需求的回应,美国联邦最高法院通过"迪尔"(Diehr)案,明确了包含数学计算方法的申请但整体上构成技术方案的,具有专利客体适格性;USPTO随后修改了专利审查指南,指明此类申请的受理和初步审查标准。③ 随着软件相关发明专利申请的增多,USPTO于1996年2月发布了计算机相关发明的审查指南正式文本,明确能够产生有形、具体、有用技术效果的包含计算机软件的装置系统和方法均属于专利保护客体。欧洲、日本专利局也同期建立了软件相关发明专利保护制度,明确了权利要求书中界定了软件运行的特定装置或系统环境的,则整体技术方案可被视为有技术性、按照发明的标准进行审查。中国专利局现为国家知识产权局在1992年2月26日对中国科学院王选院士发明的"优化五笔字型编码法及其键盘"("王码五笔字型输入法")授予了专利权。可见,由计算机软件控制的硬件系统实施的技术方案整体上具有专利客体适格性成为共识。

不过,对软件相关发明专利保护的尺度究竟应当如何把握,在世界各国争议一直不断;尤其是那些独立于硬件装置或计算机系统、由软件实施的商业方法(流程)发明,很容易被认为属于商业等其他组织人类活动方法,落入各国专利客体适格性排除范围。反对声音认为,专利制度的最终目的是促进产业发展进步,对软件实施的发明赋予垄断性权利可能使大多数从业者望而却步,担心因侵权导致无法进一步改进或创作

① 参见应明、孙彦:《计算机软件的知识产权保护》,知识产权出版社2009年版,第112~120页。

② 唐广良等:《计算机法》,中国社会科学出版社1993年版,第207页。

③ See Donald E. Stout, *Protection of Programming in the Aftermath of Diamond v. Diehr*, Vol. 4 Computer Law Journal (1983), p. 222.

新的软件,反而不利于促进产业的整体发展。20世纪90年代后期,美国在电子商务领域发展迅速,为通过专利保护获得竞争优势,实践中申请人为避免第一步就被认为是单纯算法或商业方法而否定客体适格性,常采用将方法与计算机硬件装置或网络系统结合起来、将之描述成实现特定技术目的的机器系统或操作流程的转换法,①这种看起来更像具体的技术方案的申请较易被USPTO接受。但是,21世纪以来,这类专利数量的暴涨带来了不利于专利制度运行的问题,②USPTO转而收紧了相关审查标准。2014年美国最高法院通过"爱丽丝"(Alice)案判决强调,获得专利保护的必须是抽象思想与具体技术要素结合产生发明性概念(inventive concept);对此可采用两步测试法,即首先决定请求保护的是否属于自然法则、自然现象、抽象概念,若是抽象概念,则进一步确定是否有任何元素或组合明显超出抽象概念变成了可专利的发明。③ 随后USPTO发布了新的关于专利客体适格性判定的指南,商业方法专利申请和授权量明显下滑,④自2014年至2017年,因专利客体适格性被质疑和挑战专利权有效性的案件,大部分与软件实施的商业方法有关⑤。

(二)放宽软件相关方法发明专利保护准入门槛的趋势

近年来,越来越多的创新体现为利用软件设计中的算法,提升硬件系统性能或方法流程效率;人工智能、物联网等以软件算法为核心的技术正深度介入传统产业领域,基于这些新技术、新方法的新生活方式和新业态更加普及。相应地,软件相关发明的专利申请数量不断攀升,且东亚地区的专利数量增速明显。⑥ 为回应新技术的发展和产业需求,各法域陆续修改软件相关发明的专利审查指南、手册,在声明属于数学规则的算法本身不具专利适格性的同时,针对人工智能、机器学习相关的申请说明其具备发明的技术特征。

---

① CAFC在后来的判例中将其称为"机器或转换"测试法,See In re Bilski, 545 F. 3d 943, at 961 – 962 (Fed. Cir. 2008)。

② 参见刘银良:《美国商业方法专利的十年扩张与轮回:从道富案到Bilski案的历史考察》,载《知识产权》2010年第6期。

③ Alice Corp. Pty. Ltd. v. CLS Bank Intern., 134 S. Ct. 2347(2014).

④ See Michael Webb, Nick Short, Nicholas Bloom, and Josh Lerner, Some Facts of High-Tech Patenting, NBER Working Paper No. 24793, July 2018, JEL No. L86, O34.

⑤ See Jeffrey A. Lefstin, Peter S. Menell, and David O. Taylor, Final Report of the Berkeley Center for Law & Technology Section 101 Workshop: Addressing Patent Eligibility Challenges, Berkeley Tech. L. J., Vol. 33, 2018, p. 580.

⑥ See Thomas Franklin & Kate Gaudry, *Patent Trends Study Part Two: IoT Industry*, Figure 3, https://www.ipwatchdog.com/2019/05/02/patent-trends-study-part-two-iot-industry/id=108800/,2022年10月访问。

EPO 非常重视发明的“技术贡献”，如果申请内容完全属于商业方法或者仅含有传统计算机程序的步骤，则不被接受；不过，对以计算机程序产品的形式和以记录了程序的计算机可读介质等形式提出的权利要求，则被认为具有技术特征而可接受，当然还要符合创造性、清晰、公开充分等其他要求。2018 年年底 EPO 修改指南，增加了人工智能技术相关示例，指出根据文字内容分类，对抽象数据、电信网络数据等记录进行分类的方法或不具技术性，但如果这些分类方法及其产生的训练集用于解决具体技术问题，则具有技术特征；数据管理系统、信息检索等方法如果采用技术手段，也具有适格性。① 日本专利法对发明的定义是“利用自然法则”的技术性创新，因此，JPO 在实践中一般认为，对于由软件执行的处理信息资讯的方法，如果是利用硬件资源具体实施、说明了如何通过对某一装置进行控制实现技术目的的，则可整体考虑该软件相关发明属于专利保护对象。② JPO 于 2015 年开始对软件相关发明的审查进行专章规定并在附录发布示例，2018 年针对人工智能、物联网相关发明又发布相关示例；最新数据显示，在日本与人工智能相关的发明，包括其在商业领域的应用日益广泛，申请数量在稳步增长。③ 同样，在“爱丽丝”案后，为了提升对软件相关发明专利申请审查结果的一致性和可预测性，USPTO 于 2019 年修订了专利客体适格性审查指南（以下简称 2019PEG），对不予保护的数学概念、组织人类活动的方法、④思维过程等抽象概念进行类型化列举，并进一步细化了两步测试法，即在第二步判定时，考虑申请案是否对抽象概念增加了可应用的额外元素或组合，从而将其整合为适格的客体。⑤ 显然，即使软件实施的商业方法属于抽象概念，也可能在第二步判定时因“额外因素或组合”而具有适格性，这无疑对此类申请的适格性具有起死回生的作用。据统计，2019PEG 实施后，USPTO 依

---

① 参见 EPO 专利审查指南，Part G，Chapter Ⅱ，3.3.1、3.6.1、3.6.3、3.6.4 部分，网址：https://www.epo.org/law-practice/legal-texts/html/guidelines/e/index.htm，2022 年 10 月访问。

② 参见 JPO 专利审查基准第Ⅲ部分第 1 章 2.1.4：利用自然法则，2.2 节：审查软件相关发明的注意事项。

③ 参见 JPO 网站相关内容：Patents and Utility Models ｜ Japan Patent Office（jpo.go.jp），2022 年 10 月访问。

④ 需要注意的是，根据 2019PEG，原则上不授予专利的“某些组织人类活动的方法”包括：基本经济原理或实践（如对冲、保险、降低风险、支付处理、远程购物、邮件识别、订单归置等）；商业或法律活动（如各类合同协议、法律义务、广告、营销、销售活动或行为、业务关系等）；对个人行为、人与人之间的关系或互动的管理（如社交活动、教学、行为规则或方法指导等）。

⑤ See USPTO, 2019 PEG, p.9.

据美国《专利法》第101条直接驳回申请的比例从35%降至20%以下,[①]这反映出美国对软件相关发明放宽准入门槛的微调。

CNIPA于2017年修订《专利审查指南》,明确了包含技术特征的商业模式相关权利要求可以申请专利;针对人工智能、“互联网+”、大数据及区块链等技术的发展,2019年年底指南再次修改,明确那些虽然包含算法特征或商业规则,但应用于特定场景、为了解决技术问题、利用技术手段、获得技术效果的发明专利申请具有客体适格性,并给出了相关示例。[②] 2020年10月《中华人民共和国专利法》(以下简称《专利法》)修改后,CNIPA决定全面修改《专利审查指南》,于2021年8月发布了征求意见稿,对涉及深度学习、分类聚类等人工智能、大数据算法等领域的,解决技术问题、获得技术效果的技术方案作了更为详细的规定,其中参考日本的经验,直接指出主要通过计算机程序实现解决方案的计算机程序产品可以获得专利保护;征求意见稿还在是否为适格客体、权利要求书撰写、新颖性创造性的审查部分补充了相应示例。[③] 总体来说,中国对软件相关发明专利保护的态度和思路与欧洲更相似,同时也参考了日本的一些做法,即强调整体上考察是否属于具有技术特征和技术贡献的技术方案;不过,对于强调技术贡献的欧洲经验,有研究发现其将客体适格性要求与创造性、充分公开等其他专利有效性要件混在一起了,对于什么是技术性既没有给出定义也未指明其特征,相关判定标准尚需进一步澄清,否则在法律上仍含混不清缺乏确定性,[④]这一问题在中国也同样存在。

以上各国软件相关发明专利审查指南的修改动向,体现出对此类发明的专利客体适格性判定标准更为开放宽松的趋势。这一专利政策导向显然与当前全球智能化技术的创新特点及其广泛的产业应用前景紧密相关。事实上,对软件相关发明的专利布局与竞争在全球已经出现同步增长态势,技术先进的国家必然要从政策、战略和专利法理适用与解释等方面加以应对。在信息社会,软件已经成为人们日常生产生活须臾不可离的工具,以其为支撑点的有利于社会进步的技术创新都是值得激励的。专利法

① See Adjusting to Alice, *USPTO patent examination outcomes after Alice Corp. v. CLS Bank International*, https://www.uspto.gov/sites/default/files/documents/OCE-DH_AdjustingtoAlice.pdf, 2022年10月访问。

② 参见CNIPA第74号局令,第343号公告。

③ 参见CNIPA网站:关于就《专利审查指南修改草案(征求意见稿)》公开征求意见的通知,https://www.cnipa.gov.cn/art/2021/8/3/art_75_166474.html,2022年10月访问。

④ See Matthieu Dhenne, *The Assessment of the Technicality of Computer-Implemented Inventions in Europe*, (2018) 40 E.I.P.R., Issue 5, at p.300.

是保护技术创新最重要的法律制度,其关于创新成果的理论阐释应当与时俱进。事实上,无论基于什么理论,扩张软件相关发明的专利客体适格性的阐释都是适应产业需求的必然选择。不过,放宽软件相关发明专利客体适格性标准,仅表明一种专利法对技术创新与应用的鼓励态度。尤其是对软件相关商业方法发明,在传统的商业方法均能以智能化技术加持的今天,基于专利制度的本质,在准入门槛降低后,此类发明的具体技术方案是否最终给予保护,还必须考虑其对社会是否有实质性的创造贡献。因此,在实践中如何准确把握可专利性标准,在促进软件产业创新的同时,防止通过算法编程将公有领域的通用知识或常见方法不当垄断为己有,防范美国21世纪之初低质量商业方法专利泛滥造成的干扰,维护各方利益平衡,才是新一轮软件相关商业方法发明专利保护问题讨论中的重点和难点。

二、软件相关商业方法发明创造性判断标准确立的困难

(一)创造性是决定专利质量的实质性要件

可专利性的"三性"判定中,实用性是最不引人注目的、较容易掌握标准的一项,实践中的争议也不多,只要申请保护的发明可以应用在任何产业上、能够产生积极效果即可,本文对其不展开讨论。新颖性要求专利必须是首创的,其参照物是现有技术和抵触申请;由于现有技术同时是判定创造性的基础,本文将软件相关商业方法发明的新颖性判定涉及的现有技术问题,合并到创造性判定中现有技术界定难问题一起讨论。

尽管创造性的理念自专利制度诞生之日起就有,但首先在专利法中确立创造性要求的是美国1952年的《专利法》;且由于该法第103条(a)中对非显而易见性(创造性)并未给出具体定义,仅指出"一项发明虽然并不与本法第102条所规定的已被披露或描述的情况完全一致,但如果申请专利的主题内容与现有技术之间的差异甚为微小,以致在该发明之初对于本技术领域普通技术人员是显而易见的,则不能被授予专利";可见,申请专利保护的技术方案是否具有创造性的判断是一个实践中基于事实的法律问题。《欧洲专利公约》(以下简称EPC)第56条规定,对本领域技术人员而言,若发明相对于现有技术非显而易见,则该发明应当视为具有创造性,判断创造性时不考虑抵触申请中的现有技术。根据《日本专利法》第29条第2款的规定,如果在申请专利之前,具备该发明所属技术领域的普通知识者能够容易地实现该发明时,不能取得专利。我国《专利法》第22条第3款规定,创造性是指与现有技术相比,申请专利的发明具有突出的实质性特点和显著的进步。

从各国对发明的创造性要求看,请求专利保护的创新技术方案相对于现有技术而

言应当足够重大、不易为一般技术人员所思及;但由于立法对这一要件的表述相当抽象,具体的创造性判断还需各国专利审查和司法部门结合实际案例作出。美国对创造性的判断标准历经数次变动,美国联邦最高法院于1966年通过“格雷姆”(Graham)案[①]确立了影响深远的“四要素”判断法,即(1)确定现有技术的范围和内容;(2)确定申请发明与现有技术之间的区别;(3)确定相关领域的普通技术人员水平;(4)评估作为证据的商业成功等其他辅助性考虑因素。之后美国联邦最高法院在2007年的“KSR”案[②]中指出,采用“教导—启示—动机”测试法评估,若借由本领域公知常识和具体理由,发明方案对特定在先技术之组合具有“无法预期的结果”,则具有非显而易见性。目前在USPTO的审查指南中,“格雷姆”和“KSR”案的判断方法得到重申和细化,且给出了具体示例。[③] 我国对创造性的判断方法与EPO的“问题—解决”三步法类似,即(1)确定最接近的现有技术;(2)确定发明的区别特征和发明实际解决的技术问题;(3)判断要求保护的发明对本领域技术人员来说是否显而易见。

不过,各国迄今为止都未形成明确的、公认的关于发明的创造性标准,这大概是因为与判定新颖性时仅需要对要求保护的发明和现有技术进行事实对比不同,实践中在评估创造性时,采用的是一种更模糊的、定性式的衡量标准。[④] 事实上,对创造性的判断,无论采取何种方法,是否有“显著进步”的结论,均需界定现有技术范围后,以本领域技术人员的眼光来作出;尽管理论上说这个拟制人水平不能太高、也不能太低,但水平高低本身并没有客观标准,个案中拟制人只能化身为知识和技能水平有差异的审查员、技术调查官、法官。另外,从经济学实质看,国家采用创造性标准和要求,能缓解和稀释专利权垄断利益,有利于引导人们从事创新。[⑤] 考虑到创造性标准还充当了平衡权利人和社会公共利益调节阀的公共政策工具角色,在判定发明的创造性时,还需警惕过于宽松的标准可能催生过多的低质量专利,从而引发各界对非实施主体(NPE)滥用权利阻碍创新和竞争的忧虑。[⑥]

---

① Graham v. John Deere Co., 383 U. S. 1 (1966).

② KSR Int'l Co. v. Teleflex Inc., 550 U. S. 398 (2007).

③ See USPTO MPEP §2141, Ⅲ.

④ See W. R. Cornish, *Intellectual property: Patents, Copyright, Trademarks and Allied Rights*, Sweet & Maxwell, London (1999), p. 192.

⑤ 参见吴欣望、朱全涛:《专利经济学:基于创新市场理论的阐释》,知识产权出版社2015年版,第23~24页。

⑥ 参见王烁:《打着“知识产权”幌子阻碍创新 专家提醒警惕这种“专利流氓”》,载《科技日报》2020年11月23日,第5版。

(二)软件相关商业方法发明创造性判断的困难

如上所述,对创造性的评估需要对现有技术、本领域技术人员、非显而易见性进行确定,而软件相关商业方法发明在这三方面均存在疑问,难以预测判定结果。

1. 现有技术范围不易确定

现有技术指申请前已经公开为公众所知的技术,公开的方式包括有形出版物、网络文献、口头发布或陈列展示、实际使用等。对于软件相关商业方法发明而言,主要的困难在于与商业方法相关的技术领域如何界定。通识是,仅仅以软件实现已有的商业方法过于简单、缺乏创造性。但在实践中,商业方法一般没有固定的流程步骤,其具体模式常根据经营需要灵活调整变化,这种调整变化对于商业活动的经营者来说很难承认其创造性。软件相关商业方法发明的特点是技术性和非技术性特征混合在一起。理论上说,技术性特征可考察软件和计算机技术领域,非技术性特征则考察商业领域;但是,商业领域中的方法本身就属于不可授予专利权的"智力活动规则"一类的客体,即使不是传统商业活动中的常识而是新设计的商业活动模式,也无法考察其创造性,因为对于商业活动领域世界各个国家和地区的专利局均无可供检索的现有技术数据库。这样,目前对软件相关商业方法发明的非技术特征部分的创造性检测,事实上只能依赖于已授权专利和公开出版物,无法搜寻所有在商业活动中已经实际使用的现有技术,而后者的数量无疑是庞大的;对其中的技术性特征部分,即软件和计算机相关技术领域的现有技术,则因计算机软件设计和控制技术应用长期以来已经普遍融合到各行各业的创新活动中,要对其积累的现有技术进行检测也是难以全面实现的。实践中,即使要求申请人在说明书中指明要求保护的技术方案所属的技术领域、背景技术,包括对发明的理解、检索、审查有用的背景技术和引证文件,但对这些材料的全面程度并无明确的强制性规定,无助于审查部门和法院判定现有技术状况。美国在开放软件商业方法发明专利保护之初,实务界曾呼吁申请人要尽力搜索所有现有技术,甚至获得"一点式"专利的亚马逊公司的总裁也提出设置异议期及悬赏机制、缩短保护期等建议,但后来都不了了之。①

总体来说,如果实现该商业方法的技术性特征部分是非显而易见的,整体发明的非显而易见性才相对容易界定;如果技术特征不具备创造性,是否可依据商业方法本身的创新程度来判定发明具有创造性,各国理论和实务界尚存在较大争议。典型的事例是美国亚马逊公司的电子购物"一点式"专利(One-Click Patent)。该专利自 1997 年

---

① 参见陈歆:《商业方法专利是否"伤"业方法专利》,载《智慧财产权》2001 年第 4 期。

递交申请、1999年获得授权后一直饱受质疑,历经侵权诉讼禁令撤销后的和解[①]、单方复审经修改后维持有效等程序,到2010年才最后明确授权,[②]但在欧洲却被EPO认为申请中要求保护的减少购物下单步骤的构思不具有创造性,因此不能获得专利保护。[③]日本在对待软件相关商业方法发明的专利保护问题上,与其他技术领域一样采取实用主义策略,其专利法将计算机程序本身视为产品;[④]在发明审查中强调技术方案的整体特征,因此如果软件实施的商业方法本身具有非显而易见性,则可能通过创造性测试,这在实际效果上更接近美国。

在CNIPA于2020年2月1日实施的《专利审查指南》第二部分第九章新增的第6节(包含算法特征或商业规则和方法特征的发明专利申请审查相关规定)中,也强调了商业方法专利创造性判断中商业规则和方法特征与技术特征的整体考虑原则,但实践中具体如何判断“功能上彼此相互支持、存在相互作用关系”仍存在困惑。当发明着眼于智能算法和大数据技术运用到与传统产业领域明显不同的商业和服务业时,这种实际上基于“软件算法+商业/服务方法”的双重抽象概念的创新,即使采取各种方式描述出技术特征和效果、通过了客体适格性审查,在进行创造性判断时将其与现有技术进行检索和对比仍面临困难。从审查实践看,尽管认识到“商业方法专利存在领域多元化、内容复杂化、形式多样化等特点”[⑤],但对于“本领域”最接近的现有技术的检索,一般仅限于专利申请案中写明的背景技术领域,由于现有技术检索范围难以确定,难免造成创造性判断出现问题,使得这类专利的实际保护状况并不理想。例如,在“来电”案中,涉案专利涉及一种共享充电宝领域的基础技术,自2017年以来多次被提起无效宣告请求,其中一项无效理由就是请求人认为该专利的权利要求1相对于一项关于租还共享单车控制方法的中国发明专利申请所公开的技术特征,属于本领域惯用技术手段的结合从而不具备创造性;但CNIPA的审查决定认为,如果将商业规则应用于不同于现有技术的应用场景中,所述商业规则与所述应用场景中的处理过程相互支持、相互作用,在处理过程中的信号走向、信息控制方式发生较大变化,进而导致处理过程产生了较大的差异,且这种应用能够获得不同于现有技术的有益效果,则该应用

---

① See Amazon.com, Inc. v. Barnesandnoble.com, Inc., 73 F. Supp. 2d 1228 (W.D. Wash. 1999), vacated by 239 F.3d 1343 (Fed. Cir. 2001).

② 参见USPTO网站专利全文数据库中的一点式专利文献:https://patft.uspto.gov/netahtml/PTO/index.html,2022年10月访问。

③ 参见EPO上诉委员会裁决T 1244/07 (1-Click/AMAZON) of 27.1.2011。

④ 参见黄毅、尹龙:《商业方法专利》,中国金融出版社2004年版,第47~49页。

⑤ 何俊:《浅析商业方法专利创造性判断整体考虑原则》,载《中国专利与商标》2021年第2期。

具有创造性，最终维持了专利权有效，①并将其作为评价商业方法类发明创造性时要考虑技术特征与非技术特征的相互作用的实例，公布为 CNIPA 的 2020 年典型案例。但与此同时，这项有效专利在侵权诉讼中却难以得到支持和保护；因涉案商业方法的技术方案为了避免应用场景过于宽泛而不具有创造性、在权利要求书和说明书中聚焦于特定的应用场景而刻意限定了具体步骤，被告的使用很容易改变步骤顺序而被认定为不相同也不等同，未落入专利权范围。② 可见，鉴于当前共享经济的核心技术是基于移动互联网的计算机信息技术，其在“互联网 +”时代应用广泛，仅检索发明申请指明的具体应用场景对应的现有技术不足以支撑稳定可靠的创造性判定，即使创造性因各种因素被维持、相关专利处于有效状态，实际上也较难得到有效保护。

2. 本领域技术人员及其知识技能水平难以界定

本领域技术人员是各国专利审查指南中用来判定创造性的拟制主体，CNIPA 指南的第二部分第四章第 2.4 节对“所属技术领域的技术人员”的基本概念作了解释，这一主体标准与各国大同小异。一方面，本领域技术人员应假定为拥有本领域普通技术的人员，并且知晓或掌握申请日前本领域的公知常识；另一方面，对覆盖几乎所有现有技术的文献进行检索被认为是过度的努力，③超过了本领域普通技术人员的水平，如果考虑采用人工智能等辅助技术，则在选择技术领域、编程方面同样依赖操作者的水平。对于软件相关商业方法发明来说，首先，该主体确定的难点在于所属领域和现有技术的选定，其困难性前面已经述及；其次，对于普通技术人员的知识、技能水平，既要求其能全面了解现有技术、界定发明的区别特征，又要求其缺乏足够的创造能力、难以从现有技术中获得教导和启示，同时还要避免事后偏见，这一创造性判断的主体标准在实践中令人难以把握，难免出现此类发明专利有效性的不可预知性和长期不稳定性。

例如，在我国发生的“安全的在线支付系统”专利申请驳回案中，申请人的 30 项权利要求，均被审查部门和法院认为要么是所属领域的公知常识，要么是所属领域技术人员可以在对比文件中直接、毫无疑义地得到的显而易见的技术启示，要么二者的结合是网络电子交易的惯用技术手段、得到的技术方案没有产生预料不到的技术效果；④自始至终，审查部门和法院并未指明该在线交易处理系统的“所属领域”究竟为何。显

① 参见 CNIPA 第 44984 号发明专利无效宣告决定书。

② 参见北京市高级人民法院民事判决书，(2018) 京民终 466 号；广东省高级人民法院民事判决书，(2019) 粤高民终 61 号。

③ 参见 EPO 上诉委员会决定第 T171/84 号。

④ 参见北京市第一中级人民法院行政判决书，(2009) 一中知行初字第 2560 号。

然,软件相关商业方法发明申请中,所属技术领域通常具有模糊性,对技术特征的描述可引用的公知技术和惯常手段较多,这也使得此类发明的创造性判定带有一定的随意性。事实上,与一般传统有形产品技术领域的发明不同,软件设计方案应用在商业或经营管理等领域,其本质与传统的"组织人类活动的方法"并无明显不同,因此以软件控制实施的商业方法流程通常会给人一种似曾相识的感觉,被认为太简单、显而易见。前述美国亚马逊公司的"一点式"网络购物专利在复审时因专利权人补充提交了大量现有技术材料才被维持有效,但同时在欧洲申请专利时却不被认为具有创造性即为一例。

3. 其他综合考虑因素没有统一认识

对于创造性,各国家和地区通常采用整体判断法,同时考虑影响创造性判断的其他因素;例如,CNIPA 审查指南中所称的发明解决了人们一直渴望解决但始终未能获得成功的技术难题、克服了技术偏见、取得了预料不到的技术效果、在商业上获得成功等。① 但是,这些创造性检测的辅助考虑因素同样难以捉摸。对于创造性判定中考虑的其他因素,尤其是商业成功,并不一定是发明技术特征导致的效果,而是依靠销售技巧和广告宣传等其他人为主观因素和活动安排来达到的,也就谈不上技术贡献。事实上,商业成功与发明技术方案整体的创造性并无必然对应的逻辑关系,实践中没人能够穷尽列举商业成功的评价指标并据此主张发明具有创造性;在中国,自商业成功被纳入创造性评判标准以来,几乎没有一件专利申请因主张商业成功而最终被认定具有创造性。② 同样,在美国很早就有研究指出,采用商业成功等作为第二考量因素来判定创造性,从经济学理论和实践经验看,不仅在阐释上有缺陷,而且低效、成本高昂。③ 至于预料不到的技术效果,常见于难以预测和推导生物或化学反应结果的领域(如医药、生技等),在日常商业活动领域很难对此进行主张和举证。

三、软件相关商业方法发明公开充分要求的实质要件作用

由于软件相关商业方法发明在客体适格性、创造性等实质性要件判定方面存在诸多问题,各国司法实践中出现了一种以公开充分要件的判定,替代创造性或补充客体适格性判定的解决方案,这一倾向值得关注和讨论。

---

① 参见 CNIPA《专利审查指南(2020)》第二部分第四章第5节。

② 参见陶冠东:《论"商业成功"的创造性认定标准》,载《电子知识产权》2016年第11期。

③ See Robert P. Merges, *Commercial Success and Patent Standards: Economic Perspectives on. Innovation*, 76 CAL. L. Rev. 803, 812 (1988), at p. 876.

(一)介于客体适格性与创造性等实质要件之间的公开充分要求

1. 充分公开是发明获得专利保护的对价

在发达国家,法学家将该制度解释为国家代表全社会与知识产品创造者签订的一项特殊契约;也即,发明创造者将自己的智力成果公布出来、使社会公众能了解到其中的专门知识,而社会则承认其在一定时期有独占使用其智力成果的专门权利。[①] 这种“公开换保护”的契约论通常被用来论证专利制度的正当性。事实上,专利的特点之一就是公开性,即专利申请人必须同意将其要求保护的技术公之于世、以促进实用科学技术的发展,这也是从专利制度出现以来各国一致遵守的一种“惯例”。[②] 契约论在许多国家的专利法中都得到了反映,例如,依据我国《专利法》第 26 条的规定,专利申请人除了提交清楚、简要地限定请求保护范围的权利要求书外,还应当在说明书中清楚、完整、充分地披露发明的实质内容,以本领域技术人员能够实现为准,必要时应当有附图。可见,在专利的授权、确权和实际保护中,权利要求书和说明书充分公开的要求其实扮演着举足轻重的角色。其作用是将无形的发明技术方案通过文字符号描述出来,以便考察和确定发明人为社会贡献的创新信息内容,及其与他人专有信息、公共领域信息的界限。实践中,各国除了要求发明人早期公开符合要求的说明书等专利文件信息外,还要求其定期公告、出版和提供专利文献,以实现发明创造向社会公开和传播的目的,同时提高公众对专利质量的监督。

事实上,各国在专利审查指南中,对发明技术方案是否满足充分公开要求的审查,均紧跟在客体适格性判定之后;针对软件相关发明,近些年发布的修订或补充审查指南也特别强调了充分公开要件。例如,为满足美国专利法第 112(a)条对充分公开的要求,USPTO 在 2019 年发布针对软件相关发明的新规,[③]规定除了依据审查指南第 2163 ~ 2164 条对书面披露和据以实现进行审查外,应披露解决逻辑或数学问题、或按具体步骤执行某项任务的算法以满足据以实现的要求;因软件相关发明权利要求一般都涉及由软件控制的功能,应披露该功能如何通过软件和硬件的交互作用、而非软件或硬件本身实现,算法应当展示出软硬件如何相互作用的方法流程。可见,为符合美国专利法上的“书面披露”要件,说明书必须揭示相关的硬件及软件,使所属技术领域的普通技术人员能够编写程序来执行所请求保护的功能,仅对实现功能的数据模块进行描述是不够的,对算法的揭示仍是必要的;在“据以实现”要件方面,说明书中须有

---

① 参见[苏]B. A. 鲍加特赫等:《资本主义国家和发展中国家的专利法》。转引自中国科学技术情报所专利馆编:《国外专利法介绍》(第一册),知识出版社 1981 年版,第 12 页。

② 参见郑成思:《工业产权国际公约概论》,北京大学出版社 1985 年版,第 122 页。

③ See 84 Fed. Reg. 4 at 57 - 63 (Jan. 7, 2019).

足够的描述和记载,使本领域技术人员无须开展过度实验即能够据以实现。EPC 第 83 条、第 84 条规定欧洲专利对权利要求应当清晰、简明地界定请求保护的内容,并为说明书所支持;申请须足够清楚和完整地揭示发明,使本领域技术人员能够实施;为阐释此要求,EPO 针对软件相关发明充分公开要件的审查,自 2016 年起在指南中增加 F-Ⅳ,3.9 节,对所有方法步骤能够以数据处理手段实施的软件相关发明的权利要求撰写给出了相关示例,后来又陆续增补了如何撰写分布式计算环境中(2018 年)、以设备和/或特别数据处理手段辅助确定的方法步骤发明(2021 年)的情形。

CNIPA 在解释《专利法》对说明书和权利要求书清楚、完整、能够实现的要求如何适用于软件相关发明时指出,除了应当从整体上描述发明的技术方案外,还必须清楚、完整地描述相关计算机程序的设计构思及其技术特征以及达到其技术效果的实施方式,以相关计算机程序流程为基础,按次序以自然语言描述出程序中的各步骤,并在附图中给出主要流程图,使本领域技术人员能够根据说明书和流程图编制出能够实现所述技术效果的计算机程序,必要时简短摘录某些关键的源代码以供参考;对于包含算法特征或商业规则和方法特征的发明,还应写明技术特征和与其功能上彼此相互支持、存在相互作用关系的算法或商业方法特征如何共同作用且产生有益效果,对解决技术问题的整个过程进行详细描述和说明,使所属技术领域的技术人员能够实现该发明的解决方案。① 在司法实践中,因软件相关发明的保护范围在权利要求中难以清晰表述,对于主要用以实现某种特定功能的计算机程序相关发明,中国法院通常将此类发明的保护范围缩限到说明书所描述的具体方案及其等同的实施方式中。② 可见,对于软件相关商业方法发明来说,要获得授权或在授权后要得到切实的保护,申请时提交的说明书必须完整、清楚、充分地公开技术方案,同时又要避免过于具体而限缩保护范围、避免源代码过多泄露,尺度并不容易把握。

2. 符合充分公开的要求是专利获得授权的前提条件

在软件相关商业方法发明中,容易发生争议的问题是,权利要求书中的技术方案通常是以某种特定手段功能实现的,撰写专利文件时只能采取功能性限定方式;不过,这样其流程说明及附图如何详细披露、充分清晰地展现软件设计流程,包括算法的系统架构、数据模块结构等核心要素,才能够使本领域技术人员无须创造性劳动即可编写出具有相应技术功能和效果的软件,在实践中的规则和标准仍是不清晰的。特别是

---

① 参见 CNIPA《专利审查指南》第二部分第二章,第九章第 5 节、第 6 节。

② 《最高人民法院关于审理侵犯专利权纠纷案件应用法律若干问题的解释》(法释〔2009〕21 号)第 4 条。

涉及人工智能的发明时,由于通过机器学习人工智能系统在大数据训练下可能“自主生成”发明,这类发明在申请专利过程中面临“黑匣子”造成的训练数据、训练模型等公开难题;对此,有观点提出,只有通过将公开的范围涵盖训练模型、方法和训练所使用的数据,而不仅仅是训练后的模型系数,并对现有技术进行完整的披露,才能够使普通技术人员能够实现。[①]

在理论上,中国学界一般将客体适格性和“三性”称为专利获得授权的实质要件,而将充分公开的要求作为形式要件;但事实上充分公开已经成为与新颖性、创造性和实用性等传统“三性”相并重的专利授权实质性要件。[②] 在实操上,中国在“可专利性”概念下对发明专利申请依次进行实质性审查。CNIPA《专利审查指南》在第二部分第七章第10节规定,专利申请的全部主题如果明显属于以下情况的,审查员不必检索即可发出审查意见通知书:(1)属于《专利法》第5条或者第25条规定的不授予专利权的情形;(2)不符合《专利法》第2条第2款的规定;(3)不具备实用性;(4)说明书和权利要求书未对该申请的主题作出清楚、完整的说明,以致所属技术领域的技术人员不能实现。具言之,在判定客体适格之后、对新颖性创新性进行检索和审查之前,先对发明的实用性以及说明书、权利要求书是否公开充分作出判定;对不符合此要求的申请发出审查意见,若不按要求予以修正补充的直接驳回、不再继续下一步审查。

对于软件相关商业方法发明而言,由于在实践中申请人往往在权利要求中添加技术特征、突出技术效果和技术贡献以便更容易通过客体测试,加上各国鼓励智能技术发展与应用的专利政策推行,客体适格性要件和实用性的审查日趋流于形式;因此,对权利要求书和说明书是否公开充分的判定,实际上是在执行现有技术全面检索、比对、创造性判定等复杂的实质性审查之前,决定此类发明是否可以获得专利保护关键的、但更便捷的一步。换言之,如果申请无法满足充分公开的要求,就不必继续实行耗时费力而又无法具备可预期结果的创造性实质性审查,这无疑能够提高审查效率。从本质上说,充分公开的要求相当于把发明的实用性要件具体化;对于软件相关方法发明的可专利性审查来说,这一要件是继客体准入之后的第二道门槛。基于以上理论与实践的差异,有必要强调充分公开要件在专利授权确权与保护中的重要作用,将其明确为获得专利权的前提条件。

---

① 参见胡光、王雨平:《人工智能生成发明专利公开问题研究——以DABUS案为例》,载《中国发明与专利》2021年第7期。

② 参见杨德桥:《专利充分公开制度的逻辑与实践》,知识产权出版社2019年版,第1页。

3. 充分公开是确定专利权保护范围的首要步骤

说明书和权利要求书未对专利申请的主题作出清楚、完整的说明,显然既是可以驳回申请的理由、也是可以提出专利无效的理由;但由于专利的有效性争议在中国应先由行政部门作出复审决定、再走行政诉讼程序,侵权诉讼中法院是否可以采纳无效抗辩直接判决,仍是尚在讨论中的话题。① 因此,在侵权诉讼中,法院也体现出对说明书是否充分公开这一高效快捷的替代性审理要件的认可。实践中,在专利权人主张侵权救济时,抛开专利有效性争议,被控侵权人往往主张自己的行为未落入专利权保护范围,按照我国《专利法》第64条的规定以权利要求、说明书及附图来解释专利保护内容和界定专利权保护范围,是法院审理中首要的一步。对此,法院不需要等到冗长的涉及客体适格性、创造性等复杂问题的无效及确权行政诉讼程序的终结,甚至可以不必审理现有技术抗辩(若有),即可依据说明书公开不充分而无法界定专利权保护范围,径直判决不侵权。

例如,在"诺基亚诉华勤"案中,涉案专利已获授权,但侵权诉讼中专利权利要求被法院认为是功能性限定技术特征,而说明书没有记载具体实施方式,本领域普通技术人员通过阅读权利要求书、说明书和附图亦不能直接得知该技术特征的技术内容,从而无法确定涉案专利的保护范围,也无法进行侵权比对,最终两级法院均判决驳回了诺基亚公司的全部诉讼请求。② 从实际效果看,该案中法院的做法实际上开创了一种新的专利案件审理方式,即侵权判定中不必将涉嫌侵权的技术与涉案专利进行对比,也不必对涉案专利的客体适格性、创造性等复杂问题进行考察,同时回避了与基于这两种主要理由提起的专利无效程序的结果可能发生的潜在冲突。从理论上说,专利法"公开换保护"的原理,没有理由不适用于软件相关商业方法发明。因此,尽管实务界有观点认为"诺基亚诉华勤"案中法院这种做法对软件专利的要求过高、变相架空甚至剥夺了该项财产权利,③但充分公开的要求并不比创造性要件位阶低。事实上,由于软件相关方法发明可专利性判定问题疑难复杂,各国专利审查部门和司法机关都越来越多地采用这一更简单的替代性方式解决授权、确权和侵权争议。鉴于专利"三性"中的实用性要件在审查和司法实践中易流于形式,而充分公开要求本领域技术人员"能够实现"技术方案,其实是实用性的一种替代,也具有实质性影响专利权效力的特征。当

① 参见管育鹰:《专利无效抗辩的引入与知识产权法院建设》,载《法律适用》2016年第6期。

② 参见上海市第一中级人民法院民事判决书,(2011)沪一中民初字47号;上海市高级人民法院民事判决书,(2013)沪高民终字96号。

③ 参见苏志国、孙茂宇、安晶:《从诺基亚诉华勤案看我国软件专利的司法保护》,载《中国发明与专利》2014年第2期。

然，为澄清其重要性，应当在理论上明确将充分公开作为专利实质要件，在实务中与实用性要件一起，或者将其解释为实用性要件的具体化要求（“据以实现”措辞本身即体现了实用性），提前到新颖性创造性判定之前进行审查判定。

（二）对软件相关方法发明充分公开要求的理解与判定

由于充分公开要求关乎专利权范围的确定，其标准尺度的掌握实际上是控制专利质量、影响整个专利制度价值评判的核心议题之一。换言之，专利制度赋予发明人一定时期的垄断权，对价是其向公众充分披露其发明细节，以便后来者能够基于其发明的教导和启示再创新；因此，充分披露的质量对后续创新有明显影响，研究表明过于宽松的审查标准使相关专利信息披露质量低下、对后续创新明显缺乏教示作用。① 所以，对发明申请充分公开要件判定标准的掌握，实际上涉及对专利制度功能的理解；软件相关方法发明，无论在政策上如何鼓励，若其技术方案公开不充分，也不应得到专利法的保护。

1. 充分披露足以再现或据以实现判定的实践

尽管各法域的判定方法和思路有所不同，但无论是将充分公开视为独立于可专利性的要件，还是作为客体适格性判定的进一步补充要素，抑或对实用性要件的一种替代，对软件相关发明申请权利要求书、说明书及附图的充分公开要件（包括书面披露和据以实现两方面）之判定，均是审查和司法实践中的重要内容。其中，本领域技术人员这一拟制人的标准，与新颖性创造性判定中的主体标准一样，在专利质量的控制和调节、专利政策与其他法律关系的协调中均发挥着核心作用。欧洲没有明确将充分公开作为可专利性的要件进行审查，而是将其与客体适格性、新颖性及创造性的判定融在一起考虑，统一要求申请应充分披露、足以再现权利要求书所称的技术效果，否则要么不符合 EPC 充分公开和清楚完整的要求，要么没有解决所称的技术问题、缺乏创造性。② 不过，对于软件相关发明，EPO 给出了关于 EPC 第 83 条、第 84 条审查的相应指南和示例。③ 2020 年 5 月 12 日，EPO 还以披露不足为由驳回了一项涉及人工智能的发明，指出专利申请应当以一种足够清晰和完整的方式披露、足以使本领域技术人员根

---

① See Dyer, Travis and Glaeser, Stephen and Lang, Mark H. and Sprecher, Caroline, *The Effect of Patent Disclosure Quality on Innovation* (*2020*), see https://ssrn.com/abstract=3711128, accessed October 2022.

② See EPO Guidelines for Examination, G Patentability, Chapter Ⅲ: Sufficiency of disclosure, Chapter Ⅳ: Claims (Art. 84 and formal requirements).

③ See EPO Guidelines for Examination, F The European Patent Application, Chapter Ⅲ: Sufficiency of disclosure; F Claims (Art. 84 and formal requirements), Chapter Ⅳ, 3.9: Claims directed to computer-implemented inventions.

据其一般常识再现发明;而这项人工智能发明“无论是权利要求还是说明书描述都没有包含人工神经网络训练的细节……涉及人工智能系统的发明,其公开范围除去系统本身运行之基本技术特征外,还应当涵盖数据选择与处理的方法”①。显然,在欧盟,因《通用数据保护条例》(GDPR)的实施,涉及大量个人信息及其处理方式的人工智能或软件相关发明如何满足充分公开要求的问题更为复杂。

美国对发明充分公开的要求和判定路径稍有不同,USPTO将充分公开要求纳入可专利性的考察范围;值得注意的是,除了要求权利要求书和说明书本身充分公开外,USPTO还要求申请必须披露所有潜在相关的现有技术信息,②尽职披露不仅事关适格性和创造性判定,对判定说明书本身是否达到充分披露和据以实现的要求也具有参考意义。CAFC的判例曾经明确,仅使本领域技术人员(如程序员)在理论上能编写程序实现该功能是不够的,须说明和解释该功能是如何通过申请人的算法实现的,否则该申请将因为不充分公开而无效;不过,说明书也不必披露本领域中的通识,只有在区别技术特征需要过度试验才能得知的情形下,没有充分公开才是无效理由,过度实验考虑因素可参见先例③。在“符号生成器”侵权案中,CAFC支持地方法院的认定,即“符号生成器”是一种由电脑实施的手段功能性用语,说明书尽管以一般性用语描述了符号是根据参与者的纬度和经度生成的,但说明书中没有指明用于请求元件执行、使之成为“符号生成器”的可操作的算法及说明,因此相关权利要求无效。④ 在“基于使用者需求而传送应用包的方法及系统”侵权案中,原告雨计算公司控告三星通过网店向客户端发送应用程序,侵害其专利权,地方法院认为权利要求中的第1项、第5~8项界定了一种“用户识别模块”,属于手段功能用语,但未得到说明书的充分披露和支持,被告未侵权;CAFC认为,通过计算机实施“针对使用者的订阅而控制存取一个或多个应用软件封包”的功能,说明书不能仅仅描述该功能,还必须要涉及特别的程序或算法,雨计算公司及其发明人在审理期间曾表示“用户识别模块”需要由软件算法建模实施,有些开源程序代码可应用于建模,但说明书中未提供任何可执行控制存取功能的算法

---

① See EPO, T 0161/18 (Äquivalenter Aortendruck/ARC SEIBERSDORF) of 12.5.2020.

② See USPTO MPEP, Chapter 2000 Duty of Disclosure; § 2163 Written Description Requirement, § 2164 The Enablement Requirement, § 2165 The Best Mode Requirement.

③ See Vasudevan Software, Inc. v. MicroStrategy, Inc., 782 F.3d 671 (Fed. Cir. 2015); Trs. of Bos. Univ. v. Everlight Elecs. Co., LTD., 896 F.3d 1357, 1364 (Fed. Cir. 2018).

④ See Advanced Ground Information Systems, Inc. v. Life360, Inc., 830 F.3d 1341(Fed. Cir. 2016).

与说明,也缺乏足够清晰的结构,该项专利缺乏明确性而无效。①

2. 我国关于软件相关方法发明充分公开判定的实践

CNIPA 的审查指南在软件相关发明和包括商业方法或算法发明的部分,均指出说明书应当清楚、客观地描述该发明为解决其技术问题所采用的解决方案;所述解决方案在包含技术特征的基础上,可以进一步包含与技术特征功能上彼此相互支持、存在相互作用关系的算法特征或商业规则和方法特征。② 不过,与 EPO 的做法一样,这些要求与新颖性创造性部分的审查标准有多处重合,因此,即使 CNIPA 对此类发明的摘要、权利要求书撰写方式给出了示例和简单的分析及结论,但还是难以确定现实中到底什么样的权利要求书和说明书才能达到充分公开标准,特别是对说明书,指南中未给出详细的示范。

与此同时,在我国已有司法界人士观察到目前专利实务中存在创造性与说明书充分公开问题交织的现象,而且发现这种做法弱化了对充分公开等其他法定条件的审查,混淆了创造性与说明书充分公开中技术问题认定的判断标准和思路;一些人认为,应明确充分公开是授予专利最基本的要求,无法满足则没有必要对创造性进行评价,可根据专利实质审查的一般规律,先审查判断充分公开、权利要求应该得到说明书支持、修改未超范围等条件,在此基础上再进行新颖性、创造性的判断。③ 另外,实践中也已出现涉及公开充分判定的相关案例。最高人民法院在"小 i 机器人"案中指出,在判断是否充分公开时,首先需要判断该技术特征是否属于涉案专利区别于现有技术的技术特征,若是,则专利说明书中应当作出详细描述,若不是区别技术特征且本领域技术人员能够通过检索现有技术即可实现的,则专利说明书中可以不对该技术特征给出详细描述和具体指引。④

四、结语

物联网时代的到来,使计算机技术与传统产业形态深度融合的新商业模式不断推出,在带动产业发展的同时,也给软件相关方法发明的可专利性判断带来困难。由于网络时代的商业方法主要由软件实施,其专利法上的技术效果和创新程度评价困难、标准也摇摆不定;受新发展阶段国际技术竞争态势与国内产业政策的影响,我国专利

---

① See Rain Computing, Inc. , v. Samsung Electronics America, Inc. , Samsung Electronics Co. , Ltd. , Samsung Research America, Inc. , No. 2020 - 1646 (Fed. Cir. Mar. 2, 2021).

② 参见 CNIPA《专利审查指南(2020)》第二部分第九章第 5 节 5.1、5.2,第 6 节 6.3。

③ 参见高雪:《专利创造性与说明书充分公开的界限》,载《人民司法》2020 年第 16 期。

④ 参见最高人民法院行政再审判决书,(2017)最高法行再 34 号。

制度对软件相关商业方法发明准入门槛持日渐宽松的态度,这也意味着今后相关专利的申请量可能会大幅增加。基于专利制度保护真正有价值产业技术创新的目的,准确把握创造性判断标准,过滤低质量、拼凑或编造型的申请十分重要,过多过滥的专利可能使产业竞争者陷入丛林困境,反而不利于可持续创新。为了更全面领会和把握创新与竞争的关系,在软件相关商业方法发明的客体适格性流于形式、创造性要件标准不清晰的情形下,将发明的充分公开要件审查实质化,作为实用性审查的替代或客体适格性的补充,成为在新颖性创造性审查之前的可专利性重要准入门槛,是比较具有实操性的做法。毕竟,一项连本领域技术人员都无法据以实现的发明,难以具备专利保护的正当性。目前各法域在审查和司法实践中已对充分公开判定逐渐积累了经验,但面对新问题,仍需要活用多种会商交流机制,并在法律配套规定完善、法律解释与适用等过程中,增强审查与司法裁判标准的对接和协调,进一步就软件相关方法发明可专利性判定中的诸多问题达成共识。

论知识产权行政执法标准与司法裁判标准的统一

孙国瑞[*]

内容提要:在我国,侵犯知识产权的不法行为人,可能因其侵权行为而承担行政责任、民事责任,甚至刑事责任。本文所讨论的知识产权司法裁判仅涉及民事司法。知识产权行政保护与司法保护并行是我国的特色制度,也是有一定争议的制度。知识产权行政执法标准和司法裁判标准是知识产权法律领域的重点问题,也是疑难问题,这两者的统一更是难上加难。本文试图通过理论分析和实证研究的方法,对两者的统一谈谈粗浅的看法。

关键词:知识产权;行政执法;司法;标准;统一

"知识产权是私权。"

——《TRIPs 协议》序言

2020 年 11 月 30 日,中共中央政治局就加强我国知识产权保护工作举行了第二十五次集体学习。习近平总书记在主持学习时再次强调了知识产权保护的重要性。习近平总书记指出:知识产权保护工作关系国家治理体系和治理能力现代化,关系高质量发展,关系人民生活幸福,关系国家对外开放大局,关系国家安全。全面建设社会主义现代化国家,必须从国家战略高度和进入新发展阶段要求出发,全面加强知识产权保护工作,促进建设现代化经济体系,激发全社会创新活力,推动构建新发

* 北京航空航天大学法学院教授,北京知识产权研究会会长。

展格局。[①] 总书记强调的这五个"关系",环环相扣,层层递进,掷地有声。这不仅是对我国"十四五"期间的知识产权保护工作提出的新要求,也是对我国今后相当长的历史时期内知识产权保护工作的战略部署。

习近平总书记在文章中还具体谈到了提高知识产权审判质量和效率,提升公信力,促进知识产权行政执法标准和司法裁判标准统一,完善行政执法和司法衔接机制等问题。[②] 知识产权的行政保护与司法保护"两条途径、并行运作"的"双轨制"被认为是中国知识产权制度的特色之一。虽然这种"双轨制"与我国参加的保护知识产权国际公约的规定有所出入,但鉴于《TRIPs 协议》第 1 条第 1 款中的"成员可在其国内法中,规定宽于本协议要求的保护,只要其不违反本协议,但成员亦无义务非作这类规定不可。成员有自由确定以其国内法律制度及实践实施本协议的恰当方式",以及其他国际公约的类似规定,我国一直坚持用行政手段保护作为私权的知识产权,同时兼顾社会公共利益的保护。这样既严格履行了"条约必须遵守"的国际义务,维护了国家主权,又保持了我国知识产权制度的特色,而且在较短的时间内得到了国际社会的认可。本文拟结合笔者对习近平总书记讲话精神的体会,谈谈对知识产权行政执法标准和司法裁判标准统一的看法,并求教于学界大家。

既然知识产权是私权,一般情况下,权利人可以通过协商、调解、仲裁和诉讼等方式解决知识产权纠纷,而在我国又需要行政机关动用公权力达到同时保护知识产权且维护社会公共利益的目的,于是就出现了行政执法标准与司法裁判标准如何统一的问题。在此,笔者拟对该问题谈谈自己的看法。

一、知识产权行政执法

行政执法,是指行政主体根据有关法律、法规和行政执法程序的规定,处理具体事件并直接影响相对人权利与义务的具体行政法律行为,是国家行政机关在执行宪法、法律、行政法规或履行国际条约时所采取的具体办法和步骤,是为了保证行政法律法规的有效执行,对特定的人和事所实施的具体行政行为。行政执法是国家行政机关依法实施的行政行为的一种,无论是执行法律,还是执行行政法规、部门规章,都是应用法的规范解决社会问题,调整社会关系,实现法对社会的调节功能。

行政执法具有主体的法定性和国家代表性、主动性和单方意志性、极大的自由裁

---

① 参见习近平:《全面加强知识产权保护工作　激发创新活力推动构建新发展格局》,载《求是》2021年第3期。

② 同上。

量性等五大特征。行政执法需要遵循合法、合理、正当程序、效率、诚实守信、责任六大原则。知识产权行政执法,自然也是国家行政机关的法定职责之一,也必须符合上述"五大特征",遵循"六大原则"。

（一）知识产权行政执法的体制机制改革

2018 年之前,知识产权行政执法的职责是由国家和各省市的知识产权局依法履行。2018 年 3 月,国务院机构改革后,知识产权案件由各地的市场监督管理局下设的知识产权局主管。从目前国家知识产权局的职权范围来看,它管理的知识产权种类限于专利权、商标权、植物新品种权、集成电路布图设计权等,与意识形态联系密切的著作权则由中共中央宣传部新闻出版署负管理之责。

在我国,知识产权行政执法职能主要由专利管理部门、工商管理部门、著作权管理部门以及海关等多个部门承担,不同的行政部门根据其管理职能各司其职。根据我国知识产权几个部门法的相关规定,管理专利工作的部门认定专利侵权成立的,可以责令侵权人立即停止侵权行为,可以应当事人的请求,就侵犯专利权的赔偿数额进行调解;工商行政管理部门认定商标侵权成立的,可以责令立即停止商标侵权行为,并进行罚款,没收、销毁侵权商品和主要用于制造侵权商品、伪造注册商标标识的工具,可以应当事人的请求对商标侵权的赔偿数额进行调解;著作权行政管理部门可以依法责令侵犯著作权的行为人停止侵权行为并可处以罚款;海关可以依法没收侵犯知识产权的货物;国务院知识产权行政部门应集成电路布图设计权利人的请求处理侵权纠纷时,认定侵权行为成立的,可以责令侵权人立即停止侵权行为,没收、销毁侵权产品或者物品。

知识产权行政保护具有以下优点:及时、高效;行政机关依职权调查查证,可以减轻知识产权权利人的负担,降低维权成本;对侵权行为有较大的震慑力。一些在我国发展业务的外国企业,原先不明就里,在他们逐渐理解了我国知识产权行政执法的优点之后,再遇到知识产权侵权纠纷时,也不再一味地坚持按照他们所熟悉的老套路走司法途径,转而主动寻求成本低、效率高的行政保护。

虽然知识产权行政保护具有上述优点,但是由于我国是一个幅员辽阔、人口众多的发展中国家,相对而言,我国建立知识产权制度起步晚,时间短,各地区科技、经济、文化等发展不平衡。所以,知识产权行政执法的效果在各地之间呈现出的差异性明显。例如,我国北京、上海、广州、深圳、江苏、浙江等科技经济发达地区发生的知识产权纠纷案件数量多、难度大,行政管理部门积极应对挑战,在人力、物力、财力上加大投入,通过及时处理知识产权纠纷,积累了丰富的经验,知识产权行政执法效果自然是优于西北、东北、西南等地区。①

2008年,为了大力提升我国知识产权创造、运用、保护和管理能力,增强自主创新能力,建设创新型国家,我国颁布了《国家知识产权战略纲要》,开始实施国家层面的知识产权战略,按照激励创造、有效运用、依法保护、科学管理的方针,着力完善知识产权制度,积极营造良好的知识产权法治环境、市场环境和文化环境,政府在知识产权的创造、运用、保护和管理整个链条上的工作量大幅度增加。

为了保证国家知识产权战略的有效实施,国务院于2008年10月9日和2016年3月21日,两次批复同意建立国家知识产权战略实施工作部际联席会议制度。联席会议负责在国务院领导下,统筹协调国家知识产权战略实施工作,联席会议办公室设在国家知识产权局。在国家知识产权战略实施过程中,知识产权行政执法取得了巨大的成绩。根据国家知识产权局的统计,2017年、2018年和2019年,全国知识产权行政管理部门处理的专利行政执法案件数量分别为27305件、33970件、23020件。② 按照我国政府机关的职责分工,专利行政案件归国家专利行政部门管辖;商标行政案件由国家工商行政管理部门管辖;著作权行政案件由国家著作权管理部门负责。当然,知识产权的行政管理还有国务院所属的其他行政机关。③

如何解决我国知识产权行政执法"政出多门、多头执法",以及在行政执法办案期限、处理处罚标准等方面存在的问题,提高政府的行政执法能力、效率和公信力,寻求知识产权行政执法的统一标准。为此,国务院陆续出台了一系列文件。④ 例如,国务院办公厅《关于印发打击侵犯知识产权和制售假冒伪劣商品专项行动方案的通知》(2010年);国务院办公厅《关于贯彻落实全国知识产权保护与执法工作电视电话会议精神任务分工的通知》(2010年);国务院《批转全国打击侵犯知识产权和制售假冒伪劣商品

---

① 据《中国知识产权报》报道:浙江省知识产权局2016年调处专利侵权案件结案9000余起,结案率99.98%,在全国名列前茅。参见《浙江:强化专利行政执法　激发创业创新活力》,载国家知识产权战略网2017年1月22日,http://www.nipso.cn/onews.asp? id=34859。

② 《2019年12月各省专利行政执法案件数据统计》,载邵阳市科技局网2020年2月21日,https://kjj.shaoyang.gov.cn/sykjj/ajcl/202002/f9037380e39745f1a47bba9fe9e8d6d1.shtml。

③ 我国行政机构在2018年改革之前,知识产权行政管理机关有:国家知识产权局、原国家工商行政管理总局、原国家版权局、原文化部、海关总署、原国家质量监督检验检疫总局、原国家食品药品监督管理总局、原农业部、原林业局等。

④ 仅2010年,知识产权工作部际联席会议的28个单位新制定、修订有关知识产权法律法规和规范性文件44项,出台并实施主要政策措施112项,开展执法行动35项。《2010年新制定和修订知识产权法律法规44项》,载国务院新闻办公室网2011年4月21日,http://www.scio.gov.cn/ztk/xwfb/30/5/Document/896452/896452.htm。

工作领导小组〈关于依法公开制售假冒伪劣商品和侵犯知识产权行政处罚案件信息的意见(试行)〉的通知》(2014 年);国务院办公厅《关于转发知识产权局等单位深入实施国家知识产权战略行动计划(2014－2020 年)的通知》(2014 年);国务院《关于新形势下加快知识产权强国建设的若干意见》(2015 年)及其《重点任务分工方案》(2016 年);《关于强化知识产权保护的意见》(2019 年);国务院《知识产权战略实施工作部际联席会议办公室关于印发〈2020 年深入实施国家知识产权战略加快建设知识产权强国推进计划〉的通知》(2020 年)。

国务院各有关部门也纷纷出台相关文件。例如,在《国家知识产权战略纲要》出台之前的 2007 年,国家知识产权局发布了《关于加强知识产权保护和行政执法工作的指导意见》,2010 年国家知识产权局颁布《专利行政执法办法》①,2011 年颁布《关于加强专利行政执法工作的决定》,2016 年印发《专利侵权行为认定指南(试行)》《专利行政执法证据规则(试行)》《专利纠纷行政调解指引(试行)》,2014 年原国家林业局发布《林业植物新品种保护行政执法办法》。

国务院的上述规定和国务院部委的相关文件,既为我国知识产权行政执法提供了基本遵循,又起到了为行政执法把脉,规范行政执法的作用。我们知道,国家行政机关的职责范围可以说是广阔无边,关涉百姓的衣食住行、生老病死,需要行政机构执法履行职责。"相对来说,仅仅靠议会通过法律,然后交法院实施,那只能做些微不足道的事。另外,还有许许多多事先不能决定的具体问题和许多具体事情。任何人都不能没有规划许可而建房,但却没有任何一个规划能穷尽各类具体情形,必须有自由裁量权。"②

行政法学理论认为,政府的权力有两个特点:第一,它们都受到法律的限制,没有绝对的和不受制约的行政权力;第二,也是必然的结果,任何权力都有可能被滥用。"滥用"一词并不当然具有贬义。政府部门可能会像其他人一样容易误解他们的法律位置,同时,他们所实施的法律通常是复杂和不明确的,所以滥用权力是不可避免的。因此,法律提供各种方法去制止滥用尤为必要。③

(二)知识产权行政执法案例指导制度

知识产权行政执法是行政执法的一个重要组成部分,涉及的法律规范多而分散,案件类型和执法机关及行政相对人多而复杂。我国 80% 的法律、90% 的地方性法规和

---

① 该《办法》是国家知识产权局 2001 年发布的《专利行政执法办法》的修订版。

② [英]威廉·韦德:《行政法》,徐炳、潘世强等译,中国大百科全书出版社 1997 年版,第 4 页。

③ 参见[英]威廉·韦德:《行政法》,徐炳、潘世强等译,中国大百科全书出版社 1997 年版,第 5 页。

几乎所有的行政法规,都是由行政机关来执行。执法主体多、范围领域广、行为数量大。[①] 为了规范知识产权行政执法,减少和力戒21世纪知识产权行政执法可能产生的负面效应,国务院勇于探索,建立行政案例指导制度,成为我国科学执法、文明执法的制度创新之举。建立行政执法案例指导制度,对于规范政府执法行为,统一行政执法标准,提高行政执法效率,维护政府执法行为的公信力,具有十分重大的意义。

在依法治国和法治原则的语境下,案例指导制度的合法性需要法治资源的足量供给和强力支持,而其能否得以有效实施,则须仰赖科学合理的制度设计。从宏观上来讲,确立行政执法案例指导制度,首先应当以"准立法"的形式规范案例指导制度,亦即将行政执法案例指导制度"成文化"。

按照严格意义上的两大法系划分理论,我国在法律实践上带有一定大陆法系色彩,国家行政机关(国务院及其所属部委)行政执法的依据是我国立法机关制定和颁布的法律,此所谓"依法行政"。"依法行政,或称行政法治,是各国行政法的共同理念或基本原则,其基本含义在于行政机关和其他行政公务组织必须依法行使行政权或者从事行政管理活动。"[②]从法律的规范性作用来讲,如果没有事先对行政执法案例指导制度的各项内容进行规范化,行政机关的执法行为只能根据行政法律法规和部门规章,省市一级的行政机关还可以依据地方性法规去执法。行政执法案例指导制度的成文化、规范化,能够使案例指导制度更具有指引性、稳定性、可预测性和可操作性。

从我国立法体制来看,行政执法案例指导制度的成文化、规范化的途径以部门规章更为适宜。我国《立法法》第91条规定,国务院各部、委员会、中国人民银行、审计署和具有行政管理职能的直属机构以及法律规定的机构,可以根据法律和国务院的行政法规、决定、命令,在本部门的权限范围内,制定规章。部门规章规定的事项应当属于执行法律或者国务院的行政法规、决定、命令的事项。部门规章的位阶在法律和行政法规之下,但也是畅行全国的法律。确定了通过部门规章的形式规范化案例指导制度这个大方向之后,还需要按部就班地处理行政案例的归纳、遴选、发布主体、适用规则等等微观细节上的问题。

随着2018年国务院机构改革的完成,国家知识产权局现在的职权范围包括专利、商标、地理标志、植物新品种等管理业务。就知识产权行政执法的指导性案例的遴选与发布而言,应以国家知识产权局为主体,著作权行政执法案例的遴选与发布,则由中

① 参见《严格规范执法 保护当事人权利》,载中华人民共和国中央人民政府网2019年1月5日,http://www.gov.cn/zhengce/2019-01/05/content_5355077.htm。

② 应松年主编:《行政法与行政诉讼法学》,高等教育出版社2017年版,第36页。

共中央宣传部版权管理部门承担，或者由中共中央宣传部版权管理部门与国家知识产权局互商后联合发布。这种安排能够保证指导性案例的权威性，便于全国知识产权行政执法机关的贯彻执行，利于知识产权行政执法标准的统一。国家知识产权局于2019年4月24日发布的《关于知识产权行政执法案例指导工作的规定（试行）》即为推行知识产权行政执法案例指导制度的有益尝试。

为了配合《关于知识产权行政执法案例指导工作的规定（试行）》的执行，进一步加强专利权保护，提高专利侵权纠纷行政裁决工作的效率与水平，2020年4月，国家知识产权局组织撰写出版了《专利侵权纠纷行政裁决办案指南》，细化专利侵权纠纷行政裁决的办案程序和实体标准，规范行政裁决办案工作，强化知识产权保护，更好地保护当事人权益，优化营商环境。但是，考虑到知识产权行政执法的复杂性，我们不能对案例指导制度统一法律适用抱有过于乐观的态度。

二、知识产权司法裁判

知识产权是私权，这是国际社会的共识。知识产权具有财产权的属性，财产权是直接体现财产利益的民事权利，财产权纠纷应当通过司法解决，司法的主导和终局是知识产权保护的基本模式，行政保护应当是知识产权保护的适当补充。

在经济全球化的现代社会条件下，世界各国遵循WTO的规则从事国际贸易，各类市场主体根据域内法和域外法提供商品或者服务，参与市场竞争。由关税及贸易总协定（General Agreement on Tariffs and Trade，GATT）进入WTO时代，人类所赖以生存的传统商品贸易依然发达，但对于人类的发展更具有重要意义的知识产权贸易，已然超越了传统的商品贸易，成为世界各国家和地区，特别是发达国家关注的焦点。

此外，2002年发生的DVD事件所彰显的知识产权武器的强大威力再次震撼了国人。国家知识产权战略实施以来，异常激烈的国际市场竞争，国内外数量庞大的知识产权纠纷案件，发达国家在知识产权保护上给我们的巨大压力，等等，使我国政府充分认识到，经济发展必须依靠创新驱动，创新是唯一出路，保护知识产权就是保护创新。在当今的国际社会，没有哪一个国家的执政党和政府能够像中国的执政党和政府这样高度重视知识产权保护工作。

（一）知识产权司法体制机制的改革创新

21世纪以来，不仅是中共中央办公厅和国务院办公厅多次就知识产权问题联合发文，反复强调知识产权保护工作的重要性，给各级政府的知识产权工作提供指导，司法机关也一直在努力为司法改革提速，并且坚持不懈地就知识产权司法标准的统一问题探索体制机制创新之路。2014年8月31日，十二届全国人大常委会第十次会议表决通过了全国人大常委会关于在北京、上海、广州设立知识产权法院的决定。

知识产权法院成立的意义体现在以下三个方面:其一,进一步强化知识产权的运用和保护,激发社会创造力,为创新型国家建设提供强大的推动力;其二,提升知识产权审判工作的质效,完善我国知识产权司法保护体系,为公平竞争的社会主义市场经济秩序创造良好的法治环境;其三,加强与世界知识产权保护的接轨,扩大我国知识产权保护的影响力,树立我国改革开放的良好国际形象。北京、上海、广州三个知识产权法院成立以来,审理了一批具有规则意义和社会影响的重大知识产权案件,在提升审判质效、统一裁判尺度、促进创新驱动发展等方面发挥了积极作用,基本实现了预期目标。

我国知识产权司法改革的另一件大事是2019年1月1日成立了最高人民法院知识产权法庭。该法庭是最高人民法院派出的常设审判机构,其职责是统一审理全国范围内专利、垄断等专业技术性较强的民事和行政上诉案件,肩负着进一步统一专利、垄断等知识产权案件裁判尺度、进一步提升司法公信力和国际影响力、进一步为加快创新驱动发展战略和知识产权战略实施提供司法保障的重大使命。通过实现审理专门化、管辖集中化、程序集约化和人员专业化,为把我国建设成知识产权强国和世界科技强国提供有力的司法保障和服务。2018年10月26日,全国人大常委会通过的《关于专利等知识产权案件诉讼程序若干问题的决定》明确规定,有关发明、实用新型、植物新品种、集成电路布图设计、技术秘密、计算机软件、垄断等专业技术性较强的知识产权民事纠纷案件的二审,由最高人民法院知识产权法庭直接审理,该规定于2019年1月1日开始施行。

关于知识产权审判制度的改革,中共中央办公厅和国务院办公厅于2018年2月27日发布了《关于加强知识产权审判领域改革创新若干问题的意见》,目的是深入贯彻实施创新驱动发展战略和国家知识产权战略,强化知识产权创造、保护、运用,破解制约知识产权审判发展的体制机制障碍,充分发挥知识产权审判激励和保护创新、促进科技进步和社会发展的职能作用。

据不完全统计,从1997年开始,每年的两会上,人大代表都对我国司法机关的工作提出很多意见和建议。提升审判质效和统一裁判尺度是司法改革的重要内容,司法审判体制机制的改革应当在提升审判质效和统一裁判尺度上精准施策。知识产权案件案情复杂、审理难度大、影响面广,全国人大和最高人民法院首先针对知识产权案件的审判质效提升和裁判尺度进行改革,通过这个着力点,树立创新模式,能够起到以点带面、全面开花的效果。

在北京、上海、广州三个知识产权法院运行满3年后的2017年,最高人民法院认为,经过3年的实践证明,建立知识产权法院的决定是正确的。3个知识产权法院的运行效果所显现的重要作用表现在5个方面:一是通过审理重大典型案件,确立裁判规则,彰显激励和保护创新的鲜明态度,为行业发展提供指引,服务保障国家创新驱动发展战略的实施;二是通过加大对知识产权侵权行为的惩治力度,推进社会诚信建设,着力解决侵权成本低、维权成本高等问题,充分发挥司法保护知识产权的主导作用;三是通过推进审判机构专门化、审判人员专职化和审判工作专业化,统一裁判标准,提高审判效率,对于提升全国法院知识产权审判水平发挥引领示范作用;四是通过在组建和运行中全面落实司法体制改革要求,推进司法责任制、人员分类管理和职业保障改革,不断规范审判权力运行机制,充分发挥司法体制改革排头兵作用;五是通过加强知识产权司法领域的国际交流与合作,讲好中国法治故事,传播中国法治声音,展示中国司法成就,有效提升了我国知识产权司法的国际影响力。① 在统一裁判尺度上,3个知识产权法院积极探索统一知识产权法律适用标准,通过审理社会影响大、关注度高的重大、疑难案件,加强对审判实务中重点、难点和热点问题的研究,确立了一系列重要裁判标准,为行业发展提供行为示范和有效指引。知识产权法院的成立和运行,为统一知识产权案件的裁判标准跨出了一大步。

(二)知识产权司法案例指导制度

为了解决知识产权纠纷案件的司法审判标准的统一问题,最高人民法院所做的另一个大胆尝试是建立案例指导制度。2010年11月26日,最高人民法院发布的《关于案例指导工作的规定》,标志着我国以"总结审判经验,统一法律适用,提高审判质量,维护司法公正"为目的的案例指导制度迈出了坚实的一步。

最高人民法院于2015年4月24日在北京知识产权法院设立了知识产权案例指导研究(北京)基地,在最高人民法院内部设立了一个司法案例研究院,于2016年9月30日揭牌。利用这些机构探索建立中国特色的知识产权案例指导制度,完善典型案例生成、筛选、识别、适用机制,致力于建设全国知识产权案例指导理论研究中心,积极推动知识产权司法裁判理念、尺度和标准的统一。

最高人民法院司法案例研究院与2013年成立的中国案例法学研究会建立了紧密的合作关系,积极开展工作,创造性地履行"建设世界一流的司法案例数据库,为广大法官审理类似案件提供参考,统一司法标准,规范法官自由裁量权,促进司法公正;加

---

① 参见周强:《最高人民法院关于知识产权法院工作情况的报告》,载中国人大网2017年8月29日,http://www.npc.gov.cn/zgrdw/npc/xinwen/2017-08/29/content_2027585.htm。笔者曾经与美国法官、律师交流,他们表示,建议美国、欧洲的知识产权权利人到中国打官司,因为中国法院知识产权民事纠纷案件的审限明显短于欧美的法院,而且判赔额也在逐步提高。

强司法案例研究,促进理论与实务的良性互动"的历史使命。

2001年后,我国在知识产权领域与外国的交流与合作更加频繁,相互了解不断深入。

最高人民法院根据《中华人民共和国人民法院组织法》的相关规定颁布《关于案例指导工作的规定》后,开始积极推进案例指导工作,除了建立司法案例研究院和北京基地,还在人才储备等方面勇于实践、勇于创新并有所作为。

早在1997年最高人民法院就在《人民法院报》发布了5个知识产权民事纠纷案的典型案例。当时,我国司法机关审理的知识产权案件数量呈上升趋势,虽然北京、上海、广东等地的人民法院内部在经济审判庭和民事审判庭之外设立了知识产权审判庭,但因为知识产权纠纷案件的数量在增加,难度在增大,而人民法院的人财物等保障条件却没有及时跟进,知识产权纠纷对于我国法院而言又是新问题,法官的审判经验少,压力大,部分案件的判决结果存在争议。最高人民法院发布案例的目的是使全国具备知识产权案件受理资质的法院在审理知识产权案件时有所参照。为了认真总结经验,加强知识产权审判工作,1997年11月14日至18日,最高人民法院在江苏省吴县市组织召开了全国部分法院知识产权案件审判工作座谈会,专门就知识产权案件审判的程序问题和实体问题统一认识和步调。1998年7月20日,最高人民法院以"法〔1998〕65号"文的形式发布了《关于全国部分法院知识产权审判工作座谈会纪要》,初步探讨了知识产权案件审判制度的改革问题。此后,最高人民法院在《最高人民法院公报》和《人民法院报》上定期发布知识产权典型案例,对于全国各级法院,特别是各级法院知识产权审判庭的法官及时掌握知识产权案件审判信息,把握知识产权案件审判思路和方向,对于法学界研究我国知识产权司法制度的进展情况,都是一种有益的尝试,也为世界各国了解中国知识产权司法保护状况打开了一个窗口。

与上文论及的知识产权行政案例指导制度一样,最高人民法院主导的知识产权案例指导制度旨在统一司法裁判标准,实现司法公正。根据《关于案例指导工作的规定》第1条"对全国法院审判、执行工作具有指导作用的指导性案例,由最高人民法院确定并统一发布"的规定,最高人民法院组织全国各级法院就指导案例的遴选作出了精细的安排,北京知识产权法院作为案例指导制度研究的基地,在知识产权审判领域率先开展理论化、规范化、信息化、开放化研究和探索,为我国案例指导制度建设提供实践样本和经验,但仅有的研究基地的能量远远不能满足我国案例指导制度建设的需要。

案例指导制度是立足于我国立法制度、司法制度、法律传统、法律文化的一项重大改革举措,存在较高的理论风险和实践难度。按照我国立法和司法制度,全国人民代表大会及其常务委员会是立法机关,依法履行立法职责。人民法院依照法律规定独立行使审判权,法官审判案件必须坚持以事实为根据,以法律为准绳的原则。以事实为根据,以法律为准绳是司法公正的体现,只有坚持以充分确凿的事实作为判案的根据,以法律作为定案的准绳,才能做到不枉不纵,保证审判结果的公正。欲使案例指导制度达到统一司法裁判标准的目的,必须首先确定发布机关的权威性。这一点我们已经有《关于案例指导工作的规定》作为该制度的定海神针。其次是有约束力案例的认定和发布。《关于案例指导工作的规定》第2条和第7条分别规定:"本规定所称指导性案例,是指裁判已经发生法律效力,并符合以下条件的案例:(一)社会广泛关注的;(二)法律规定比较原则的;(三)具有典型性的;(四)疑难复杂或者新类型的;(五)其他具有指导作用的案例。""最高人民法院发布的指导性案例,各级人民法院审判类似案例时应当参照。"

从2011年12月20日发布第一批指导性案例至今,最高人民法院共发布了26批147个指导性案例。在最高人民法院发布的前24批共139个指导性案例中,知识产权类指导性案例有14例被应用于76个案件。① 案例指导制度实行10年以来,全国各地各级法院普遍认为,最高人民法院发布的指导性案例数量偏少,而且其中部分案例还属于"具有典型性、疑难复杂或者新类型",不具有普适性,难以"参照",无法发挥统一审判尺度和司法标准的作用。就知识产权指导性案例而言,以2017年为例,广东法院2017年新收知识产权民事一审案件58,000件,北京法院新收25,932件,上海法院新收14,012件。② 这三个省市新收知识产权民事案件98,944件,接近10万件。全国法院每年新收一审知识产权民事纠纷案件基本稳定在20万件左右。每年各地评选出当地知识产权典型案例的数量也非常可观,但能够入选最高人民法院知识产权指导性案例的案件数量极其有限。欠缺普适性的指导性案例,自然欠缺指导性,不入审理知识产权案件法官的"法眼",也就不足为怪了。由此可见,知识产权案例指导制度的初心良善,但若想真正起到统一审判标准的指导作用,尚需加大工作力度。

三、知识产权行政执法标准与司法裁判标准的统一

(一)知识产权行政执法标准与司法裁判标准能否统一

知识产权行政执法标准与司法标准这两种标准究竟能否统一,是一个困扰实务界与学界的难题。

---

① 参见郭叶:《最高人民法院指导性案例2019年度司法应用报告》,载《中国应用法学》2020年第3期。

② 参见《最高法:2017年知识产权案件数量持续增长 新类型不断涌现》,载央广网2018年4月19日,http://news.cnr.cn/dj/20180419/t20180419_524204512.shtml。

我国的知识产权制度在知识产权行政保护方面形成了"中国经验"。我国知识产权行政管理部门根据法律规定行使执法权。比如,商标管理部门根据《商标法》的规定,有权采取检查、查封或者扣押侵权物品等处罚措施,有权处罚违规的商标代理机构等。

知识产权是私权,用司法手段保护知识产权是国际通行的做法。我国以司法保护为主,行政保护为辅的知识产权保护制度,符合我国现阶段的国情,行政机关的积极性也很高。但知识产权的行政保护应当随着我国司法制度的逐步健全而陆续回归诸如专利申请和商标注册申请的受理、审查、授权等行政管理工作。

(二)知识产权行政执法标准与司法裁判标准统一的建议

知识产权行政执法标准的统一,首先取决于法律的统一。我国知识产权法律体系中的法律渊源,如法律、行政法规、部门规章、司法解释等,其效力达于全国,加之行政执法案例指导制度的逐步成文化,其效力提升至通行于全国的法律渊源这一地位。其次是人才储备,即执法人员的遴选和任用。再完备的法律也必须由人去执行,正所谓"徒善不足以为政,徒法不足以自行"(《孟子·离娄上》)。根据《公务员法》及相关配套制度考核、遴选和任用的国家行政管理部门工作人员,个个是人中翘楚,知识产权行政执法是行政管理中难度较大的业务,执法人员更应是优中选优,方能保证知识产权行政执法朝着标准统一的方向前进。

同理,知识产权司法裁判标准的统一,首先是法律规定的统一。其次是承担知识产权案件审判职责的法官的遴选和任用。根据《法官法》及其他配套制度,在通过了国家统一法律职业资格考试,又经过专业培训的法律人才中层层选拔,能够承担知识产权案件审判职责的法官,应当是业界精英。完备的法律和优秀的人才储备,是知识产权司法裁判标准统一的保证。

行政执法与司法裁判在主体、职责内容、主动性与被动性、权威性与中立性等方方面面,均存在巨大差异,但两者的目的是统一的,即实现法治、实现公平正义。知识产权行政保护与司法保护,本是两种方式、两种途径,知识产权行政执法标准与司法裁判标准的统一取决于法律的统一,取决于法律人对统一法律的忠诚和一体遵循,以及相关配套制度的完善。

平台垄断数据的法律规制研究

冯晓青[*]　李　可[**]

内容提要：数据已然正式与土地、劳动力、资本、技术一起被纳入国家所定义的要素范畴并实行市场化配置，其重要性愈发突出。近年来数据垄断问题已成为法学理论与实务界的关注重点。平台企业正是以获取用户数据为目标，依托平台流量优势与算法技术进行纵向排斥，企图将垄断优势扩大到多个领域。这类行为在破坏市场竞争秩序的同时，会损害用户的权益，数字时代平台企业的垄断问题日益凸显。平台经济的发展与数字技术的活跃对传统反垄断法理论中滥用市场支配地位的认定提出了挑战，2022年修正的《反垄断法》第23条关于市场支配地位的认定却仍然以市场份额为主展开，忽略了新业态下数据对市场支配地位认定的影响。为在保护公平竞争的目的下鼓励创新，促进平台经济下企业间的数据开放与共享，应当在立法层面完善《反垄断法》《反不正当竞争法》等相关规则的同时，构建政府、企业、社会多方协同治理模式，强化数据同行业监管与数据跨行业监管。此外，可以进一步参考欧盟《数字市场法案》中开创性规定的守门人制度与事前监管制度等数字垄断制度创新性成果，结合数字可携带权的适用，探索我国平台企业的数据垄断规制方法。

关键词：数据垄断；互联网平台；滥用市场支配地位；网络效应；反垄断法

表1　简称表

中文全称	英文全称	简称
经济合作与发展组织	Organization for Economic Co-operation and Development	OECD

* 中国政法大学民商经济法学院教授、博士生导师、法学博士，中国知识产权法学研究会副会长。

** 中国政法大学知识产权法学专业硕士研究生。

续表

中文全称	英文全称	简称
美国白宫经济顾问委员会	Council of Economic Advisers	CEA
欧盟委员会	European Commission	EC
欧盟法院	Court of Justice of the European Union	CJEU
美国联邦贸易委员会	Federal Trade Commission	FTC
美国司法部	United States Department of Justice	USDJ

一、引言

近年来,随着互联网的深入发展与线上平台的迭代普及,数据越来越成为影响市场经济发展的重要新型生产要素。在社会生活中,运用得当的数据起到提高生产效率、提升消费者服务适配度、促进市场良性竞争的效果。然而,在当今如火如荼的大数据技术和数字经济发展背景下,随着超大规模市场与市场主体形成,数据集中度不断增加,垄断问题愈加严重。例如,美国联邦贸易委员会(FTC)针对脸书(Facebook)提出了反垄断诉讼;①欧盟委员会(EC)于2020年11月提交了针对亚马逊(Amazon)的垄断声明;②2022年7月18日,苹果公司(Apple)刚刚因为其苹果支付(Apple Pay)的垄断问题被卷入反垄断诉讼。③ 大型电子商务平台、搜索引擎、社交媒体、移动端操作系统等超级网络平台利用其市场支配地位,逐渐积累起庞大的数据资源,并对数据资源不断进行收集、存储、分析、利用,形成数据垄断,进一步巩固自己的行业地位,使强者愈强,胜者全胜。

为应对数据时代的变革,我国相继针对各类数据信息的处理与运用出台了相关法律法规与政策性规定。2021年6月10日,《中华人民共和国数据安全法》(以下简称

① See Brent Mobbs, FTC v. Facebook: Social Media Giant Sued for Anticompetitive Conduct, JOLT DIGEST (Mar. 8, 2021), http://jolt. law. harvard. edu/digest/ftc-v-facebook-social-media-giant-sued-for-anticompetitive-conduct.

② See Silvia Amaro, EU says Amazon breached antitrust rules, opens second investigation into its e-commerce business, CNBC(Nov. 10,2020), https://www. cnbc. com/2020/11/10/eu-hits-amazon-with-antitrust-charges-for-distorting-competition. html.

③ See Tori Gaines, Apple named in antitrust lawsuit, Berkeley, KRON4 (Jul. 18,2022), https://www. kron4. com/news/apple-named-in-antitrust-lawsuit-berkeley/.

《数据安全法》)颁布,针对数据发展战略、数据安全制度、相关法律责任等进行了规定。2021年8月20日,《中华人民共和国个人信息保护法》(以下简称《个人信息保护法》)颁布,针对个人信息使用、保护和侵权责任等问题作出了全面规定。2022年6月24日颁布,同年8月1日实施的《中华人民共和国反垄断法》(2022年修正)(以下简称《反垄断法》)第9条及第22条针对数字经济的发展进行了补充。2022年7月7日,中华人民共和国国家互联网信息办公室正式发布的《数据出境安全评估办法》则对数据出境的严格合规路径进行明确指引,至此我国数据监管的法律法规框架已基本形成。早在2010年腾讯就曾因"二选一"行为被提起诉讼,2021年4月阿里巴巴集团因"二选一"行为被国家市场监督管理总局处以182.28亿元罚款,①2021年10月美团因"二选一"行为被国家市场监督管理总局处罚款34.42亿元。② 具有数据与技术优势的平台企业市场集中度越来越高,其依靠长期积累产生的海量数据资源,可能损害消费者利益、挤占同行企业生存空间、破坏公平竞争的市场环境。

基于上述原因,数据垄断已然成为法学理论界与实务界高度关切的问题。数字时代平台公司的垄断究其根源就是对数据的垄断。本文以现有研究为基础,探讨平台公司数据垄断的原因及其对反垄断法的影响,并结合典型案例就数据在市场支配地位的认定中起到的作用与数据垄断带来的现实阻碍及其违法性认定标准进行解构,最终提出通过构建更加完整的监管体系与纠纷解决机制,完善对平台企业垄断数据的规制途径,力求为构建公平、开放、共享的平台数据共荣机制提供理论基础和实践范式。

二、平台经济与数据垄断的基本问题

当今世界正在掀起新一轮产业革命,人类社会迅速进入了数字化时代,如何培养以数据驱动为基础的新型工业发展动力,是推动我国经济发展的重要课题。数据作为平台经济时代的基础性资产,成为平台企业扩张过程中赖以生存的生产资料与宝贵的基础性资源。超级平台依靠算法技术与经济实力,以获取用户数据为目标的市场竞争格局已然展开。平台经济对我国《反垄断法》的既有规则造成冲击。在进行深度的分析之前,则需要对平台、平台经济、数据等方面的基础问题进行深入探讨。

(一)平台与平台经济及其垄断

数字经济是一种新型经济形态,其以数据为核心要素、以互联网络为载体、以全要

---

① 国家市场监督管理总局行政处罚决定书,国市监处〔2021〕28号。

② 国家市场监督管理总局行政处罚决定书,国市监处罚〔2021〕74号。

素数字化转型为助推力量,推动效能和经济结构的调整与升级。平台(platform)在数字经济发展的初级阶段指特定的计算机操作系统或实体交易环境,是一种可为买卖双方提供交易空间的网络服务居间场所,供一个或多个用户群进行商业互动。平台本身不生产商品,而是通过促成买卖双方的交易,从中抽取适当的利润或差价以实现盈利。在交易过程中,平台会通过各种手段对供需双方的服务内容进行深化,从而吸引更多用户。2021年2月7日国务院反垄断委员会印发的《国务院反垄断委员会关于平台经济领域的反垄断指南》(以下简称《平台经济反垄断指南》)中将平台定义为互联网平台。[①] 随着数字经济的发展,在互联网技术的助力下,平台经济迅速崛起,平台模式已然产生深刻变化,平台在经济发展中所起的作用越来越突出,并成功突破了地域限制,实现了井喷式增长。

数据驱动型平台则是在数字互联网技术发展到一定阶段后产生的,通过数字技术手段收集到海量数据,并对数据进行存储、分析、利用后形成平台生产经营所需的必要要素。此类平台最大的特点在于其将数据作为基础性生产要素与竞争工具,以数据的分析能力与占有量作为竞争手段,以获取与掌握数据资产作为目标。我国形成了一批依靠数字技术与算法获取大量用户数据的超级平台(super platform),这类平台活跃用户的数量每月可达10亿级,往往成为所在国家和地区的互联网基础设施建设的重要一环并仍处于上升期。国外主要指脸书、亚马逊、微软、苹果、谷歌等,国内主要指阿里巴巴、腾讯、百度等。此类超级平台一般会涉及四种类型的数字服务:社交网络、电子商务、移动支付、搜索引擎并且呈现出跨类型的服务趋势。以社交网络平台为例,微信平台用户除了可以线上社交,还可以在平台内打车、分账单,微信钱包的收付款码更是现在国内分布最广的支付方式之一。社交网络平台与移动支付平台的融合保障了金融服务与社会环境的契合度,同时微信推出了微店的电子商务平台,供用户进行线上交易。市场经过多轮洗牌形成了双寡头的垄断格局,腾讯与阿里通过并购与投资联合垄断市场。寡头企业以数据垄断为基础,挤压同行生存空间,易对消费者实施垄断性定价或价格欺诈,会带来多样化的问题。

平台经济(platform economics)就是在上述背景下发展出的新兴经济形态,其以平台为基础、以数据为支撑、以数字技术为依靠,并且企业以数据作为驱动力、以消费者的注意力为争夺对象,不断在多领域强化其垄断地位。首先,其规模经济属性明显,赢者通吃,强者愈强。其次,平台经济通过扩大双边市场各参与方的受益面,进而扩大用

---

① 即通过网络信息技术,使相互依赖的双边或者多边主体在特定载体提供的规则下交互,以此共同创造价值的商业组织形态。

户规模，从而达成平台与供需三方的价值最大化。再次，平台经济涉及领域往往涵盖了人们日常生活的众多方面，具有一定的公共基础设施属性。超级平台通过全领域的战略布局实现了内生化发展，逐步主导大众的日常起居，乃至在一定程度上担负起互联网社会的公共事务和政策实施责任，并积极介入传统的政府社会治理中去。① 最后，数据与数字技术对平台经济的重要性十分显著，平台经济本身的运行过程就会产生大量数据，对数据的分析与适用更是十分依赖企业的数字技术分析能力。

2021 年 5 月，中国信息通信研究院发布的《平台经济与竞争政策观察（2021 年）》报告显示，人们的日常工作与生活广泛依赖于数字平台，我国平台经济的崛起随着新一轮科技革命与产业变革的深入，已成为不可阻挡的历史潮流。② 平台经济对促进国内大循环、推动产业升级都发挥着举足轻重的作用，为国内国际经济复苏注入了新动能。但快速发展的新兴经济形态都会对传统经济造成一定的挑战，汇聚海量用户的平台还易引起流量垄断问题，进而导致数据集中、产业集中、内容集中等风险，③更容易导致市场竞争失序、用户利益受损、财富分配失衡等问题。在此背景下，针对平台经济与超级平台的垄断行为的规制方案在理论与实务界都被推向高点，全球多个国家与地区均针对超级平台的数据垄断问题提出了应对方案。

（二）数据驱动型平台竞争的特殊性

1. 依托平台流量，进行纵向排斥

数据驱动型平台的竞争十分依赖平台本身的流量优势，并借此在新市场形成新的垄断优势。平台企业运用平台可以借助流量优势进行纵向垄断，直接进入上下游市场，在新市场中对竞争对手进行流量歧视。谷歌（Google）之于搜索引擎及其他一系列流行服务市场、脸书之于社交网络，以及亚马逊之于电子商务中的爆炸性增长，都说明了数字市场的赢者通吃的特点。这些公司无一例外都进行了大量的前期投资，以建立具有网络外部性、边际成本低、具有强大规模效益的平台。这就意味着数字市场具有很高的进入壁垒，超级平台因为其庞大的运营规模与数据规模而具有强大的先发优势。如果没有类似的规模与用户群，进入者一般无法克服这些障碍，而这两者都很难快速地以可承受的代价获得。

---

① 互联网实验室：《中国超级电商平台竞争与垄断研究报告》，载互联网实验室官网 2021 年 1 月 9 日，http://www.chinalabs.com/index.php? m=content&c=index&a=show&catid=19&id=5835。

② 中国信息通信研究院：《平台经济与竞争政策观察（2021 年）》，载中国信息通信研究院官网，http://www.caict.ac.cn/kxyj/qwfb/ztbg/202105/t20210528_378126.htm。

③ 参见李勇坚、夏杰长：《数字经济背景下超级平台双轮垄断的潜在风险与防范策略》，载《改革》2020 年第 8 期。

首先,平台可以限制买卖双方在平台之外进行直接接触。如在与淘宝客服对话的过程中,若打字内容出现了"微信"或其他平台名称甚至英文代称,便会遭到屏蔽。此种流量控制,旨在达到垄断目的。其次,默认设置也可以促进平台利用流量优势在下游市场进行垄断。以苹果操作系统、苹果浏览器(Safari)以及搜索引擎谷歌为例,苹果浏览器的垄断地位的确立是由于其隶属于苹果,其与安卓(Android)是世界上最普及的两种移动终端操作系统。除中国外,苹果浏览器的默认搜索引擎均为谷歌。这说明默认设置可以巩固现存垄断平台的支配力量,并助力其在下游市场进一步施展流量优势。各平台均在已有的用户群基础上不断拓展业务市场,最终形成围绕优势市场的一体化互联网生态体系。由于网络外部性的存在,平台企业在生存发展过程中随着用户数量不断扩张,其成长速度远大于传统行业的企业,互联网市场也更容易出现寡头垄断,平台有足够的动机在一开始就进行价格战,争取最大的市场占有率,并在占据市场后抬高价格。

2. 以获取用户数据为目标

数据并不是唾手可得的。平台企业为了维护数据优势,往往需要付出大量时间、人力、金钱等成本,吸引大量用户,根据大量用户提供的数据进行分析。市场营销一直以来时常谈论遵守的"三秒钟原则",就是在很短的时间内吸引用户注意,让用户有深入了解商品或服务的理由,从而达成交易。该原则在平台经济时代同样适用:平台将"用户至上"的服务理念与内容贯彻到极致,便可使用户达到某种成瘾性,在该平台上投入更多的时间。[①] 平台企业吸引用户是为了获取更多的用户个人数据,这类数据不仅包括基础的身份验证信息,也囊括了用户的行为数据,平台据此形成个性化的定制服务进行精准投放,用户获得了更加周全的服务与更加心仪的商品,从而使平台能够进一步锁定用户,再通过适当的营销手段来吸引更多的用户。当用户数量达到一定标准后,互联网的锁定效应就会发生作用,具有市场支配地位的商品或服务得以产生。平台以此将消费者的注意力变现,获得竞争利益。这种互联网锁定效应在社交媒体平台体现得更突出,在电子商务平台的锁定效果较弱:在双边市场中,用户的效用取决于其他用户的参与,当用户身边的朋友均使用微信,同样使用微信沟通就会为用户带来较小的成本。就沟通需求而言,一般用户只会使用少量平台进行日常沟通,平台之间互斥效果较明显。在电子商务领域,用户则可以在天猫平台消费,也可以在京东平台消费,其所付出的成本几乎为零。

精量数据的分析基础在于大量的用户数据。只有吸引更多的新用户,并增强既有

① 参见熊鸿儒:《我国数字经济发展中的平台垄断及其治理策略》,载《改革》2019年第7期。

用户的黏性，才可以获得更海量的用户数据，针对用户的行为数据分析才会更加准确，服务的指向性更加明确，从而能够吸引更多用户，形成良性循环。随着用户的增多，平台价值也不断上升。为了扩大用户基础，平台还会通过流量劫持等方式来获取额外用户的注意力，扩大数据获取的范围。从产品时代、服务时代，到如今的用户时代，各类平台均以扩大用户基础与更大限度地占有用户注意力为目标。市中心办公大楼外墙乃至小区电梯间里平铺发布的电商广告，其目的就是通过获得更多的用户数据，从而为其精准营销奠定基础。平台收集各种类型的大量个人数据的能力使其能够向消费者提供有针对性的广告，随着每个平台可以获得更多维度的数据，从数据中产生的利润也越来越大，为现有的主导服务提供商创造了更多的优势。要求消费者同意指向不明、难以理解、不断变化的服务条款的平台很容易保持优势，这也使消费者无法了解他们的个人数据是如何被货币化的。

3. 市场服务价格的非均等性

如上所述，平台企业随着发展壮大，其提供的产品与服务呈现跨领域的态势，不同领域服务面向的用户群体不同，用户对于产品与服务价格的敏感程度也不同。平台想要最终达成可观的收益，需要对不同领域用户进行行为分析，得到用户的价格承受曲线，据此就不同领域服务价格进行分摊，调整价格结构。以腾讯公司为例，常见的邮箱、微信、各类小程序及网络游戏等基础服务项目都是免费使用的，平台通过此类免费产品吸引用户，当用户达到一定数量后，便可以开展增值服务。此时用户往往对平台产生了一定依赖，脱离平台需要付出更多的学习成本来融入其他平台，平台就可以通过衍生业务的收入来弥补免费服务所产生的价格空缺。

免费服务往往以个人数据作为代价。电子商务领域拼多多平台异军突起，除去价格优势，凭借的就是其所谓“天天领现金”的活动。用户在点进活动页面后系统会自动发送 100 ~ 500 元不等的现金红包，在用户向其微信好友发送链接，该好友点击链接为用户助力时，必须自己先下载拼多多平台并注册使用。平台方以领现金为诱饵引导用户作为平台的“下线”，为平台收集朋友圈的用户信息。此外，腾讯平台提供免费的微信服务与邮箱服务，其利润来源则是网络游戏、版权收入和广告收入。这种不计成本进行推广的方法是获取用户信任、抢占市场主动权的优势手段。在单边市场中，这种掠夺性定价行为可以被视为垄断行为加以监管。在互联网双边市场结构之下，这种免费服务并无法证明其垄断性，因为免费服务已成为互联网领域独有的商业运作模式，企业通过免费服务留住一边市场的用户，并吸引广告商等主体持续加入另一边市场，是平台企业的经营需求。免费定价是企业利润最大化的选择，而作出这一选择的目的也并不是排挤竞争对手。① 对于此种模式下的互联网企业是否构成垄断问题也很难认定,因为此时消费者并没有受到任何损失。况且传统认定市场份额的指标如销售额、销售量等无法对互联网企业的市场份额占有进行计算,而需要通过用户活跃率、留存率、点击率等指标进行测算。

4.依托数字技术与算法

平台经济是以互联网、大数据、云计算等新技术为基础的新经济形式。② 其核心特征在于科技化、算法技术、人工智能。我国平台经济发展迅猛的根本原因在于数字技术的突破。作为新型经济形态,平台经济已成为促进创新的关键力量。国内互联网巨头多元数字生态系统紧紧围绕着人工智能、5G技术、区块链与元宇宙进行布局。以搜索引擎、电子商务、网约车、外卖平台为代表,国内平台企业已成为各领域内行业领军者。平台企业以数字技术为本,持续性加大研发投入,在互联网前沿领域开拓创新,积极探索新技术、新服务、新市场,对于促进大众创业、万众创新,实施创新驱动发展战略,推动新旧动能转换贡献了重要力量。但是,在平台经济的效率得到了数字工具支持、平台企业得以提升工作效率的同时,平台企业利用算法可以进一步强化其竞争优势,规避许多传统方式,高效率地实现垄断。

平台在算法技术上的优势会成为其拓宽垄断范围的砝码。以谷歌等搜索引擎为例,用户对搜索引擎搜索结果的信任程度之高,会产生搜索引擎操纵效应(search engine manipulation effect),即若备选对象在搜索引擎所示的搜索结果中排位更靠前,并链接到更优质的网页时,用户选择往往会因为社交认证(social proof)而大幅转变。网络生态发展到今天,使用者仍然需要在搜索引擎中查找有关的资讯,并依据搜索引擎查询到的关键字查询结果,点击对应的链接而查看详细的内容。内容提供者——相关的电子商务平台、广告服务平台、游戏平台等,都依赖搜索引擎承担信息传递工作。搜索引擎独有的控制能力以及对互联网生态操控的隐蔽性,决定了搜索结果操纵行为易形成损害消费者福利和市场竞争的限制竞争效应。③ 2017年6月,EC对谷歌公司处以27亿美元的罚款,因为谷歌利用算法优势,将其开设的购物平台谷歌购物(Google Shopping)置于搜索结果的首位,对竞争对手的数据予以排斥。在此后俄罗斯与印度同

---

① See Alexei Alexandrov & George Deltas & Daniel F. Spulber, Antitrust and Competition in Two-Sided Markets, Journal of Competition Law & Economics, Vol. 7:4, p. 775 - 812(2011).

② 参见李凯、樊明太:《我国平台经济反垄断监管的新问题、新特征与路径选择》,载《改革》2021年第3期。

③ 参见王磊、张昕竹:《论搜索结果操纵行为的限制竞争效应》,载《财经问题研究》2012年第4期。

样因其偏向性的搜索结果指示对谷歌处以罚款。① 除谷歌外，苹果、亚马逊等都涉及此类对自己开发的产品与服务进行自我优待的垄断行为的调查。平台利用数字技术优势与庞大的用户基础，对平台相关业务进行不合理的优待，在巩固其在某领域的垄断地位同时，企图将其垄断优势扩大到第二轮市场，暴力进行业务扩张，在破坏市场竞争秩序的同时，会损害用户的合法权益。

（三）数据及平台数据垄断的成因

1. 数据及其类型划分

数据在计算机科学中是以二进制的信息单元 0 与 1 表示的客观形式，②是在电子终端输入与输出的一系列数字与字母的总称，承担着记录信息的责任。在传统定义中，数据也用来表示对于客观事物的未经加工的原始素材。对于其具体概念，我国中央立法文件及以上海、深圳、福建为代表的 12 个省市正式颁布的相关数据条例中都有详细的规定。③ 随着数字经济的发展，数据更多地表现为可以以电子形式收集、存储、分析、利用的机器可读信息。

数据的分类对市场竞争的分析而言有着重要意义，可以帮助厘清相关行为的性质与行为边界。

（1）根据数据来源不同，可将数据分为个人数据、企业数据、公共数据

个人数据在我国的相关理论与实务研究中体现为个人信息，我国多部法律都对个人信息的概念进行了规定。④ 欧洲《通用数据保护条例》（General Data Protection Regulation，GDPR）第 4 条对个人数据的定义是：可以指向数据主体的任何相关信息。⑤ 个人数据是最重要的数据分类之一，其不但涉及用户的人格权利，同时涉及企业对个

① See Robert Epstein, The Unprecedented Power of Digital Platforms to Control Opinions and Votes, PROMARKET(Apr. 12,2018), https://www.promarket.org/2018/04/12/unprecedented-power-digital-platforms-control-opinions-votes/.

② 参见何柏生：《数字的法律意义》，载《法学》2022 年第 7 期。

③ 《数据安全法》第 3 条第 1 款规定："本法所称数据，是指任何以电子或者其他方式对信息的记录。"《上海市数据条例》与《深圳市数据条例》对于数据的概念规定均没有实质性差异。

④ 《个人信息保护法》第 4 条第 1 款规定："个人信息是以电子或者其他方式记录的与已识别或者可识别的自然人有关的各种信息，不包括匿名化处理后的信息。"《网络安全法》第 76 条第 5 项规定："个人信息，是指以电子或者其他方式记录的能够单独或者与其他信息结合识别自然人个人身份的各种信息，包括但不限于自然人的姓名、出生日期、身份证件号码、个人生物识别信息、住址、电话号码等。"《民法典》第 1034 条对以上个人信息所包含内容的列举项增加了"电子邮箱、健康信息、行踪信息等"内容。

⑤ 参见华劼：《欧盟数据生产者权利质疑——以知识产权制度安排为视角》，载《知识产权》2020 年第 1 期。

人数据进行商业化利用的相关问题,是数据财产化过程中不能回避的领域。

企业数据又称商业数据,是企业在生产经营过程中所积累的数据,其中可能会涉及一定的商业秘密。企业数据可以分为两类:一是企业自身运作所产生的数据,如企业概况、产品信息、经营数据等;二是本文所重点关注的平台企业收集、存储、分析后进行利用的,可以在市场竞争过程中作为数据资产为平台企业带来可观收益的数据。如上所述,企业数据与个人数据会发生一定联系与冲突,如何平衡经济利益与用户权益是平台企业发展中的难题之一。公共数据指国家政府机关在履行政府职能时产生的各类数据,具有相当的共享性特征。

(2)根据个人数据相关特征不同,分为身份数据与行为数据

身份数据指与用户身份相关的数据,是互联网行为中最基本的一类数据,包括用户的姓名、性别、年龄等。行为数据则是被平台企业加以分析利用的包括用户的浏览记录、偏好设置、社交情况等数据。

(3)根据数据是否被加工,分为原始数据与衍生数据

一般而言,原始数据指原始的用户身份数据与行为数据,而衍生数据则是需要平台通过数字技术进行筛选、分析、处理后得出的具有利用价值的数据。原始数据是未经处理的简化的数据,一般不会涉及垄断问题,但可能会威胁到用户个人信息保护。衍生数据要经过一定的数字工具对数据进行处理,从而形成可以被平台企业加以利用的构成平台竞争优势的数据。衍生数据的出现,萌发了加工处理过的数据的确权问题与数字技术优势产生的垄断问题。

此外,根据数据是否结构化可将数据分为结构化数据和非结构化数据。根据数据是否可以实时交互,分为在线数据与离线数据。

2. 平台数据垄断的成因

(1)利益驱使。"天下熙熙皆为利来",平台数据垄断的最大原因便是利益因素。在巨大的垄断利益面前,部分平台企业罔顾法律的红线而进行恶性竞争,在业内带来了极大的负面影响,甚至给国家安全带来危险。例如,滴滴公司滥用算法与数字技术,滥用自身在移动出行平台行业的垄断地位,违法收集用户相册中的截图信息、剪贴板信息、应用列表信息、人脸识别信息、职业信息、亲情关系信息等以亿万计,并在未明确告知乘客的前提下分析乘客的出行意图与常驻城市,于2022年7月被处以80.26亿元人民币罚款。滴滴公司的违规操作也给我国重要的信息基础架构和数据的安全造成了威胁。在滴滴公司被国家互联网信息办公室调查的同时,有关部门对国内企业的地图测绘资质的复核也开启,滴滴公司的名字没有出现在第一轮审核通过的名单以及最新公布的复核名单中。没有了地图测绘资格,滴滴公司在自动驾驶领域的竞争优势自

然也不复存在。滴滴公司案宣告了平台野蛮发展时代的结束。

(2)平台企业业务范围广泛。在数据收集阶段,广泛的业务范围有助于数据的规模化收集。超级网络平台在一领域取得突破性进展后往往通过投资来收购拓展多方业务。阿里巴巴集团以电子商务平台淘宝起步,并逐步拓宽其业务范围至金融、物流等领域,持续采取扩张战略,阿里巴巴集团会把所有有价值的公司作为投资对象,以此来扩大其在全球范围内的影响力。此类跨业务范围的公司得以建立起独特的经济生态系统,众多领域的数据流向同一平台企业,形成数据垄断。同时,跨业务领域的规模经济使平台公司的经济实力十分雄厚。在扩张初期,平台往往会采取低价方式补贴消费者。电子商务平台则同时作为电子商务平台的运营者与第三方交易平台,既为买卖双方提供交易场所,收取居间费用,同时作为卖方直接与广告商进行交易,在其首页投放广告,收取广告费用。小公司的业务则往往集中在某一领域,数据收集规模与财力都不可与垄断平台相抗衡。

(3)平台企业技术水平高。在数据存储与分析处理阶段,平台企业的技术地位优势有助于其对海量数据进行存储与分析处理。数据的价值需要通过技术手段分析处理后得出,而不能只是简单地堆砌,这需要企业具备一定的技术设备与相关科技人才,同时大规模的数据量对数据的存储提出了挑战。大型平台企业由于资金链稳定,往往可以在技术方面进行规模化投资,其通常也具备知识产权战略眼光,在软件著作权、集成电路布图设计、发明专利等方面都有先发优势,得以在数据的存储与分析处理中占得先机。中小企业则会受到技术门槛的限制,难以对收集到的数据进行进一步的利用。

(4)消费者黏性强。马太效应在平台企业的发展过程中体现得十分明显:大型平台企业同时在多个领域提供服务,多领域的用户在平台进行操作时会录入相关的个人信息,并在浏览过程中留下数字足迹,平台根据收集到的海量用户数据进行收集、分析、处理,提高服务效率,从而巩固现有的用户基础,并投入更多的宣发成本来吸引更多的用户,与市场形成良性互动,但也产生了数据垄断。信息爆炸的今天,新生的消费群体通常倾向选择行业内的“龙头企业”,中小企业的用户群体不断流失,在此时的竞争中几乎毫无优势。

(四)平台对《反垄断法》既有规则的挑战

1. 对垄断行为认定的影响

根据我国《反垄断法》第3条规定,垄断行为包括:(1)垄断协议;(2)滥用市场支配地位;(3)经营者集中。平台企业围绕数据进行竞争会对上述3种垄断行为的认定造成不同程度的影响。

(1)在垄断协议认定方面,随着大数据时代智能算法的广泛施用,平台企业越来越可能利用新型的算法"黑箱"来达成隐蔽的垄断协议。虽然平台企业间由此产生的不正当竞争效果与进行明面沟通、签订明示的垄断协议的行为效果并无二致,但这种新型的算法共谋方式加深了垄断共谋的隐蔽性,共谋过程的多方参与性及实在垄断协议的缺位使得垄断协议的认定变得更加困难。①

2022年新修正的《反垄断法》并没有对此类新型的非实体化垄断协议进行规制。《平台经济反垄断指南》第6条规定,通过利用技术手段进行意思联络以及利用数据和算法实现协调一致行为可以达成横向垄断协议。这实际上宣告了执法机构毋庸受垄断协议的形式问题牵掣,但对算法共谋的细化认定等问题付之阙如:算法介入传统垄断协议后,垄断主体的判断标准是什么、如何判断垄断合意,这些都缺乏进一步研究。

(2)在认定市场主体滥用市场支配地位的过程中,由于数字经济时代的滥用行为本身具有一定的隐蔽性,竞争损害又存在间接性,在平台企业滥用行为的认定中,认定经营者滥用市场支配地位的行为的模式存在难度。不同于传统市场产品主体明确、滥用行为清晰、损害结果清楚,平台经济多变复杂,传统理论中识别典型滥用市场支配地位的行为的外观已模糊。滥用市场支配地位的行为包括:垄断定价、掠夺定价、拒绝交易、限定交易、捆绑交易、差别待遇。② 司法实践中也习惯将盘根错节的竞争行为纳入上述行为模式中进行分析,首先确定经营者实施了滥用市场支配地位的行为,再对其市场支配地位的认定及相关市场的界定进行倒推,从而提高违法行为的识别效率。滥用市场支配地位行为的规制属于结构性行为规制,③其前提条件是要认定市场支配地位。基于动态竞争和免费策略等因素,数据相关市场的定义一直众说纷纭。在一个无法把握的市场语境下对市场支配地位进行探讨,其结果也具有一定的不确定性。④ 而且,原本在传统市场中可以通过是否存在实质上的竞争损害来判断行为是否属于滥用市场支配行为,传统的竞争损害识别模式面对平台企业竞争的多种新型滥用行为时亦存在失效的情形。⑤ 对新型排除、限制竞争行为的认定存在问题,与之相伴的对新型排

---

① 参见尚正茂:《算法共谋行为的反垄断法规制》,载《学习与实践》2022年第3期。

② 参见《反垄断法》第22条。

③ 参见王先林:《论滥用市场支配地位行为的法律规制——〈中华人民共和国反垄断法(草案)〉相关部分评析》,载《法商研究》2007年第4期。

④ 参见詹馥静:《大数据领域滥用市场支配地位的反垄断规制——基于路径检视的逻辑展开》,载《上海财经大学学报》2020年第2期。

⑤ 参见郭勇辉、李淑霞:《数字经济时代大数据领域滥用行为认定规则的重构》,载《学习与探索》2022年第6期。

除、限制竞争行为的监管手段与监管工具及相关规则都处于缺位状态，平台经济领域的执法工作存在较大挑战。

（3）对经营者集中的影响。我国国内互联网领域发生了不少经营者集中的案例，大型企业如阿里巴巴及腾讯的收购行为更是横跨了文娱、金融、物流、健康等领域，几乎占领了消费者生活的各方面。平台企业的经营者集中行为往往可以达到控制目标公司的目的。由于我国《反垄断法》对互联网时代平台经济经营者的反垄断行为相关审查规定具有一定滞后性，且参与集中的平台企业营业额可能未能触及经营者集中的最低申报标准，平台企业在集中前未形成垄断，但在集中后具备了垄断能力。集中前反垄断执法机构缺位，平台企业的市场支配地位变动性强，我国反垄断执法机构却并未审查这些集中行为。

2. 对市场支配地位认定的影响

传统反垄断理论是根据市场份额认定经营者市场支配地位的。2022 年修正的《反垄断法》第 24 条规定，当一个、两个、多个经营者在相关市场的份额达到或合计达到 1/2、2/3、3/4 时，可推定经营者具有市场支配地位。在经济学中，市场份额等于经营者的销售额/相关市场的总销售额，销售额的认定是市场份额认定中的关键因素。[①] 在反垄断民事诉讼中，原告提交的行业研究报告可以作为被控企业有市场支配地位的证据。但是现在由于以下原因，笔者认为，市场份额要素在平台企业市场支配地位认定中的重要性应当下降：第一，据估计，全球“独角兽公司”（估值超过十亿美元但未上市的公司）中，有 70% 是互联网平台公司，[②]且有预测显示，到 2040 年平台型公司将会占到标准普尔 500 公司数量的 14% 和净收入的 50%。[③] 这足以说明：平台企业通常占据高市场份额，若按照传统方式计算市场份额，可能会误伤一大批占据高市场份额却不构成市场支配地位的平台企业。第二，如上所述，平台企业在相当多的领域都会采取免费模式，市场份额的计算失去了可依赖的计算基础。第三，垄断杠杆的问题。[④] 垄断杠杆是指，ab 市场为相邻市场，一普通企业 A 可以背靠另一财力雄厚的企业 B，以 B 在 b 市场中的控制力使 A 在 a 市场中达成市场支配地位。为避免垄断杠杆的出现，执法

---

① 参见孙晋、赵泽宇：《互联网平台经营者市场支配地位界定的系统性重构——以〈反垄断法〉第 18 条的修订为中心》，载《科技与法律》2019 年第 5 期。

② 参见齐昊、李钟瑾：《平台经济金融化的政治经济学分析》，载《经济学家》2021 年第 10 期。

③ 参见徐晓新、冯海洋：《交易捐：平台时代的公益捐赠新模式——以公益宝贝为例》，载《经济社会体制比较》2021 年第 1 期。

④ See Franklin M. Fisher& Daniel L. Rubinfeld, U. S. v. Microsoft-An Economic Analysis, ResearchGate (2001), https://www. researchgate. net/publication/254561948_US_v_Microsoft_ - _An_Economic_Analysis.

机关需要在企业在相邻市场达成市场支配地位前介入,市场份额因素在市场支配地位认定中的重要性便应当有所下降。

在平台发展的初级阶段,用户少、销售额低;当平台得以发展后,用户增多,网络外部性凸显,销售额提升,从而形成用户量提升与销售额上涨的良性循环。用户在长期使用某平台后往往会产生路径依赖,同时平台企业会利用数据优势与技术特长分析用户的行为数据,开发更加迎合用户喜好的产品与服务,增加用户黏性,并进一步发挥互联网的锁定效应,导致市场上越来越多的用户被锁定。随着被锁定的用户规模不断扩大,平台的招徕作用越明显,平台就会获得更多的收益。收益的增多则会促进平台向用户提供更优质的服务,进而吸引更多用户。这种循环往复的用户锁定模式为数据垄断提供了用户基础,但用户锁定是否可以成为对市场支配地位认定的依据还有待研究。

三、数据对判断市场支配地位的影响

在数字化环境中,数据已经是一个重要的竞争优势。然而,对于数据能否对市场优势产生作用依然众说纷纭。本部分从理论与比较法两个层面研究数据与市场支配地位认定的关联度,揭示数据与平台企业市场支配地位认定的强关联性,并试图对数据在平台企业市场支配地位认定中的作用进行深入研究。2022年修正的《反垄断法》在确定市场支配地位的要素中没有涉及与数据有关的内容。在下一步修法中,应当回应平台经济发展的需要,考虑数据占有所造成的市场障碍和互联网效应等影响。

(一)市场支配地位判定中的数据关联度考察

相对于垄断协议的认定与调整方法,基于支配地位滥用行为的反垄断法分析宏观上更容易找到清晰的思路。但是,实践中存在很多技术性难题,在互联网产业迅速发展的今天,传统反垄断法规则似乎并不能为此提供有效的解决方案。因此,下文着眼于数据在平台企业市场支配地位认定中的地位,以及2022年修正的《反垄断法》中对市场支配地位认定的相关问题进行阐释。早在2020年4月,中共中央、国务院发布的《关于构建更加完善的要素市场化配置体制机制的意见》就明确提出,数据作为生产要素之一,已然被正式与土地、劳动力、资本、技术一起纳入国家所定义的要素市场化配置中,数据的重要性愈发突出。数据对于市场支配地位认定的作用仍存在争议。2022年修正的《反垄断法》针对数字经济虽然进行了一定修改,但在市场支配地位的认定因素方面并未回应平台经济的需要。针对平台企业的特殊性,需要考虑数据对市场支配地位形成的影响,并考察相应的问题。

1. 关于市场支配地位判定中数据关联度的理论思考

(1)否定观点

虽然数据在数字经济时代的地位不断提升,目前理论与实务界始终存在一种观点:数据与市场支配地位的形成没有必然联系。理由在于:首先,大数据时代数据无处不在,并不是所有数据都具有竞争价值。数据具有非排他性与多归属性,各个平台之间并非均是非此即彼的竞争关系,用户可以同时为多个平台贡献具有竞争价值的身份数据与行为数据。① 其次,如今就数据相关市场的界定存在问题。平台企业为了争夺用户数据与消费者注意力而使用免费模式,导致在市场竞争中往往缺乏价格比较,无法直接使用价格界定相关市场。② 相关市场的界定是判断经营者市场支配地位的必要条件,在前者不明确时无法判断后者,进而无法讨论数据对判定市场支配地位的影响。最后,虽然数据达到一定数量后,可以通过结构化分析对无用数据进行降噪,提取有用数据,但数据的质量难以保证,无法有效地对缺失值进行填补,可能导致数据量多的企业反而不能比掌握更少数据的企业更具备竞争力。③

(2)肯定观点

认为数据与市场支配地位具有明显关联的学者占更多数。例如,有学者提出为配套完善我国《反垄断法》,应当将数据、算法、创新等核心因素嵌入垄断行为认定体系中,大型平台滥用市场支配地位的根源就在于数据垄断与集中;④还有学者提出,市场支配地位的认定应当考虑数据和转换成本等因素,在数字经济时代固守曾经市场份额为主要条件的认定市场支配地位的方法会导致《反垄断法》的法律效果与立法目的产生偏差。⑤ 首先,数据虽然分布广,但是其收集难度较大,收集成本高,数据库的建立以及后期的分析处理需要高技术投资,数据优势始终存在。其次,优势平台企业在得到数据后往往不会与竞争对手进行共享,从而提高市场进入门槛,加剧市场集中,恶化竞争环境。最后,随着平台企业的发展,其会锁定更多用户、占有更多数据,其风险预判能力越强、市场地位越发稳固,短时间内很难进行更迭。

综上所述,数据这一要素为反垄断执法带来许多挑战,不过数据要素明显与市场

---

① 参见周樨平:《大数据时代企业数据权益保护论》,载《法学》2022 年第 5 期。

② 参见丰斓:《数字经济下经营者集中相关市场界定思路及方法研究》,载《商业经济研究》2021 年第 17 期。

③ 参见李霞、马茜、白梅等:《RIIM:基于独立模型的在线缺失值填补》,载《计算机科学》2022 年第 8 期。

④ 参见熊鸿儒、韩伟:《全球数字经济反垄断的新动向及启示》,载《改革》2022 年第 7 期。

⑤ 参见许身健、郜庆:《反垄断视阈下的算法价格歧视问题》,载《中国法律评论》2022 年第 3 期。

支配地位的认定存在密不可分的关系。首先,尽管仅凭数据可能不会为企业带来竞争优势,但平台企业在获取数据过程中的巨大时间和金钱投入却构成了其竞争优势的重要来源;其次,相关市场界定的确是数字经济时代反垄断领域的执法难点,但并非不能攻破,也更不是拒绝将数据作为认定企业是否具备市场支配地位的要素的原因。阿里巴巴集团案中的相关市场被规划为"中国境内网络零售平台服务市场",处罚决定书中详细论证了为何网络零售平台服务与线下零售商业服务不属于同一相关商品市场,并阐明了为何不同类型的运营商(B2C和C2C)、不同商品种类所提供的网络零售平台服务属于同一相关商品市场,其分析逻辑和论证方式为未来平台经济反垄断中的类似工作提供了借鉴与参考。有些国家和地区则似乎试图绕开传统反垄断工具中相关市场界定这一先决条件,力图以问题为导向,直接锁定头部平台作为规制对象,明确其不能实施的行为或必须履行的义务。① 以上问题仍需根据具体情况进行分析,但数据的价值及其在市场支配地位认定中的地位已经十分明显。

2. 关于市场支配地位判定中数据关联度的域外司法实践研究

随着大数据、人工智能的发展,数据在其反垄断司法实践中的地位越来越突出。OECD发布的《数字市场滥用市场支配地位的行为》研究报告中,将数据列入确定数字市场支配地位的潜在证据来源之一。② 无论是欧盟委员会(EC)还是美国司法部(USDJ)及美国联邦贸易委员会(FTC)都会从横向角度考虑,即两家拥有重要数据的公司的结合是否会导致其市场地位过高。在EC针对谷歌、脸书、微软等收购案的调查中可以看到,EC更热衷于从纵向角度调查的问题是:合并后的企业是否有能力并且将会保留其数据,从而损害市场竞争。虽然欧盟与美国一般都以数据并不具有唯一性为由,没有对数据的合并采取反垄断补救措施,但数据在其中所起的作用不能忽视。下面通过对美国与欧盟的案例进行分析,旨在讨论数据在市场支配地位认定中的相关性问题。

(1)欧盟

在脸书收购案③与微软收购案④中,EC就以用户数据并非由脸书及微软独家占有的理由,称并非所有数据的结合都会产生排除、限制竞争的后果。在谷歌收购案中,EC

---

① 参见中国信息通信研究院:《平台经济与竞争政策观察(2021年)》,载中国信息通信研究院官网,http://www.caict.ac.cn/kxyj/qwfb/ztbg/202105/t20210528_378126.htm。

② See OECD, Abuse of dominance in digital markets, OECD (2020), https://www.oecd.org/daf/competition/abuse-of-dominance-in-digital-markets.htm.

③ Case M.7217, Facebook/Whatsapp, 3 October 2014.

④ Case M.8124, Microsoft/LinkedIn, 6 December 2016.

担忧称,谷歌与被收购公司的用户数据的结合会使谷歌在广告推送方面相较其他搜索引擎更具数据优势。在2018年9月苹果收购案中,EC首次采用了"四V"标准来评估数据结合的效果:数据的种类(variety)、数据收集的速度(velocity)、数据量(volume)、数据的价值(value),而这一标准所采纳的前提便是,数据结合可以转变为市场力量,从传统的以市场份额量化公司的市场地位到基于数据集合的货币化能力评估公司的市场地位,这代表了观念上的重大转变。[①] 德国《反限制竞争法》(Gesetz gegen Wettbewerbsbeschränkungen,GWB)第十修正案于2021年正式被德国联邦议会通过生效,该修正案以适应数字经济的发展为目标,是全球主要经济体中首部系统针对数字化挑战而进行全面修订的反垄断法,其中第18条第3款第3项已将对数据的获取与市场份额等传统指标并列,作为评估企业是否处于市场支配地位的考虑因素。此外,数据相关行为也被纳入滥用市场支配地位的行为范畴。

在艾美仕公司诉某市场研究公司案(IMS Health GmbH v. NDC Health GmbH)中,数据第一次被用作经营者滥用市场支配地位的背景条件。在该案中,艾美仕拒绝许可某市场研究公司使用其数据结构。欧洲法院(CJEU)对此适用了必要设施原则,即当一家企业的经营活动依赖于另一家企业的数据资源,无法找到合理的替代品,其他企业也不具备相应能力时,被依赖的企业不得对依赖方进行不公平待遇,否则可构成滥用市场支配地位。CJEU基于三个方面认为艾美仕的数据独占行为构成滥用市场支配地位:某市场研究公司打算提供有消费者需求的新产品;艾美仕拒绝允许访问且没有客观合理的理由;艾美仕实际上消除了相关市场的所有竞争。[②] 然而,自该案(2004年)至今,欧盟与数据相关的滥用市场支配地位的判例法几乎没有发展,对于市场支配地位是否可以仅仅根据其所拥有的大量数据来判断,仍然有着激烈的争论。

(2)美国

美国并没有认可CJEU的必要设施原则。在1985年阿斯彭滑雪公司诉阿斯彭高地滑雪公司案(Aspen Skiing v. Aspen Highlands Skiing)中,美国联邦最高法院认为企业即使具有垄断地位,也没有与竞争对手合作的一般义务。但也不是说,企业每次拒绝共享资源时都不会承担任何责任。在该案中,被告拒绝售卖任何滑雪票给原告的行为最终被裁定为违法。[③] 在数据方面,USDJ反垄断部门当时的副助理检察长小伯纳德·尼格罗(Bernard A Nigro Jr)认为"强制共享关键资产会降低投资创新的积极性",

---

① CASE M.8788, Apple/Shazam, 6 September 2018.

② IMS Health GmbH v. NDC Health GmbH, Court of Justice of the European Union Case C－418/01, 29 April 2004.

③ Aspen Skiing Co. v. Aspen Highlands Skiing Corp., 472 U.S. 585 (1985).

且很多相关人士认为,自由竞争的市场可以自然解决这一问题。①

2022年4月,美国第九巡回上诉法院在2019年后再次就领英数据爬取案(hiQ Labs, Inc. v. LinkedIn Corp.)作出认定,认为原告方(hiQ)有权访问公开的领英(LinkedIn)会员资料。在该案中,原告方认为领英滥用市场支配地位,将其市场支配地位由社交网络市场辐射至数据分析市场。美国第九巡回上诉法院认为,原告方目前除了将领英的公开资料用于其旗下软件服务外,没有其他可行的方法来维持业务,因此原告方已证明在没有初步禁令的情况下可能会受到不可挽回的伤害,因此颁发禁令,要求领英不得阻碍原告方获取数据。②

根据以上案例与相关国家或地区的法律内容,德国《反限制竞争法》第十修正案作出规定,将数据作为认定经营者具有市场支配地位的要素。虽然目前在欧洲与美国尚不存在仅根据数据认定经营者具有市场支配地位的案例,但是在数字经济持续发展下,德国相关案例的出现只是时间问题,美国与欧盟的其他地区也基本是在朝着同一方向迈进。现在对相关市场的界定依然存疑,若未来会有单纯的数据相关市场,在该市场中对于市场支配地位的认定则只能基于数据进行。

(二)数据对市场支配地位认定的影响

1.数据的掌握与处理能力

平台企业的经营过程十分考验企业对数据的掌握与处理能力。企业需要具备高水平的技术团队,根据不同来源的数据采用不同的算法、建立多种模型、梳理数据关系、进行顶层设计。同时,需要从数据中洞悉行业与技术的走向、预测消费者心理与习惯,更可以根据行业数据变化识别竞争对手的威胁程度,从而提前布控相应的防范对策。

数据的利用过程可以分为数据产生、数据收集、数据存储、数据分析、数据利用几个部分,对数据处理过程的分析有助于理解可能形成市场支配地位的环节。③ 每部分涉及的数据类型与主体各不相同,包括个人、政府、企事业单位等。本文认为着重讨论的主体是参与平台竞争的平台经营者、平台内经营者以及消费者。数据处理过程的中心环节有三:数据收集、数据存储、数据分析。

在数据产生与收集阶段,由于用户的自主性选择,数据的分配不易形成垄断。

① See Ben Gris & Sara Ashall, European Union and United States: Antitrust and Data, Global Data Review (Apr. 06, 2022), https://globaldatareview.com/insight/handbook/2022/article/european-union-and-united-states-antitrust-and-data.

② hiQ Labs, Inc. v. LinkedIn Corp., No. 17 - 16783, D.C. No. 3:17 - cv - 03301 - EMC(20220418).

③ 参见周尚君、罗有成:《数字正义论:论内涵与实践机制》,载《社会科学》2022年第6期。

各平台收集数据的方式与能力各不相同,有的通过营销策略自主收集,有的则通过其他平台间接收集。数据收集阶段易出现违规获取用户信息、侵犯用户个人隐私的行为。数据存储阶段是承接收集阶段与分析利用阶段的中心环节,收集来的数据按照一定的规律被集中存储以供后续使用。数据存储阶段容易形成较大的进入门槛,因为数据存储需要投入较大资金进行数据库建设。虽然未来持续性的技术创新发展可能会使数据库建设的投入成本下降,但如今的平台企业在数据存储阶段依然易形成垄断性的基础设施。数据分析是对存储的数据进行分析,并从中得出有价值的信息的环节,是数据的处理过程中的核心环节,也是平台竞争中彰显创新能力与市场竞争力的关键领域。拥有较强技术能力的公司在此阶段可以将不同来源的数据进行解构与比较,将获取的信息转化为竞争优势。在此阶段中公司可以实行多样化的排除与限制竞争的行为,应当对此环节进行高度关注。从反垄断法的角度对平台企业在数据的处理过程中各阶段的行为特征进行缕析,可以更好地理解数据要素市场及平台企业的相关表现,并可以对滥用市场支配地位、垄断行为的分析提供分析基础。

综上所述,正如目前《禁止滥用市场支配地位行为暂行规定》与《平台经济反垄断指南》中的规定,数据的掌握与处理能力应当成为认定经营者具备市场支配地位的要素之一。

2. 数据的网络效应

网络效应与锁定效应犹如一个问题的两个方面,分别以效用与成本两个方面呈现。如前所述,网络效应又称网络外部性,是指平台提供的商品与服务为用户带来的效用会随着使用该商品与服务的用户数量增多而增大的现象,在平台经济中网络效应普遍存在,无法回避。以电商平台为例,在网络效应形成后,用户与平台之间形成良性互动,平台吸引的商家越多,平台对用户的效用越来越大,用户数量增多,对商家的效用也越来越大。消费者形成路径依赖,基本上丧失了选择其他经营者的能力。即便此时有其他平台发布了更好的商品与服务,用户可能也会因为转换成本而放弃;商家也不愿转向新平台,因为新平台用户数量不足,效用不大。锁定效应则是认为用户从一个平台向另一个平台转移的过程会付出转换成本,这种成本会阻碍用户转换平台,从而将平台锁定在一个具备优势的状态。例如,平台之间操作方法的不同需要学习,同类型平台之间往往不能互通,转换平台会带来信息资料的损失,这些都会影响用户的转换意愿。用户黏性增强,从而产生马太效应,形成赢者通吃现象,经营者便可以哄抬价格,进行剥削性滥用行为。后文还将提到,在平台经济条件下,网络效应与锁定效应更适于取代市场份额来确定经营者的市场支配地位。

在经营者市场支配地位的认定中,网络效应应当占据一席之地,因为新加入市场的经营者即便拥有强劲的技术团队、算法与模型,其也不可能具备现支配者所占有的数据量与用户量,而数据量恰恰是提高算法准确性、进一步提升服务质量的前提。平台环境下的网络效应与锁定效应源于数据规模,随着他人提供数据的增多,用户对效用随之增大。当数据规模差距拉大,经营者提供的服务质量也会拉开差距,用户的选择也不言而喻。数据规模此时比数据处理能力更为重要。数据规模优势虽然可以帮助经营者削减一定的竞争压力,却并不能保证经营者可以持续处于支配地位,因此若要依据网络效应与锁定效应认定经营者的市场支配地位,还需要综合考虑本节中提到的其他数据因素。

3. 数据的多平台归属性

有学者认为,数据不应当作为认定经营者市场支配地位的因素,因为数据具有多平台归属性,用户可以将数据同时提供给多个平台。的确,数据的多平台归属性使用户可以同时接受多个平台提供的商品与服务,其间不一定是互斥关系,数据的多平台归属性可以抵消一部分网络效应与锁定效应,一定程度上降低其他经营者的进入壁垒。数据的多平台归属性与共享性决定了数据只有在不同主体之间的动态互通中方能真正实现其价值。然而,实践中并不是所有企业都能成为数据多归属性的受益者。首先,网络效应与锁定效应虽可受到一定的牵制,但是仍然举足轻重;其次,用户即使向多个平台提供数据,这些平台也往往都是头部平台,并不是所有平台都能获得消费者的信赖。

4. 数据的获得性(非排他性)

数据的非排他性在一定程度上会限制数据的价值,但实际在数据的处理过程中仍然存在诸多困难。上文提到,用户倾向于将数据提供给信赖的平台,这在无形中已设起市场进入壁垒。不同数据的获得性有所不同,即便数据如今无处不在,但也不是所有数据都具有竞争意义,更不是所有市场参与者都能够平等地获取数据,在此处的分析中应重点关注与市场竞争相关联的数据的获得性问题。经营者在开始参与市场竞争时为了提供与其他平台相差无几甚至更高级的商品与服务,无论是前期的宣传成本还是数据库的建立都需要大量的投资。若想规避一定的成本,也可以选择从第三方获取数据,但如今平台共享数据往往会受到隐私协议的限制,非经用户同意,平台方不能单方面选择共享用户数据。因此,所谓数据的非排他性并不能作为否定数据成为市场支配地位的认定因素的原因。

（三）《反垄断法》及相关规章评析

1. 对《反垄断法》第 23 条的评析

市场份额是我国目前主要采用的认定要素。① 传统行业中企业竞争的主要环节为生产环节与销售环节，企业会最大限度地压缩生产成本、降低产品价格来吸引消费者，抢占市场，企业的生产能力与市场份额对应。但在平台企业发展竞争过程中，市场份额在市场支配地位认定中的重要性有所减弱。主要原因在于新业态下，互联网企业成本主要为研发成本而非生产成本，将新产品研发出来后，对其进行复制则不足齿数。由于投入了高昂的研发成本，企业在生产过程中会尽可能地加大产量来分摊成本。支配企业的市场份额不足以限制竞争者扩大产出。相比市场份额，对于市场进入壁垒的评价更有意义，在平台竞争环境下，最重要的两类壁垒便是前述的网络效应与锁定效应。网络效应与锁定效应阻拦了消费者转向同业竞争者，用户表面上拥有不受限制转换平台的自由，但却缺乏转换的意愿，而不是像在传统行业一般消费者拥有转换的意愿却囿于现实情况不能达成所愿。平台经济时代竞争者是否有能力扩大产出已没有如此重要。

就市场控制能力而言，该因素与经营者所占市场份额直接相关，所占据的市场份额越大，经营者的市场控制能力自然越强。一个拥有强大市场控制力和庞大市场份额的公司，其资金和技术必然非常雄厚。该要素实际也是市场份额所派生出来的，并不能独立证明企业的市场支配地位。

就依赖程度而言，该因素的考察对象范围较窄。无论是在传统经济时代还是在平台经济时代，经营者都以消费者作为交易相对方，平台经济时代企业更以数据作为驱动力，以消费者的注意力为争夺对象，当拥有的消费者达到一定数量后，互联网的锁定效应就会发生作用，具有市场支配地位的商品或服务得以产生。平台以此将消费者的注意力变现，获得竞争利益。因此，此项要素中应当更加注重评价交易相对方对经营者的依赖程度，而不应当仅仅将考察对象限定为“其他经营者”。

综上所述，2022 年修正的《反垄断法》第 23 条的规定事实上仍然是围绕着市场份额展开的，剩余因素或与市场份额有着关联关系，或是从市场份额中派生出来的。2022 年修正的《反垄断法》第 24 条还进一步规定了市场份额的推定标准，更加证明了我国经营者的市场支配地位的认定以市场份额为主，其他因素并不能完全独立证明经营者的市场支配地位。但市场份额要素在新业态下已不能被称为评价市场支配地位的重要因素，市场壁垒的评价更有意义，上述第 23 条依然没有提到关于数据的规定，

---

① 参见《反垄断法》第 23 条。

这显然无法应对平台经济的发展变化。但是,笔者认为上述第23条第6项属于兜底项。鉴于当前数据问题已成为我国法学理论与实务界探讨的热门话题,或许可以从法解释学的角度将兜底条款解释为包含数据因素。

2.《禁止滥用市场支配地位行为暂行规定》与《平台经济反垄断指南》

《禁止滥用市场支配地位行为暂行规定》于2022年5月1日正式实施。其中第11条规定,在进行互联网企业的市场支配地位认定时,可以考虑掌握和处理相关数据的能力等方面。此处虽然将数据的掌握与处理能力纳入市场支配地位的认定要素范围,但规定得十分笼统。《平台经济反垄断指南》也有同样问题,其对于数据对市场支配地位的影响仍然不够细化。不只是数据的掌握与处理能力以及数据的获取的难易程度会影响平台企业市场支配地位,数据的获得性、数据的归属性、数据的网络效应都会使数据的经营者背靠数据优势锁定用户、形成网络效应,从而更有助于市场进入壁垒的构建。

四、数据垄断问题带来的现实阻碍及其违法性认定标准

具有市场支配地位的平台企业利用数据优势可能实施针对同业竞争者的各类滥用行为,从而在相关市场上产生排除、限制竞争的效果,损害用户权益。下面主要分析4种典型的滥用行为:数据拒绝交易、限定交易、数据搭售以及价格歧视问题。从传统反垄断法理论思维看,数据参与下的滥用市场支配地位行为会对既有反垄断法规则造成一定挑战。在对利用数据垄断实施的滥用市场支配地位行为的分析中,核心的判断标准是行为的后果是否会对市场竞争造成实质性的损害或威胁。分析这些典型滥用行为的行为特点,可以对此类行为的反垄断法规制提供依据。

(一)数据拒绝交易

1.拒绝交易行为的内涵分析

拒绝交易行为体现了反垄断法理论与民商法理论的内在冲突。在民商法学中,经营者拥有合同自由,其可自由选择交易对象与交易内容,并没有必须与竞争对手合作的义务。但若经营者拥有市场优势,这种拒绝行为就会排除、限制市场竞争,从而影响交易自由。也只有在这种情况下,反垄断法才应当介入。下面以CJEU(Court of Justice of the European Union)的两起案件为例进行分析。

在艾美仕公司诉某市场研究公司(IMS Health GmbH v. NDC Health GmbH)案中,数据起到了举足轻重的作用,对拒绝交易行为的分析形成了连贯的链条,同时形成了关键设施理论的雏形。艾美仕公司从事的是数据贩卖工作,其将德国境内各地区的药品销售情况进行统计,将数据整理成一种独特的由1860块"砖"组成的"砖块结构"后

出售给药品公司(将德国划分为1860个区域,每个区域中的数据填入该区域的方块中)。该砖块结构已经成为行业标准,客户们只接受这种形式的研究数据。① 某市场研究公司自主研发了2201砖块结构来为客户提供数据材料,但不被客户接受,而艾美仕公司拒不许可某市场研究公司使用1860砖块系统,某市场研究公司在未经授权的情况下采用了与艾美仕公司的1860砖块系统相类似的方式进行数据重组,因而被艾美仕公司以侵犯知识产权为由诉至法院。

在该案中,CJEU确定了4个条件,满足这4个条件时,拒绝交易便是滥用市场支配地位的行为:(1)产品或服务的不可替代性;(2)拒绝交易行为阻挡了新的产品与服务的出现;(3)拒绝交易行为是不正当的;(4)市场上的所有竞争都会被排除。②

在微软诉EC案(Microsoft v. EU Commission)中,EC对上述几个要件进行了一定的增补。EC降低了对于产品或服务的不可替代性标准,竞争者只需要证明其寻找替代性产品或服务存在显著不合理的困难即可。在该案中,微软公司认为在市场中存在5种能使竞争者的系统与微软操作系统兼容的替代性方法,因此微软方的数据并不构成必须提供的不可替代的数据。③ 然而,这些方法并不能满足竞争者的系统要求。换言之,即使勉强挤进了市场,竞争者也只能面临被市场淘汰的结果,而微软的该项观点指明了,其认为对于竞争者而言,此种程度的替代性操作已然足够。对此,CJEU认为:竞争者尚未被市场淘汰并不意味着该数据就不属于不可替代的数据,判断数据的不可替代性应当以保证竞争者的市场活力作为判断依据。④ 证明数据的不可替代性是为了促进创新,使竞争者开展有效市场竞争,阻止微软公司将其支配地位扩展至多轮市场。为达此目的,仅是提供替代性措施显然不足够,因此对于不可替代性的理解不应当局限在获取手段的唯一性,而应当强调获取内容的有效性。

关于"新的产品与服务"的定义,与艾美仕案不同,微软案从消费者需求的视角对新产品与服务进行分析。EC指出,微软的产品因可以与微软系统进行良好的兼容,因

---

① 参见郑伦幸:《对标准必要专利权人拒绝许可行为的反垄断规制》,载《知识产权》2016年第7期。

② IMS Health GmbH v. NDC Health GmbH, Court of Justice of the European Union Case C－418/01, 29 April 2004.

③ See para 345, Microsoft Corp. v. Commission of the European Communities, European Court Reports 2007 Ⅱ－03601.

④ See para 360, Microsoft Corp. v. Commission of the European Communities, European Court Reports 2007 Ⅱ－03601.

此尽管存在某些落后于竞争对手的劣势,但仍受广大用户青睐。① 若提升了兼容性,用户就会欣然选择来自其他竞争者的产品,兼容性成为用户进行选择的障碍。因此,认定是否构成新的产品或服务,应当着眼于不同产品间的差异是否会成为左右消费者需求的因素;若该差异并不足以对消费者的选择产生影响,则不构成新产品;反之应当构成新产品。

对于排除竞争,艾美仕案中CJEU认为需要达到排除"所有竞争"的程度。本案中的法院则指出,只是留下并不能与微软进行有效竞争的个别企业,这些企业没有扩张的根基,盈利与否尚是问题,并不能起到促进创新与消费者利益的作用。② 即便它们存活下来也并不能撼动微软的市场支配地位分毫,更何况若不在此时对微软滥用市场支配地位的行为进行介入,市场中其他竞争者被微软排挤干净只是时间问题,反垄断法的介入应当采取具有一定的前瞻性视角。微软案中的法院明确指出,并非只有在竞争者被完全清除时才可以援引《欧盟运作条约》(The Treaty on the Functioning of the European Union,TFEU)第102条,即《欧洲联盟条约》(Treaty on European Union,TEU)第82条。③ 在该项要件中,"所有竞争"应当被限缩解释为"有效竞争"。

在衡量经营者是否滥用市场支配地位之前,CJEU显然已经认可了拒绝交易方的市场支配地位,因此在此处也可以增作一条。综上,对于拒绝交易的内涵体现可以总结为以下几点:(1)拒绝方处于市场支配地位;(2)经营者滥用市场支配地位,拒绝与具有竞争关系的其他经营者建立合同法律关系;(3)除拒绝交易方外,其他经营者不能得到其他可以进行有效竞争的产品与服务;(4)拒绝交易行为阻止新产品与服务的出现,妨碍了消费者的选择自由;(5)拒绝交易没有正当性,积极作用胜过消极影响;(6)市场

① See para 635, Microsoft Corp. v. Commission of the European Communities, European Court Reports 2007 Ⅱ -03601.

② See para 455, Microsoft Corp. v. Commission of the European Communities, European Court Reports 2007 Ⅱ -03601.

③ Article 102(ex Article 82 TEC), The Treaty on the Functioning of the European Union. "Any abuse by one or more undertakings of a dominant position within the internal market or in a substantial part of it shall be prohibited as incompatible with the internal market in so far as it may affect trade between Member States. Such abuse may, in particular, consist in:(a) directly or indirectly imposing unfair purchase or selling prices or other unfair trading conditions;(b) limiting production, markets or technical development to the prejudice of consumers;(c) applying dissimilar conditions to equivalent transactions with other trading parties, thereby placing them at a competitive disadvantage;(d) making the conclusion of contracts subject to acceptance by the other parties of supplementary obligations which, by their nature or according to commercial usage, have no connection with the subject of such contracts."

上的有效竞争会因拒绝交易被排除。

2. 数据拒绝交易行为的认定：以领英数据爬取案（hiQ Labs, Inc. v. LinkedIn Corp.）为例

平台经济时代，对数据拒绝交易会提高市场进入壁垒，很大程度上限制了有效竞争，降低市场创新活力，促进数据寡头的产生。在这方面，领英案是拒绝交易数据的典型案例。在该案中，原告方（hiQ）是一家数据分析公司，其以领英用户的公开数据为基础，以向企业提供数据分析报告为营业内容。自 2017 年起，领英突然只拒绝原告方使用该公司数据而不禁止其他公司抓取类似数据，原告方遂提起诉讼，认为领英滥用市场支配地位，将其市场支配地位由社交网络市场辐射至数据分析市场。2019 年，美国第九巡回上诉法院审理上诉后颁发禁令，要求领英不得阻碍原告方获取数据，[①]2022 年 4 月，因美国联邦法院发回重审，美国第九巡回上诉法院再次确认了该禁令。[②] 在以数据作为拒绝交易的内容的过程中，综合上一部分所提到的六要素，应当着重考虑以下因素。

（1）拒绝交易的数据的性质。需要考虑数据属于公开数据还是隐私数据，或者商业秘密还是必要设施。数据的性质关系到拒绝交易方拒绝交易的动机与其他经营者试图获取数据的动机，对是否应当判定拒绝交易方违法具有参考价值。此处还会涉及数据的财产权归属问题。根据领英的用户协议，领英用户本人拥有他们上传到领英的数据，并且只授予领英非独家的许可来使用、复制、修改、分发、发布和处理这些数据。领英允许其用户进行隐私设置，用户可以指定其个人资料的哪些部分对全部公众可见，哪些部分只对领英用户可见。本案中只涉及对全部公众可见的资料，用户本身应当享有权利决定将这些数据许可给第三方公司使用。在其他拒绝交易情形中，也可能存在为保护用户隐私拒绝对用户选择不对他人可见的数据进行交易的行为。

（2）拒绝交易的正当性。此时需要进行多重分析，如拒绝行为是否具有指向性，是由于数据属于商业秘密则需要对业内所有公司均采取保密手段，还是意欲抑制数字领域的创新行为而有针对性地打压对应的企业。本案中领英只拒绝为原告方提供许可，显然拒绝交易的行为不正当。此外，还可以从请求交易方的产品与服务以及研发水平推测其对数据需求的目的是仿造还是创新，从而判断请求交易方是否存在不正当的动机。

（3）是否存在特殊问题。例如，是否存在因为行规或惯例而不能进行交易的情形。在本案中，领英通过技术手段禁止未经许可的自动机器人访问领英，同时还采用了一

① hiQ Labs, Inc. v. LinkedIn Corp., No. 17 – 16783, D. C. No. 3:17 – cv – 03301 – EMC(20190909).

② hiQ Labs, Inc. v. LinkedIn Corp., No. 17 – 16783, D. C. No. 3:17 – cv – 03301 – EMC(20220418).

些技术手段来检测可疑的非人类活动并限制自动搜刮数据的行为,如其研发的检测系统(Quicksand)可以检测到非人类的活动,这表明它是在搜刮数据;限制系统(Sentinel)对来自可疑IP地址的活动进行节流(减缓或限制)甚至阻断;黑名单生成系统(Org Block)会自动生成包含已知的、有问题的IP地址的名单。若请求交易方在交易前已经由于己方的不当行为而进入了黑名单,那么拒绝交易则显得名正言顺了。

(二)限定交易问题

1.限定交易行为的内涵

2022年修正的《反垄断法》第22条第1款规定了关于限制交易的内容,欧盟则适用单一品牌(single branding)一词指代限定交易。根据2022年新修订的EC《关于纵向限制的指南》(Guidelines on Vertical Restraints)第128段的规定,具备市场支配地位的经营者强迫或诱惑交易相对人只向一个供应商购买特定产品,主要分为两种形式:禁止竞争(non-compete)与数量强制(quantity forcing),前者指具备市场支配地位的经营者强迫或诱惑交易相对人在某一供应商处购买其所需的80%以上的产品,而不能从其他供应商处购买,即独家交易。后者数量强制的排斥竞争性则要弱一些,供应商与交易相对人会约定一个最低购买量,在与供应商达成最低购买量后,即可与其他竞争者进行交易。① 平台企业典型的限定交易行为便是"二选一",从早年的"3Q大战",到2021年4月与10月阿里巴巴与美团因"二选一"行为分别被国家市场监督管理总局处以罚款,限定交易行为在平台经济时代层出不穷。

2.数据限定交易行为的表现

《欧盟委员会适用欧洲经济共同体条约第82条查处市场支配地位企业滥用性排他行为的执法重点指南》(Guidance on the Commission's Enforcement Priorities in Applying Article 82 of the EC Treaty to Abusive Exclusionary Conduct by Dominant Undertakings)第32条规定,占支配地位的企业会通过排他性采购协议及提供折扣的方式阻止交易相对人与行业内其他竞争者进行交易。② 我国《平台经济反垄断指南》第15条第3款规定了构成限定交易的两种情形:一是平台经营者直接损害公平竞争的市

---

① Section 298, Guidelines on Vertical Restraints, Brussels, 10.5.2022 C(2022) 3006 final.

② Section 32, Guidance on the Commission's Enforcement Priorities in Applying Article 82 of the EC Treaty to Abusive Exclusionary Conduct by Dominant Undertakings, "A dominant undertaking may try to foreclose its competitors by hindering them from selling to customers through use of exclusive purchasing obligations or rebates, together referred to as exclusive dealing. This section sets out the circumstances which are most likely to prompt an intervention by the Commission in respect of exclusive dealing arrangements entered into by dominant undertakings".

场环境与消费者利益的限定交易行为;二是平台经营者通过激励性措施进行的限定交易行为。[①] 在两类行为中,数据都作出了很大的贡献。

2017 年 6 月,亚马逊公司收购全食超市,对沃尔玛的业务造成了一定挤压,沃尔玛公司便要求与其开展业务的技术公司不得使用亚马逊云服务进行程序对接;阿里巴巴、京东、腾讯等大型平台企业建立自己的生态闭环,在淘宝中不可以使用微信支付,在京东不提供支付宝支付入口,微信中发送淘宝链接会遭到屏蔽。2017 年 3 月,菜鸟裹裹提出,丰巢必须通过菜鸟裹裹发送取件信息,需要将所有包裹信息返回给菜鸟(包括非来源于淘宝的订单)。因顺丰拒绝提供来自淘宝之外的订单数据,导致双方数据接口关闭,顺丰被封杀。平台企业利用数据与算法技术,强迫平台内商家进行"二选一",对不服从平台规则的商家采取取消参与平台活动资格、实施处罚、流量控制等手段使其销量受损,业务营收骤降,威慑效果很强。市场支配平台可以通过以下方式阻止竞争者获取数据。

(1)恶意行为。恶意不兼容是平台限定交易的典型手段,平台往往会利用其数据规模,为用户设置向其他平台转向的障碍,降低平台兼容性,利用用户对平台的依赖性而排除其他竞争者。以办公软件为例,办公软件的互斥效果比较明显,一般使用者只会使用自己习惯使用的办公系统,正在被使用的办公软件便可通过不与其他办公软件兼容来阻止用户转换系统。此外,在用户通过平台进入竞争者平台时,平台可能会为用户显示弹窗,虚假警告有关竞争者的安全风险、隐私风险等不实风险提示,造成用户对隐私泄露的恐惧从而阻止竞争者获取用户数据。

(2)排他性协议。平台可与数据方签订排他性协议。平台可以操纵用户的搜索结果,为用户提供某些特定商家的店面,使商家获得流量奖励,继而与其签订排他性协议,剥夺竞争对手的用户群、封锁竞争对手的发布渠道。在贸易彗星诉谷歌案(Trade Comet. com LLC v. Google, Inc.)中,[②]贸易彗星公司便指控谷歌封锁搜索市场,与高流量网站达成排他性协议。

(3)算法默认排他。在 2010 年 9 月,EC 便对谷歌滥用市场支配地位进行了反垄断审查,2017 年 6 月,EC 对谷歌利用算法优势,排斥竞争对手数据的行为处以 27 亿美元的罚款。根据平台经济的特点,限定交易行为存在一定的必然性,数字经济时代的信息爆炸使信息需求者难以定位自己想要的信息。为实现信息供求双方的效率匹配,快速捕捉用户的注意力,平台往往都会利用数据与算法为用户进行前置的信息筛选工

---

① 参见《平台经济反垄断指南》第 15 条。

② Trade Comet. com LLC v. Google, Inc., 647 F. 3d 472 (2d Cir. 2011).

作,用户只对搜索出来的结果进行浏览,这一单边操纵搜索结果行为的不透明性,为平台对拒绝表态的商家进行惩罚提供了助力。

(三)数据搭售行为

1.数据市场下的搭售行为

搭售与数据爬取、流量劫持等构成了典型的非法获取用户数据的行为。搭售,即商家在提供产品或服务时强制、误导要求消费者同时接受其他产品与服务,在平台竞争中平台为进一步占有数据、加快构建自己的生态闭环,往往在用户下载客户端时默认勾选下载其他软件。长期以来,搭售一直是数字领域内滥用市场支配地位案件的一个焦点,USDJ 早在 1998 年就开始对微软提起诉讼,指控其搭售 IE 浏览器与微软操作系统。① 在审判中,美国地区法院发现微软在操作系统市场上具有垄断力,便宣布搭售属非法行为,判决将微软公司拆分为两个不同的单位:一个是提供操作系统,另一个是提供软件。美国上诉法院根据合理评估原则,对第一项判决提出异议,理由是它没有考虑到因搭售而产生的潜在效率(包括对消费者的好处),而这可能会补偿任何反竞争的影响。基于此,美国上诉法院随后驳回了地区法院的决定。2001 年 11 月,微软公司与 USDJ 就该案达成和解,其中部分条款要求该公司与其他公司分享其应用程序接口(Application Programming Interface,API)。

数字产品通常天生就与其他产品存在联系,无论是硬件、软件,还是网络的服务。当两产品之间存在补充关系时,这种联系便来自需求方;当产品来自同一开发商,这种联系便来自供应方。平台数据搭售行为往往采取默认勾选、模糊选项等方式误导用户,甚至只提供搭售选项强迫下载,企图使用户使用被搭售品,从而获得更多数据。这种情况很可能违背用户意愿,对其他平台造成排斥结果。通常情况下,如果现有或潜在的用户之间存在重复交叉,部分商家就会选择对产品进行捆绑销售。若平台拥有对某一种商品的市场支配地位,则存在着损害用户和竞争的风险。平台能够运用在一个市场中的影响力来排斥其他市场的竞争。这种危害只有在特定情况(支配者滥用市场支配地位)下才会出现。不过,不能总是假设一家占支配地位的公司使用这些策略是有害的。在有些情况下,经营者通过搭售行为将己方不易销售的产品与畅销必需品进行捆绑销售具有相当程度的商业合理性,并不会产生反竞争的效果,反而会增加效率。

结合时代背景进行考虑,如今虽然许多被搭售品会随着对应产品的安装或者用户操作失误在不经意间安装到终端上,但这些被搭售品与用户后续下载的产品与服务等

---

① U. S. v. Microsoft Corp., 253 F. 3d 34 (D. C. Cir. 2001).

并不存在冲突。当下平台企业对旗下各类产品与服务的整合已成为普遍现象,对捆绑产品进行卸载与删除也十分便利。在这种情况下,也不会出现排斥现象。更重要的是,传统行业中搭售行为之所以可以排除市场竞争,是因为被搭售的产品需要支付对价购买,而消费者在已经给付金钱后购买竞争者同类产品的需求便会下降。现在市面上最常见的搭售软件为音视频播放器、浏览器等,均属于免费软件。用户若不愿意使用,大可以另行下载。这既没有给用户造成负担,也没有阻碍用户的选择权。在现实情况中并不会有人为了节省几分钟的下载时间,而强迫自己使用一个搭售下载的免费软件。

2. 搭售行为的表现

(1)搭售数据本身与搭售数据相关服务

搭售数据本身的行为,涉及数据的财产权归属问题,目前几乎很少有直接售卖数据的交易行为,大多针对数据的许可使用或售卖行为都触犯了用户的隐私权利。但是,对售卖数据本身的问题仍然具有分析空间。随着技术进步与法律制度变革,数据开发与利用在未来很有可能以与专利的“专利池”同等形式的“数据池”形式进行交易。市场经营者只能通过授权许可协议与购买专利的方式取得他人专利的使用权或直接取得专利权。从知识产权战略的眼光看,大多数公司必然不愿意付出多余的成本来购买己方并不需要的专利技术,而专利权人则可能利用交易相对方对专利的需求渴望度或者对行业认知度的缺乏,强迫或哄骗交易相对方购买专利池中的一系列被捆绑的专利,否则将拒绝交易。随着数据的市场竞争地位不断提高,未来的数据优势企业很有可能将数据置入“数据池”中打包销售。从交易相对方的视角分析,数据是平台的用户基础,是平台的算法优势得以发挥的前提,其对精量数据的需求十分旺盛。但并不是数据池中的全部数据都是相对方所需要的,而数据与专利的不同之处在于,数据的形式更加复杂,其体量庞杂、难以区分、牵涉范围广,相对交易方为达成目的,很大程度上会丧失选择权。

搭售数据相关服务的行为即在售卖数据时将数据的存储、分析、加工服务作为搭售内容捆绑销售。此时,被搭售的数据服务内容的独立性认定十分关键。若所售数据并非必须与相应数据服务结合方可使用,而市场上存在其他提供同类数据服务的经营者,则可能构成非法搭售行为。随着平台企业的发展,旗下产品往往横跨多个领域,兼具社交、短视频、电子商务等多功能,算法精准而强大,若以适用相应算法服务作为达成交易的内容,必然会影响公平竞争,构成违法的数据搭售行为。

(2)借助数据搭售产品或服务

此处主要涉及电子商务平台借助数据优势,跟踪用户在其他平台的行动,利用算法技术分析用户购物记录、浏览记录等行为数据,为用户精准推送相关商品,并就相关商品进行捆绑销售,以折价等方式吸引用户购买。电子商务平台中还经常见到利用用户的攀比心理与从众心理,为用户推送“大家都在买的某某好物”,变相实施搭售行为。

现实中,存在较多的固定勾选相关产品或服务从而达到搭售目的的行为,这种行为在出行平台中比较常见,《平台经济反垄断指南》第 16 条第 1 款第 1 项将此种行为也列入了利用市场支配地位进行捆绑销售的考虑因素之一,[①]《中华人民共和国电子商务法》(以下简称《电子商务法》)也对此类行为进行了相应的管控。[②] 以去哪儿网为例,其在机票购买页面经常将机票与酒店、接送机服务以及保险服务等进行捆绑销售。部分表现为强制性行为,若不购买被搭售产品或服务则不能成功下单;部分表现为迷惑性行为,即用户可以选择不购买被搭售产品,但是过程复杂烦琐,动辄需要人工服务或进行多次跳转验证,或者取消搭售的服务入口很难被发现,使用户有可能在疏忽大意的情况下直接购买。即使最终被搭售产品可以成功取消购买,服务质量仍然不可避免地降低。此外,针对此时可能产生的非法读取通话信息、聊天记录、照片视频,非法开启麦克风、摄像头等行为窃取用户数据,为搭售行为提供非法数据支持的,应当结合反垄断手段与隐私保护工具对平台的此类行为从重打击。

(四)价格歧视

1. 数据价格歧视的现状

CEA 早在 2015 年的一份报告发现,市场经营者在使用三种定价策略:(1)随机操纵价格以了解需求;(2)在不改变价格的情况下努力引导消费者购买特定产品;(3)利用大数据为个人买家定制价格。个性化定价的案例“十分有限”,但高额回报为经营者继续实验提供了强大动力。超级平台十分容易借助算法技术在收集处理用户行为数据后,依据分析出的用户的交易习惯,如根据用户购买的消费品种类、最常浏览的品类价格、最常购买的品类价格,对用户的经济状况、消费倾向、感觉阈限,从而在消费者所能接受的最高支付价格内成交,实现利益的最大化。“大数据杀熟”行为便是其中典型。此外,数字市场中其他形式的剥削性滥用行为也可能会出现,如根据数据分析,根据用户的接受程度与价值为其提供不同的隐私政策或数据收集条款,为其进一步进行数据剥削打下基础,这些非金钱意义的“不公平对待”对消费者福利的影响不亚于价格歧视。然而,若将这些非金钱的因素纳入法律保护范围,则会给市场参与者带来很大的不确定性,因此对于非金钱因素的选取也是一个难点。

---

① 参见《平台经济反垄断指南》第 16 条。

② 参见《电子商务法》第 19 条。

2022年7月因数据安全问题被罚款80.26亿元人民币的滴滴公司一直以来都深陷价格歧视的负面新闻。滴滴用户发现滴滴公司依据使用时间长短,对新用户与老用户采用区别定价的方式,越是使用时间长、依赖性大、使用频率高的老用户,越会成为被杀熟的对象。平台之所以得以精准杀熟而不被察觉,主要是因为其通过分析用户的出行起始点、目的地、出行时间以及用户的乘车习惯(倾向于拼车、快车或是优享、专车服务),对用户数据进行全面收集与分析。其主要针对有一定基础的老用户进行价格歧视,对新用户则通过发放红包或免单等方式进行巩固,而这一免费行为的代价自然就是由老用户来承担。

2. 价格歧视的损害效果与正当性分析

美国《罗宾逊——帕特曼法》(Robinson-Patman Act)中规定,造成两种竞争损害的行为应当认定其构成垄断行为:一是排斥竞争;二是对消费者进行剥削。其中的表述可以分为两部分:歧视会大大减弱竞争,或有可能造成垄断;[①]歧视会损害、破坏、阻碍发出价格歧视方、接受价格歧视方或任意一方的用户的竞争。[②] 即价格歧视会造成卖方及同业竞争者之间的竞争,也会损害买方之间的竞争,导致部分买方被排斥。前者被称为第一类价格歧视损害,指经营者对自己原本的用户施以原价而给予想吸引的新用户(其他竞争者的用户)优惠价格。后者则被称为第二类价格歧视损害。在交易相对方为消费者时,应考虑双方的市场力量,更多地考虑由于网络效应等问题,差别定价对消费者带来的转换平台的困扰。在交易相对方为市场经营者时,则只有在会排斥市场竞争的情况下才能适用反垄断理论对其进行规制。

经济学上往往将价格歧视分为三种类型进行讨论,认为价格歧视可以分别满足消费者需求,有利于实现社会总产出的最大化。(1)一级价格歧视。此时卖方对每个消费者都以其保留价格进行销售,虽然每个买家的成交价格不同,但最终都达成了交易,社会总产出不变。(2)二级价格歧视。指针对消费者使用产品的数量不同而进行区别对待。以手机流量计价为例,在基本的套餐内,所有人均产生一样的费用,在此基础上又依据每人使用的流量数不同,使用的流量越多,相对均摊下来每兆的价格便越低。此种情况下,对社会总产出也没有影响,若禁止卖家进行价格歧视,买家反而需要付出更多的成本,导致消费者福利受损,社会总产出变小。(3)三级价格歧视。指根据不同类型消费者的需求弹性进行区别对待。此时社会总需求依然不变,因为支付较高水平价格的消费者的购买欲并没有消失。综上所述,从经济学视角下可以看出,三种类型

---

① 15 U.S. Code § 13.

② 15 U.S. Code § 13.

的价格歧视其实都没有减少社会总产出,对消费者福利也没有损害,实际上不仅是无害的,反而是有重大效率的。[①] 但是,反垄断法意义上的价格歧视行为有着严格的条件,经济学意义上阐述价格歧视行为的正当性并不能影响价格歧视对部分消费者的剥削行为。对于数据价格歧视行为,需要对不同的案件进行仔细甄别,确定其积极效果与消极影响。

大数据杀熟行为,表面上看属于一级价格歧视,是平台根据消费者的个人数据进行分析画像从而进行歧视性定价。但是,本文认为,仅通过分析行为数据并不能达到一级价格歧视所描述的洞悉每个用户的保留价格,从而实施定价。一级价格歧视比起实际存在,更类似一个理想中的模型概念。大数据杀熟行为实质上是将用户依据注册使用期限、使用频率等因素划分为不同类别,再分类进行定价的,应当属于三级价格歧视。此时,用户由于已被平台"锁定",几乎丧失了选择其他平台的意愿,即便目前滴滴、美团等平台的杀熟行为早已物议沸腾,也未曾见有哪个平台可以挤进其所占领的市场。

五、平台垄断数据规制途径

占市场支配地位的平台提高市场进入壁垒,扩张其垄断地位至多级市场,不断加强其信息生态的构建,会阻碍竞争者发展。为打破超级平台的数据垄断,需要建立完备的数据垄断监管体系对平台经营者的滥用市场支配地位行为进行制约,完善《反垄断法》的相关规则,进一步平衡上位法之间的关系,细化《反垄断法》与《中华人民共和国消费者权益保护法》(以下简称《消费者权益保护法》)、《个人信息保护法》之间的责任分配。在立法顶层设计之外,同样应当设立第三方监管平台以及行业自律组织,同时为公众与媒体提供更多的监督途径,建立完备的多元主体参与共治的数据垄断监管体系。具体在规则的设计上,针对不同问题可以引入有效的针对性对策,平衡效率与公平之间的关系,促进平台经济中数据开放与数据共享。

(一)健全数据垄断监管体系

1.立法层面:平衡上位法之间关系并细化责任分配

在立法层面,我国可以建立起以《反垄断法》《反不正当竞争法》为核心,以《电子商务法》《消费者权益保护法》等为辅助的数据垄断监管体系,同时可以通过实施细则、暂行规定等方式对平台经济下各款项对于数据垄断的适用进行细化。避免条款的冲突,推动条款互补,有效衔接关联条款,进一步针对平台企业利用数据优势滥用市场支

---

① 参见许光耀:《支配地位滥用行为的反垄断法调整》,人民出版社2018年版,第315页。

配地位的不同特点对其进行有针对性的法律规制,实现平台经济反垄断法律规范体系的逻辑自洽。

(1)数据拒绝交易行为的法律规制

在数据拒绝交易方面,应当结合个案着重分析相关数据是否构成必要设施,通过完善相关制度推动数据的流通互动。必要设施原则的目的是要促进平台向其他竞争者共享数据,促进数据流通,故需要明确规定强制共享数据的具体内容、实施方法、可持续措施。

第一,应当就强制数据共享的具体内容进行明确约定。一般情况下,数据的提供方是超级平台企业,其数据规模庞大。出于效率与数据安全考虑,可以将数据限定在一定的时间与地域范围内要求经营者进行提供。此时执法机构应当深入了解行业动态,对行业内经营者的经营范围、技术特点、发展动态进行多方面的了解,从而确定一个合理的数据提供范围,既保障数据接收方得以拥有一定的根基进行有效竞争,又保护数据提供者的利益、长时间来的成本投入。

第二,对于强制数据共享的实施方法,可以通过数据共享双方签订的具体合同进行约定。如新浪微博于2015年发布的开放平台战略,允许更多第三方服务接入。新浪方面在其开放平台《平台公约》中对参与开放平台战略的其他开发者的行为准则、业务范围、开发者的权益、开发者的义务进行了规范,并推出四大类商业API。其中新浪方提供了一套分级成长方案,将其开放数据的相对方分成不同级别,级别不同享有的权利也不同,普通开发者将默认获得移动软件开发工具包(Software Development Kit,SDK)、授权服务(用微博账号登录能力)、基础接口这些基础的资源权限;合作伙伴除了默认获得普通开发者所有的以上三种资源权限外,还有可能获得媒体发布类高级接口、博文评论内容类高级接口、内容流SDK、短(外)链跳转服务、网页呼端能力、数据推送服务等资源权限,具体视合作情况而定。[①] 在开放平台页面还公布了《开发者协议》《微连接分级管理办法》《应用运营管理规范》等相关平台政策,对新浪微博与其他平台的数据共享进行了详尽的规定。对此,有两点尤其值得关注。一是交易支付的对价问题。数据接收方应当为所收受的数据支付一定的合理对价。但是,该对价应当由国家机关根据市场调查情况进行指定,或者在数据提供方报价后报监管机关进行核准,防止该对价超出接收方的承受能力,使数据提供制度形同虚设。二是数据提供的频率问题。数据每分每秒都在产出,时效性很强,数据授受方之间应当就数据提供频率进行

---

① 新浪微博:《平台公约》,载新浪微博开放平台2014年7月21日,https://open.weibo.com/wiki/%E5%B9%B3%E5%8F%B0%E5%85%AC%E7%BA%A6。

合理的约定。

第三,数据供应的可持续措施。为保障数据提供行为可持续地长久运作,对于数据供应方需要在科以义务的同时对其实施一定的优惠政策来激发其提供数据的动力;对于数据收受方则应当对其发展态势进行监管,以保持数据强制供应系统的可持续性与效率性,同时综合其获利情况,可以对其施加一定的再供应义务,以维护行业平衡。

(2)限定交易行为的法律规制

就限定交易的认定标准而言,EC《关于纵向限制的指南》将限定交易分为禁止竞争与数量强制两种形式。前者指具备市场支配地位的经营者强迫或诱惑交易相对人在某一供应商处购买其所需的80%以上的产品,而不能从其他供应商处购买,即独家交易。数量强制的排斥竞争性则要弱一些,交易相对人在与供应商达成最低购买量后,即可与其他竞争者进行交易。从我国目前的立法来看,对限定交易并没有规定具体的额度,对于数据领域的限定交易而言规模标准更加无法确定。此外,限定交易行为的法律规制重点还在于豁免条款的创设,数据限定交易的合理抗辩事由与传统行业限定交易的合理抗辩理由显著不同。传统行业中是不同商品与服务之间的直接对抗,而数据时代下经营者面临的是数据资源的抢占,客体的不同应当反映在被法律所允许的竞争行为的范围上,不是所有的限定交易都会构成垄断行为。本文认为,此时为保护合理的竞争行为,应当采纳消费者福利标准对数据限定消费行为进行分析,将消费者福利的提升作为抗辩的重点。

(3)搭售行为的法律规制

在搭售行为的规制方面,应结合《电子商务法》与《消费者权益保护法》的相关规定进行理解。消费者在法律上拥有交易自由,在购买商品与接受服务时有权选择与拒绝,有权拒绝强制交易。[①] 若经营者实施强制搭售行为,损害消费者的交易自由,消费者可以提起诉讼。《电子商务法》第19条与第22条分别对电子商务经营者搭售商品的方式、不得滥用市场支配地位进行规定,第35条则对电子商务平台经营者可能利用自身优势所实施的滥用支配地位行为作出了列举性规定。《反垄断法》此时应当为相关市场上的经营者与消费者的其他诉求提供救济途径。

(4)价格歧视的法律规制

反垄断执法的前提条件是准确甄别垄断行为。但由于平台企业利用数据算法实施的价格歧视行为隐蔽性强,该领域的垄断行为识别难度大,执法难度也较大。在世

---

① 《消费者权益保护法》第9~10条。

界范围内，承诺与和解已成为主要经济体近几年数字经济反垄断判例中主要的结案形式。① 我国也可以参考适用《反垄断法》第53条关于经营者承诺制度的规定，国务院反垄断委员会《垄断案件经营者承诺指南》也对这一制度进行了细致规定。这有利于提高反垄断执法工作的透明度，提高企业的配合程度，节约执法成本，形成执法双方的良性合作关系，在维护公平竞争的市场环境与消费者利益的基础上兼顾执法效率问题。此外，执法机关的能力有限，面对隐蔽性强的算法策略，其证据搜索过程举步维艰。为应对执法机构难以对经营者实施价格歧视的算法分析系统进行审核的执法难问题，在《反垄断法》第47条规定的反垄断执法机构在调查涉嫌垄断行为时可以采取的措施中，应增加算法审核项目。

(5)强化惩罚性赔偿与举证责任倒置的适用

在平台经济下，用户与经营者虽然是法律上平等的民事主体关系，但是平台企业对数据的操作手段与网络效应的助力使用户在市场交易中明显处于劣势地位。这种力量对比的悬殊使得用户即便发现自己遭受了价格歧视与搭售等行为，平台企业的算法控制权也绝不可能让渡给用户进行取证，平台企业掌握着决定案情走向的关键证据，一般举证规则由此受到挑战。为实现实质公平，应当参考《消费者权益保护法》第23条，规定平台企业负有保存信息义务，要求平台企业在一定期限内保留相关的经营数据与记录，在期限内进行举证责任倒置，由平台自证其行为的合法性。此外，在消费者保护领域还可以完善惩罚性赔偿制度，适当加重实施损害消费者利益的平台经营者的责任。

2. 反垄断法相关规则的完善

对于《反垄断法》的后续修正问题，应当将数据问题引入市场支配地位的认定因素，提升《反垄断法》对数据发展与平台经济的弹性适应。

(1)增添数据相关的新兴市场壁垒的相关规定

《反垄断法》第23条将其他经营者进入相关市场的难易程度作为评估经营者市场支配地位的认定因素之一，其他经营者进入相关市场的难度越大，则市场壁垒越强，在位经营者的市场支配力越大。传统反垄断法理论下的市场壁垒包括资本壁垒、政策壁垒、规模经济等，并没有包含数据形成的壁垒这一特殊问题。在平台经济发展下，基于平台企业对数据的依赖程度，数据相关的新型市场壁垒并不能全然纳入现存市场壁垒的范围，应当对市场壁垒的外延进行一定的扩充，以符合平台企业的发展方向。在平台企业中，数据是其最主要的竞争能力和建立市场支配地位的关键因素。平台企业主

---

① 参见王中美：《互联网反垄断的难题及其解决》，上海社会科学院出版社2019年版，第215页。

要依赖网络效应与锁定效应构成新的市场壁垒,应当将用户的转移成本壁垒、技术壁垒以及数据规模壁垒纳入市场壁垒的外延。

(2)数据要素在认定经营者的市场支配地位中的规定

市场份额仍是我国目前主要采用的认定要素,但是在新业态下,支配企业的市场份额不足以限制竞争者扩大产出。相比市场份额,数据带来的网络效应与锁定效应更能体现市场支配地位。《反垄断法》第23条规定的其他要素事实上仍然是围绕着市场份额为主展开的,剩余因素或与市场份额有着关联关系,或是从市场份额中派生出来的,没有提到任何关于数据的规定。《禁止滥用市场支配地位行为暂行规定》中也仅提到了"数据处理能力和掌握数据情况",这显然无法应对平台经济的发展变化。笔者认为,应当将本文第三部分提到的经营者对数据的掌握与处理能力、数据的网络效应与锁定效应、数据的获得性、数据的多平台归属性纳入反垄断法的评价范围。

3. 增加行业自律组织的设置与大众传媒的监督

2022年6月22日下午,习近平总书记主持召开中央全面深化改革委员会第二十六次会议。会议指出,要构建政府、企业、社会多方协同治理模式①,《中共中央 国务院关于构建数据基础制度更好发挥数据要素作用的意见》也强调了强化数据同行业监管与数据跨行业监管。② 伴随互联网行业的革新,行业自律组织与大众传媒的作用充分显现。行业自律组织的相关职能可以包括:(1)收集整理行业内相关数据资料提供给行业内经营者与执法部门;(2)协助确定相关数据标准并帮助执行;(3)促进经营者更好遵守市场竞争秩序,提升政府监管的效率,从而起到很好补充政府监管的漏洞,协助政府更好开展反垄断执法工作的效果。但是,行业自律性组织也具有两面性,其同样可以成为成员间互通有无的限制竞争行为的工具。在已经形成垄断协议的情况下,可以通过组织查证没有实施垄断协议内容的企业,并进行有针对性的排斥。因此,在构建行业自律性组织监管体系时,应当注重行业规范的指定,着重解决行业内的突出共性问题,在监管经营者的同时为经营者滥用市场支配地位的合理抗辩事由提供行业观点的支持,拓宽纠纷解决渠道。

平台的垄断行为最终都会发展为剥削性滥用行为,利用垄断地位破坏市场竞争,损害消费者的合法权益。在互联网蓬勃发展的今天,消费者对商家的垄断行为格外敏感,越来越可以熟练地操作互联网为维护自身的利益发声。美团与滴滴的大数据杀

---

① 参见《习近平主持召开中央全面深化改革委员会第二十六次会议》,载中国政府网,http://www.gov.cn/xinwen/2022-06/22/content_5697155.htm。

② 参见《中共中央 国务院关于构建数据基础制度更好发挥数据要素作用的意见》,载中国政府网,http://www.gov.cn/zhengce/2022-12/19/content_5732695.htm。

熟、天猫早期的“二选一”行为，均是由自媒体人或平台用户自发曝光的。拓宽平台用户的反馈途径，增强大众传媒对市场经营者以及行业自律组织的监督，遏制霸权平台的出现，促进良性竞争，具有必要性。

（二）其他法域在数字垄断制度中的做法

2020 年 12 月，EC 发布了《数字市场法案》（Digital Markets Act，DMA）草案，2022 年 7 月 18 日，欧洲理事会（The European Council）批准了《数字市场法案》。该法案创设了一系列的新型监管工具，针对数字经济时代超级平台所带来的核心平台服务的不公平竞争现象进行规制，从而达到保障数字经济市场可持续发展的目的。

1. 守门人制度的创立

在传统反托拉斯法中，确定市场支配地位前必须界定相关市场，若该界定不明确，则无法就数据对市场支配地位认定的影响进行讨论。因为动态竞争和免费策略等市场特性，数据相关市场的定义一直众说纷纭。在无法把握的环境下讨论市场支配地位，其结果也具有一定的不确定性。与传统路径采用的“相关市场界定—市场支配地位认定—行为违法性分析”三段论式研析路径不同，欧盟认为，数字市场领域内的垄断行为发出者不一定可以被认定具有传统的市场支配地位，因此创立了守门人制度。

根据《数字市场法案》第 3 条第 1 款的规定，守门人指对欧盟市场具有重大经济影响力，为用户提供一种或多种通路，且长期或未来可能在市场竞争中地位稳固的提供核心平台服务的平台企业。① 经营核心平台服务的公司在达到所有预先设立的量化指标后必须通知 EC。② 直接脱离传统的市场支配地位分析路径，是反垄断法框架中的重大突破。

2. 从事后规制转向事前监管

《数字市场法案》进行事前规制的方法是在第 5 条、第 6 条详细地列举了守门人的义务，包括积极义务与消极义务。在积极义务方面包括提供兼容服务、强制提供数据等；在消极义务方面《数字市场法案》规定限制守门人实施数据集中、排他性行为、自我优待、杠杆效应、歧视用户等行为。③ 林秀芹教授将《数字市场法案》第 5 条与第 6 条规

---

① Article 3, Digital Markets Act.

② 欧盟委员会在《数字市场法案》第 3 条第 2 款规定了界定核心平台服务提供者为守门人的三大量化指标：一是平台在过去三个财政年度在欧盟经济区年营业额大于等于 65 亿欧元或者在上一财政年度的平均市值或估值达到 650 亿欧元，并至少为三个成员国提供核心平台服务；二是平台经营的核心平台服务在欧盟有着月度超过 4500 万的活跃终端用户与年度超过 1 万的企业用户；三是在过去的三个财政年度中平台每年都可以达到上述两个标准。满足以上三个量化指标，便满足成为守门人的条件。

③ Article 5 - 6, General Data Protection Regulation.

定的内容生动地比喻为“黑名单”与“灰名单”,第5条规定的是明确禁止的具有排除市场竞争后果的垄断行为,第6条规定的是需要结合第8条进一步细化的义务。[①]《欧盟运作条约》第101条、第102条虽然适用于守门人平台,但并不能有效应对守门人的垄断问题,且对市场支配地位与损害结果的分析导致平台经济反垄断案件的审理效率低下,案件周期冗长,成为事后性质的纠错模式。这种滞后性的规制方法并不能有效应对平台经济下的新型垄断行为。事前监管模式可以与守门人制度形成良好的互动配合,对守门人进行更加有针对性的干预,同时可以提升执法机关反应速度,在造成严重后果前对垄断行为进行规制。

(三)促进数据开放、流通与共享

从反垄断法理论下对平台数据垄断行为进行规制固然具有必要性,但是从保护竞争的最终目的来看,数据垄断的症结在于数据不流通,企业本身的趋利避害性使其更倾向于囤积数据让竞争者为无米之炊。此时探索一套可以促进平台进行数据开放与数据共享的机制更能事半功倍。欧盟于2016年颁布的《通用数据保护条例》第20条中规定的数据可携带权便可以很好地服务于维护市场竞争环境。

数据可携带权,指用户有权从数据实际控制者(网络服务运营商)处以结构化的、通用的、机器可读的格式取回其曾提供的个人数据,并将该数据传送给另一个控制者,而不受提供个人数据的控制者的阻挠。[②] 可以看出,数据可携带权立足于个人数据保护,建立起了有实操价值的数据流动系统:用户对个人数据掌握了更高的主动权,在技术可操作的情况下用户可以自主决定个人数据的流向,有权直接将个人数据从一个控制器直接传送至另一个控制器,这样就可以破除平台的数据垄断,从而减弱该平台的网络效应与锁定效应,强化数据的可获得性与多平台归属性,降低数据相关的新型市场准入壁垒,达到增强有效竞争的最终目的。并且,其还有利于用户掌握个人数据的流向与用途,保障用户个人隐私不外泄。实现数据可携带权,促进数据的开放、流通与共享的过程中,同样需要进行市场监管,防止经营者在收集、存储、分析、利用数据的过程中篡改数据,为同业竞争者提供虚假数据。

目前数据可携带权的适用已在国内外初显端倪。如美国在2017年发布的《就收到的关于数据可携带权的意见的摘要》(Summary of Comments Received Regarding Data Portability)中明确了各地政府、各私营企业、组织与个人参与数据可携带权建设的

---

① 参见林秀芹:《论数字经济反垄断的范式转变——以欧盟〈数字市场法〉为镜鉴》,载《知识产权》2022年第7期。

② Article 20, General Data Protection Regulation.

价值。[1] 在北京知识产权法院2016年审理的“微博诉脉脉不正当纠纷案”中，认可新浪微博在实施开放平台战略中坚持“用户授权”+“新浪授权”+“用户授权”的三重授权原则，有条件地向其他开发者提供用户信息，也实现了数据可携带权在国内的探索发展。[2]

六、结语

随着超大规模市场与市场主体形成，数据集中度不断增加，垄断问题愈加严重，以庞大数据规模为基础形成的平台经济是网络效应与马太效应的“温床”。技术的发展催生法律制度的变革，传统反垄断分析理论已不能充分应对数据要素市场的发展变化。2022年修正的《反垄断法》虽然一定程度上回应了数字经济发展的现状，但是在数据相关问题上依然未能释明。为应对新业态新模式的发展环境，平台经济时代的反垄断法理论应当以维护市场有效竞争、促进创新发展、保护消费者权益为原则，在考虑数据的掌握与处理能力、网络效应、多平台归属性与可获得性的基础上明确数据在市场支配地位认定中的意义。我国可以参考欧盟《数字市场法案》中首创的守门人制度与事前监管制度以及《通用数据保护条例》，加强数据要素的参与度，进一步优化我国反垄断法律体系的布局，建立多层次的反垄断监管体系，以适应数字经济和数据产业发展，形成开放、流通、共享的可持续数据发展环境。

---

① See Alexander Macgillivray, Summary of Comments Received Regarding Data Portability, Obama White House(Jan. 10, 2017), https://obamawhitehouse.archives.gov/blog/2017/01/10/summary-comments-received-regarding-data-portability.

② 北京知识产权法院民事判决书，(2016)京73民终588号。

学术专论

知识产权权利穷竭原则研究概览及展望

李　强*

内容提要：作为知识产权法的一个特有原则，知识产权权利穷竭原则在知识产权法的理论体系和知识产权产品的使用、流通中都具有重要作用和广泛的适用空间。通过梳理和总结国内外知识产权权利穷竭原则研究的现状，可以明了已有研究取得的成果和存在的问题，在回应实践需要和技术挑战的基础上，找准研究中的薄弱环节和有待加强研究的关键问题点，以期为未来的知识产权权利穷竭原则理论研究指明方向。

关键词：权利穷竭；版权穷竭；专利权穷竭；商标权穷竭

知识产权权利穷竭原则的基本含义是指，合法制造的知识产权产品，经知识产权权利人或其许可的人同意而通过首次销售或其他方式投入市场后，相关知识产权权利人对于该产品的特定知识产权穷竭，即不得控制该产品的继续流通和使用。从这一表述即可得知，知识产权权利穷竭原则（以下或简称权利穷竭原则）对于保障知识产权产品的正常流通和使用具有重要作用。如果每位知识产权产品的使用人或所有人在对该产品进行使用、转售等处置之前，都必须获得知识产权人的许可并向其支付相应费用，其对商品自由流通的阻碍可想而知。更有甚者，如果缺乏权利穷竭原则对知识产权专有权利的限制，在绝对垄断权的控制之下，知识产权人还可以拒绝给予许可，商品的自由流通就无从谈起了。有学者将该原则列为知识产权法特有的三大基本原则之一，①可见其在知识产权法理论体系和实践应用中的重要性。

知识产权权利穷竭原则在国内外的贸易实践和司法实践中存在广阔的适用空间。在国际贸易中，权利穷竭原则经常与知识产权产品的平行进口联系在一起，在产品的

---

* 武汉大学图书馆、武汉大学知识产权信息服务中心馆员，武汉大学知识产权与竞争法研究所兼职研究员。

① 参见齐爱民：《知识产权法总则》，武汉大学出版社2011年版，第38～55页。

版权、专利权和商标权是否侵权或是否穷竭等问题上引发众多纠纷,关于权利穷竭原则适用的外国权威判例亦层出不穷。"随着贸易活动协调的全球努力,有关知识产权权利用尽、平行进口和竞争法律的问题将成为核心问题。WTO的成员需要从这些方面澄清其关于公平利益、权利用尽以及开放商品国际贸易的立场。"①从国内的情况来看,我国现行有关立法总体上没有明确规定知识产权的权利穷竭原则,但与之相关的案例时有出现,而法院在处理类似问题上却表现出截然不同的态度;②在我国大力建设资源节约型社会的背景下,包括修理和再造在内的知识产权产品的回收利用或旧货翻新,以及二手商品、二手数字作品的转售也不断引发侵权纠纷和是否可以以及如何适用权利穷竭原则的讨论。这些都凸显出加强权利穷竭原则研究的理论意义和实践价值。

一、国内研究现状概览

国内对知识产权权利穷竭的研究源于20世纪90年代初期关于平行进口问题的讨论;③之后至21世纪初,国内学者的研究主要基于知识产权的地域性主张我国应采取知识产权的国内穷竭原则。但是,这种关于知识产权地域性的认识并不全面;而且,彼时我国面临的平行进口问题尚不显著,导致相关研究缺乏实证性。④ 进入21世纪以来,随着我国加入WTO,国际贸易迅猛发展,涉及知识产权的国际贸易纠纷特别是平行进口问题日益增多,与之相关的研究也逐渐深入和广泛,关于权利穷竭的理论基础、适用范围及其与平行进口的关系等问题呈现出观点多样化的趋势。从总体上看,21世纪以来国内关于知识产权权利穷竭的研究具有以下三个突出特点。

一是呈现浓厚的国际贸易色彩,即将该原则置于国际贸易和平行进口的背景下展开研究。"权利穷竭问题是随着国际贸易的发展而逐步被发现的法学理论问题,因此与国际贸易有着不可分离的关系。"⑤目前已有的关于平行进口的4本专著(均源于博士学位论文)和5篇与贸易或平行进口相联系的博士学位论文都不同程度地涉及知识产权的权利穷竭:有的将权利穷竭理论作为知识产权法规制平行进口的法理依据之一

---

① [印度]甘古力:《知识产权:释放知识经济的能量》,宋建华、姜丹明、张永华译,知识产权出版社2004年版,第198页。

② 参见陈青:《国际知识产权法中的权利用尽原则研究》,西南政法大学2012年博士学位论文,第39页。

③ 参见宋毅、胡光志:《平行进口构成商标侵权》,载《法学》1992年第12期。

④ 参见王弈通:《国际贸易中知识产权的权利穷竭问题研究》,复旦大学2011年博士学位论文,第3页。

⑤ 刁胜先:《论权利穷竭原则》,法律出版社2018年版,第1页。

或平行进口的理论基础之一;[①]有的将权利穷竭原则视为知识产权法影响平行进口的因素之一;[②]有的将权利穷竭作为国际贸易中的一种知识产权限制;[③]有的特意选取有别于国际贸易的国际知识产权贸易关系的视角来讨论权利穷竭原则对平行进口的规制;[④]有的重点讨论了欧盟内部权利穷竭原则的具体适用及其与平行进口的关系问题;[⑤]还有的视权利穷竭原则为贸易中知识产权与物权冲突的解决原则,以及平行进口领域大量判例援引的基本规则。[⑥] 在一定程度上,可以说这些论著在涉及知识产权权利穷竭原则时大体遵循了国际贸易——平行进口——权利穷竭的研究进路;在内容上主要聚焦于从知识产权法的角度如何通过权利穷竭原则来规制平行进口(以区域穷竭和国际穷竭为主)以及评述大量的平行进口判例(以美国、欧盟为主)。

二是表现出强烈的判例法倾向,不仅上述与权利穷竭原则有关的专著和博士学位论文多以欧美判例为主要研究素材,而且有相当一部分期刊论文介绍外国的最新判例和立法。其中,以介绍和评析美国各级法院和欧盟法院在版权[⑦]、

① 参见严桂珍:《平行进口法律规制研究》,北京大学出版社2009年版,第31~55页;尹锋林:《平行进口知识产权法律规则研究》,知识产权出版社2012年版,第13~17页;王春燕:《平行进口法律规制的比较研究》,中国人民大学出版社2012年版,第31页;董桂文:《贸易自由化下的平行进口法律规制研究》,对外经济贸易大学2006年博士学位论文,第67~118页;胡滨斌:《国际贸易中的知识产权限制研究》,复旦大学2007年博士学位论文,第9页;芦加人:《竞争法视野下的平行进口问题研究》,武汉大学2017年博士学位论文,第7~10页。

② 参见祝宁波:《平行进口法律制度研究》,华东政法学院2006年博士学位论文,第48~52页。

③ 参见胡滨斌:《国际贸易中的知识产权限制研究》,复旦大学2007年博士学位论文,第9页。

④ 参见马乐:《国际知识产权贸易中平行进口法律规制研究》,法律出版社2011年版,第68~94页。

⑤ 参见严桂珍:《平行进口法律规制研究》,北京大学出版社2009年版,第41~54页;尹锋林:《平行进口知识产权法律规则研究》,知识产权出版社2012年版,第78~106页。

⑥ 参见王春燕:《平行进口法律规制的比较研究》,中国人民大学出版社2012年版,第31~96页。

⑦ 如张敏:《论版权平行进口中"首次销售原则"的适用——从美国联邦最高法院好市多诉欧米茄案谈起》,载《电子知识产权》2011年第12期;何怀文:《二手数字出版物与发行权用尽——兼评美国"ReDigi案"与欧盟"UsedSoft案"》,载《出版发行研究》2013年第6期;苟大凯、朱奎彬:《美国版权法首次销售原则的最新发展——美国联邦最高法院"吉尔特桑诉威利父子公司案"判决评析》,载《知识产权》2013年第7期;瞿昊辉:《论软件首次销售规则的适用——以欧美案例为启示》,载《法学杂志》2013年第11期;梁志文、蔡英:《数字环境下的发行权穷竭原则——兼评欧盟法院审理的Oracle公司诉UsedSoft公司案》,载《政治与法律》2013年第11期;李晓秋、李家胜:《二手数字音乐作品转卖中的首次销售原则适用例外分析——以美国国会唱片公司诉ReDigi公司为例》,载《重庆理工大学学报(社会科学版)》2014年第4期;刘晓海、陈铭:《计算机程序无体复制件与发行权权利用尽问题研究——以德国"UsedSoft"案为视角》,载《中国版权》2014年第5期;陈欣:《首次销售后改变作品载体发行权不穷竭——基于Allposters诉Pictoright案的评析》,载《电子知识产权》2015年第3期。

专利权[1]、商标权[2]领域的权利穷竭和与平行进口有关的最新判例[3]最突出。可以说,这些论文也同样呈现出浓厚的贸易色彩,所引判例绝大多数与以平行进口为主要代表的国际贸易实践紧密联系。我国的学者们对中国的有限实践也作出了学术努力。[4] 此外,诸多欧美判例还涉及销售合同或知识产权许可协议中的限制性条款(售后限制)能否排除权利穷竭原则适用的问题,这同样引起了我国学者的研究兴趣。[5]

---

① 如万琦:《美国专利权用尽原则若干问题研究——Quanta Computer, Inc. v. LG Electronics, Inc. 案判决评析》,载《知识产权》2008 年第 6 期;董美根:《美国专利使用权穷竭对我国的借鉴——以 Quanta Computer, Inc. v. LG Electronics, Inc. 案为研究进路》,载《知识产权》2008 年第 6 期;和育东:《美国专利权穷竭原则的演变——兼评美最高法院对 Quanta v. LG Electronics 案的判决》,载《电子知识产权》2008 年第 9 期;何艳霞:《方法类权利要求是否适用专利权用尽原则——兼及合同约定与专利权用尽孰轻孰重问题》,载《中国发明与专利》2010 年第 6 期;陈卫明:《从 Bowman 案看美国专利权用尽原则的历史演变》,载《知识产权》2014 年第 8 期。

② 如李明德:《美国商标法中的平行进口》,载《中国商标》2002 年第 7 期;梁志文:《欧盟商标平行进口:立法、案例及启示》,载《贵州警官职业学院学报》2003 年第 6 期;吴伟光:《美国的商标平行进口法律制度分析》,载《电子知识产权》2005 年第 11 期。

③ 如李皓、余翔、方放:《欧洲法院版权权利耗尽及平行进口判例研究》,载《电子知识产权》2005 年第 2 期;尹锋林:《欧盟专利产品平行进口规则研究》,载《电子知识产权》2010 年第 7 期;阮开欣:《灰色市场不再灰暗:首次销售原则对版权平行进口的适用——评美国最高法院 Kirtsaeng v. John Wiley & Sons, Inc. 案判决》,载《中国版权》2013 年第 3 期;于凯旋:《欧盟商标产品的平行进口问题分析》,载《电子知识产权》2013 年第 3 期;马樱:《"首次销售"原则对版权领域平行进口的规制问题探究——以 KIRTSAENG v. JOHN WILEY & SONS, INC. 案为视角》,载《理论前沿》2014 年第 9 期。

④ 如喻军:《从"LUX 力士"案看我国商标的平行进口》,载《内蒙古农业大学学报(社会科学版)》2006 年第 1 期;费艳颖、杨超:《论专利权之权利用尽原则——以 2004 年 DVD 专利费纠纷案为例》,载《哈尔滨工业大学学报(社会科学版)》2007 年第 2 期;贾娟:《侵权案件中如何适用"商标权穷竭原则"》,载《中华商标》2008 年第 9 期。

⑤ 如王春燕:《平行进口法律规制的比较研究》,中国人民大学出版社 2012 年版,第 183 ~ 193 页;余翔:《合同法对"商标权利耗尽"的影响》,载《华中科技大学学报(社会科学版)》2001 年第 2 期;董美根:《论专利产品销售所附条件的法律效力》,载《华东政法大学学报》2009 年第 3 期;万琦:《欧美专利权用尽原则售后限制的比较研究》,载《知识产权》2010 年第 4 期。

三是研究范围日益广泛,在权利穷竭原则的基本理论①、适用范围②、国外相关立法③及其在若干特定情形下的适用等问题上已经出现了一些比较成熟的研究,其中不乏力作。比如,知识产权权利穷竭原则的正当性或合理性④、专利产品的修理和再造⑤、旧货翻新⑥、网络/数字化环境下版权穷竭原则的适用⑦和计算机软件专利权、信

---

① 如王春燕:《贸易中知识产权与物权冲突之解决原则——权利穷竭的含义、理论基础及效力范围》,载《中国人民大学学报》2003 年第 1 期;任军民:《我国专利权权利用尽原则的理论体系》,载《法学研究》2006 年第 6 期;王弈通:《国际贸易中知识产权的权利穷竭问题研究》,复旦大学 2011 年博士学位论文,第 15~176 页;张晓:《中国专利法首次销售规则的基础理论选择》,载《电子知识产权》2017 年第 11 期。

② 如邵琳:《版权穷竭的空间效力范围与平行进口问题研究》,载《辽东学院学报》2006 年第 3 期;张冬、范桂荣:《评述专利权用尽原则适用范围的发展问题》,载《学术交流》2010 年第 9 期。

③ 如余翔:《缺乏明确界定——韩国知识产权权利耗尽与平行进口体制解析》,载《国际贸易》2002 年第 4 期;余翔:《新加坡知识产权耗尽及平行进口体制解析》,载《电子知识产权》2002 年第 5 期;赵西巨:《欧盟法中的商标权权利穷竭原则》,载《法学论坛》2003 年第 2 期;余翔、武兰芬、姜军:《矛盾的选择——日本专利权耗尽与产品平行进口立法及判例解析》,载《电子知识产权》2004 年第 10 期。

④ 如冯晓青:《知识产权的权利穷竭问题研究》,载《北京科技大学学报(社会科学版)》2007 年第 3 期;马强、王燕:《论知识产权穷竭原则的正当性基础》,载《知识产权》2011 年第 1 期。

⑤ 如胡开忠:《专利产品的修理、再造与专利侵权的认定——从再生墨盒案谈起》,载《法学》2006 年第 12 期;李扬:《修理、更换、回收利用是否构成专利权侵害》,载《法律科学》2008 年第 6 期;石必胜:《专利权用尽视角下专利产品修理与再造的区分》,载《知识产权》2013 年第 6 期;杨源哲、杨振洪:《商品状况改变后的权利穷竭问题研究》,载《知识产权》2014 年第 1 期;李强:《"简单"回收利用中的知识产权权利穷竭原则适用研究——基于实证的分析》,载肖永平主编:《珞珈法学论坛》第 13 卷,武汉大学出版社 2014 年版,第 151~163 页。

⑥ 如祝建军:《"旧手机翻新行为"的商标法定性——iPhone 苹果商标案引发的思考》,载《知识产权》2012 年第 7 期;袁博:《论"旧物翻新"的商标侵权实质与刑事责任延伸》,载《科技与法律》2013 年第 2 期;宁立志、芦加人:《旧货翻新销售行为的商标法检视》,载《暨南学报(哲学社会科学版)》2017 年第 10 期;魏丽丽:《商品状况改变后再销售中商标权用尽规则的适用问题研究》,载《中州学刊》2021 年第 2 期。

⑦ 如王迁:《论网络环境中的"首次销售原则"》,载《法学杂志》2006 年第 3 期;唐艳:《数字化作品与首次销售原则——以〈著作权法〉修改为背景》,载《知识产权》2012 年第 1 期;梁志文、蔡英:《数字环境下的发行权穷竭原则——兼评欧盟法院审理的 Oracle 公司诉 UsedSoft 公司案》,载《政治与法律》2013 年第 11 期;华劼:《数字网络环境下版权权利穷竭原则延伸性研究》,载《江海学刊》2017 年第 1 期;陈琛、夏瑶:《虚拟发行语境下首次销售原则的法律与经济分析》,载《广西社会科学》2017 年第 1 期;刁胜先、袁慧:《网络环境中知识产权穷竭原则的诉讼适用》,载《重庆邮电大学学报(社会科学版)》2017 年第 3 期;冯可欧:《论数字发行之权利穷竭》,载《中国出版》2017 年第 9 期;黄玉烨、何蓉:《数字环境下首次销售原则的适用困境与出路》,载《浙江大学学报(人文社会科学版)》2018 年第 6 期;赵加兵:《论版权权利穷竭原则在数字环境中的适用及其考量因素》,载《郑州大学学报(哲学社会科学版)》2021 年第 1 期。相关研究成果众多,不予一一列明。

息网络传播权[①]等,甚至比较边缘的植物新品种权的穷竭亦在研究之列。[②] 特别是随着信息网络技术的迅猛发展,区块链领域的权利穷竭也引起了研究者的兴趣。[③] 在权利穷竭原则的地域性问题上,我国学者基于不同的考虑,在版权、专利和商标领域各自表现出不同甚至截然相对的态度。[④] 应当说,这些研究从多个方向和层面丰富了知识产权权利穷竭原则的理论体系和具体运用,但是囿于篇幅,缺乏系统性的视角,有的研究在理论深度和实践验证上还有所欠缺。对此,亦有研究者指出:"目前关于权利穷竭理论的研究成果因其基础理论研究严重不足,缺乏法理视角的全面而深入的探讨,以至于在平行进口、地域性、穷竭的内容等具体问题上,难以达成共识。对于网络空间权利穷竭原则的适用,立法、司法与学术研究,还处于初步涉及阶段,深入全面的研究尚未展开。"[⑤]

二、国内专门性研究评介

截至目前,国内关于权利穷竭原则的专门性研究有3本专著和2篇博士论文。其中,《国际贸易中知识产权的权利穷竭问题研究》(王弈通,复旦大学2011年博士学位论文)和《国际知识产权法中的权利用尽原则研究》(陈青,西南政法大学2012年博士学位论文)两篇以权利穷竭原则为主题的博士论文的作者均出身国际法专业,因此也难脱国际贸易或平行进口的窠臼,并且都引介了众多的欧美判例。不能否认的是,这两篇博士论文在权利穷竭原则的专门研究上都提供了一些非常有价值的线索,值得借鉴。唯《专利权利用尽原则研究》(高亦鹏,中南财经政法大学2018年博士学位论文)是真正从知识产权法的角度展开的专门性研究。

(一)2011年博士论文《国际贸易中知识产权的权利穷竭问题研究》

王弈通博士的《国际贸易中知识产权的权利穷竭问题研究》在分析知识产权权利穷竭若干基本理论的基础上,用大量的篇幅梳理了国际贸易政策、公平竞争政策、知识

---

① 参见杨志敏:《计算机软件专利权的行使与权利用尽研究》,载《科技与法律》2006年第1期;毛旭:《信息网络传播权在图书馆的穷竭》,载《图书馆杂志》2006年第7期。

② 参见武合讲:《植物新品种权利用尽原则的适用》,载《种子世界》2011年第5期;李瑞:《植物新品种权的权利用尽》,载《电子知识产权》2015年第11期。

③ 参见郭雅菲:《基于区块链的数字作品发行权用尽研究》,载《上海法学研究》2020年第5卷;王清、聂欣妍:《基于区块链技术探讨权利穷竭原则对数字出版物的适用性》,载《出版参考》2019年第6期。

④ 参见王弈通:《国际贸易中知识产权的权利穷竭问题研究》,复旦大学2011年博士学位论文,第147~176页。

⑤ 刁胜先:《论权利穷竭原则》,法律出版社2018年版,第6页。

产权边境保护政策、区域贸易政策和权利穷竭制度的关系，介绍了 TRIPs 协议和部分国家或地区的立法以及欧盟对权利穷竭的规定，最后对完善我国相关立法中的权利穷竭和平行进口规定提出了建议。其中，涉及权利穷竭基本理论的第 1 章第 1 节篇幅不长；①而且，该节虽然以“知识产权的权利穷竭概念”为标题，但在内容上只是介绍、分析了引起权利穷竭的法理问题和权利穷竭中物权、债权与知识产权的关系，以及国内穷竭原则、国际穷竭原则及其法理依据，对于标题所指的概念只是用短短的三行文字引用了世界知识产权组织的一个定义(第 20 页)，其研究意蕴有限。在第 4 章第 1 节介绍我国现行知识产权的权利穷竭立法和司法实践时，②除了关于专利法领域的论述切题外，在商标法、版权法和海关保护领域的权利穷竭规定及其实践基本上都是用平行进口来代替权利穷竭，这样的做法仍未脱离国际贸易的框架。

(二)2012 年博士论文《国际知识产权法中的权利用尽原则研究》

陈青博士认识到，国内关于权利穷竭原则的研究都集中于与之相关的平行进口问题，而对该原则的基本理论缺乏充分的叙述。③ 因此，其博士论文首先阐述、分析了权利穷竭原则的定义、内容、分类和适用范围、适用条件等基本理论问题；接着论述了平行进口、反向假冒、品种权和专利产品的修理、再造等权利穷竭原则的“衍生”问题及其法律规制；然后在评述知识产权权利穷竭原则的理论发展、私权维度及其与其他原则之关系的基础上，提出了为该原则提供理论支持的“能量守恒说”，试图从另类角度探析该原则的正当性；最后，对完善我国知识产权法中权利穷竭原则提出了若干建议。尽管该文作者表明了其重视并突出权利穷竭基本理论研究的态度，但是其研究仍然部分存在不够深入的不足。比如：(1)在作为基本理论核心的权利穷竭原则的概念问题上，该文只用了一页多的篇幅即得出了一个定义，④很难看出其得出该定义的论证路径和逻辑联系；在适用范围和适用要件的问题上也同样如此，其结论能否基本成立亦不无疑问。(2)第 2 章“知识产权法中权利用尽原则的内容”主要介绍了专利、商标、版权

---

① 参见王弈通：《国际贸易中知识产权的权利穷竭问题研究》，复旦大学 2011 年博士学位论文，第 15～32 页。

② 参见王弈通：《国际贸易中知识产权的权利穷竭问题研究》，复旦大学 2011 年博士学位论文，第 147～156 页。

③ 参见陈青：《国际知识产权法中的权利用尽原则研究》，西南政法大学 2012 年博士学位论文，第 4～5 页。

④ 参见陈青：《国际知识产权法中的权利用尽原则研究》，西南政法大学 2012 年博士学位论文，第 10～11 页。

领域权利穷竭原则的特点和各国权利穷竭原则的实践,[①]然而权利穷竭原则的内容到底是什么仍然不得而知。(3)一般来说,权利的存在与行使原则是欧盟法院在实践中用来解决以平行进口为主要代表的知识产权保护与商品自由流动之间的关系时所创立的一个判例原则。[②] 然而,该文却在"知识产权法中权利用尽原则理论发展"的题目下讨论并且没有充分阐明两者之间的逻辑联系。[③] 实际上,自1990年以后,欧盟法院在相关的判决中不再提及权利的存在与行使原则,其仅仅存在了一段短暂的时间即被放弃了。[④] (4)该文创新性地提出"能量守恒说"作为理论基础来解释权利穷竭原则,然而,作者并未对之进行缜密的实证分析和科学的系统设计,该说还远未达到能够全面、合理地解释权利穷竭原则和逻辑自洽的程度。总体而言,该文虽然提及了知识产权权利穷竭原则的若干基本理论问题,但是均浅尝辄止,亦未能回答笔者关于知识产权权利穷竭原则的诸多疑问。

(三)2014年专著《专利产品首次销售侵权抗辩研究》

《专利产品首次销售侵权抗辩研究》从首次销售侵权抗辩这个具体的视角对权利穷竭原则进行了若干探讨,聚焦于专利权穷竭原则在专利诉讼中的具体运用,即作为专利产品首次销售侵权的一种抗辩。作者试图将知识产权研究与英美财产法制度相联系,将专利权穷竭原则和默示许可理论视为专利产品首次销售侵权抗辩制度的两个基本类型并进行比较。主要讨论了专利产品首次销售侵权抗辩的法规范属性和限制性条件的效力、类型、反垄断法规制以及二者之间的关系,还讨论了专利产品首次销售侵权抗辩与修理、再造的关系和相关法律规制。最后,在对两大法系进行解释和认清英美法系相关制度发展趋势的基础上,提出我国应当选择强行性专利产品首次销售侵权抗辩的制度模式。

该书的主题囿于专利领域内权利穷竭原则在专利产品首次销售侵权抗辩中的具体运用,对专利权穷竭原则本身的关注远未达到笔者期待的程度;从该书的副标题来看,作者似乎并未实现其最初意图,即通过参考英美法系的财产权转移理论来解释作

---

① 参见陈青:《国际知识产权法中的权利用尽原则研究》,西南政法大学2012年博士学位论文,第25~48页。

② 参见李明德等:《欧盟知识产权法》,法律出版社2010年版,第58~67页;尹锋林:《平行进口知识产权法律规则研究》,知识产权出版社2012年版,第68~73页;王春燕:《平行进口法律规制的比较研究》,中国人民大学出版社2012年版,第59~60页。

③ 参见陈青:《国际知识产权法中的权利用尽原则研究》,西南政法大学2012年博士学位论文,第76~83页。

④ 参见李明德等:《欧盟知识产权法》,法律出版社2010年版,第67页。

为一种侵权抗辩的专利权穷竭原则。作者虽然用较多的篇幅介绍了英美财产法的有关理论特别是地产权部分转让规则,但却又分别指出:"由于地产权部分转让规则固有的适用范围和弊端,其并无适用于专利权的合理性与必要性";以及,"财产权转移理论无法用于解释任意性专利权用尽原则"。① 在接近该书一半篇幅的地方,作者的财产权转移理论研究进路就戛然而止了。

此外,书中个别结论的作出似乎显得仓促和直接,缺乏更加细致的论证。比如,认为英美财产法上许可的性质是抗辩,②认为 Mallinckrodt 案等判例中所使用的"专利权穷竭原则"术语究其实质是指向了英国所采用的默示许可概念(第 136 ~ 139 页)。当然,该书也有许多值得称道之处,为权利穷竭原则的研究提供了相当有价值的参考。比如,根据专利权穷竭原则与限制性条件的关系,分析、确立了该原则的两种法规范属性,即强行性规范和任意性规范(第 115 ~ 127 页);介绍、评析了如何认定非专利组件产品或未完成产品的非侵权用途的若干经典判例(第 148 ~ 155 页);对专利权穷竭原则与修理、再造的关系问题进行了比较全面的梳理(第 158 ~ 198 页)。

(四)2018 年博士论文《专利权利用尽原则研究》

作者首先在概述专利权用尽原则的概念、历史起源和功能作用等基本理论的基础上,着重讨论了该原则与默示许可之间的联系;其次,从间接侵权救济的认定、售后限制条款的利用和加工制造等行业存在的代工问题等多个方面分析了专利权垄断控制力的扩张带给专利权用尽原则的适用困境;再次用 2 章的篇幅(共 5 章)重点探讨了专利权用尽原则与售后限制的冲突和协调;最后提出若干完善建议。

客观地讲,首先从论文的主体部分来看,其研究重点是专利权用尽原则与售后限制之间的关系问题,而非专利权用尽原则本身。就此而言,论文的标题"专利权利用尽原则研究"与内容存在明显的名不符实;而且,二者的关系问题已有大量的研究面世,其选题难谓有何新意。其次,论文第 2 章第 1 节以"间接侵权认定:专利权利用尽与全面覆盖原则突破"为题,用了较多的篇幅介绍间接侵权认定及其在美国、日本的发展,但却没有指出间接侵权认定与专利权用尽原则之间到底存在什么关联,使得该节内容的逻辑意义存疑。③ 再次,从逻辑上看,第 2 章第 3 节"售后限制条款:专利权利用尽与产品利用限制"应当置于第 3 章"专利权利用尽原则与售后限制的冲突"之中,而且,前

① 万琦:《专利产品首次销售侵权抗辩研究——以财产权转移理论为研究进路》,知识产权出版社 2014 年版,第 53、135 页。

② 参见万琦:《专利产品首次销售侵权抗辩研究——以财产权转移理论为研究进路》,知识产权出版社 2014 年版,第 37 页。

③ 参见高亦鹏:《专利权利用尽原则研究》,中南财经政法大学 2018 年博士学位论文,第 37 ~ 46 页。

文作者曾用较多的篇幅阐明了专利权用尽原则与默示许可之间的差异,在该节中却总是讨论售后限制条款与默示许可而不是权利用尽原则的关系,令人费解。第2章第4节“代工问题思考:专利权利用尽与合同外第三方”与专利权用尽原则的逻辑联系亦是模糊不清。复次,第3章第2节“专利权利用尽原则与售后限制冲突的表现形式”与其下“国际条约规范的争议搁置”和“成员利益考量的选择”亦存在明显的文不对题。最后,第4章第3节、第5章第1~4节不分标题地展开论述也表现出相当的粗疏;至于第5章第5节“配套反垄断措施的规制”更是难以看出其与专利权用尽原则的联系何在。从内容上看,该文也多为介绍相关学说和国外判例,缺乏认真细致的分析和论证,似乎也没有提出什么独到创新的见解。

(五)2018年专著《论权利穷竭原则》

从研究的层面来看,《专利产品首次销售侵权抗辩研究》的贡献在于阐明专利权穷竭原则在专利侵权诉讼中的具体运用,而《论权利穷竭原则》一书则开启了构建该原则基本理论体系的研究进路。其一,作者对权利穷竭原则的起源按照不同法系、不同地域进行了详细的分类梳理,为该原则的历史源流提供了比较清晰的发展脉络。但可能是囿于语言方面的限制,相对于英美法系和欧盟,对大陆法系权利穷竭原则沿革的介绍比较简略。

其二,作者还分析论证了权利穷竭原则的产生原因、本质、正当性与功能等基本理论方面的问题。对于作者将“经济学理论的影响”作为权利穷竭原则产生的原因之一,[①]笔者认为并不尽然。不如说是人类商品经济活动的发展推动了知识产权权利穷竭原则的产生,而经济学理论只是对现实经济生活的总结和提炼而已,这也与第一个原因“技术发展的影响”在层次上保持了一致。在列举、评析7种关于权利穷竭理论学说的基础之上,作者提出“权利分离说”来作为权利穷竭原则的理论基础。[②] 作者坦言,该说“算不上多大的创新,而只是针对既有学说,调整了学说的切入点和认识思路”。[③]在笔者看来,“权利分离说”其实只是对所谓“权利不存在说”[④]的完善和发展。

其三,该书抓住知识产品这个基本立足点,探讨了知识产品上的私权法律关系、知识产权穷竭的时间节点和权利穷竭原则的适用条件、效力等基本理论问题。其中,为了探寻权利穷竭的“竭点”,作者梳理了知识产品流转的法律关系,勾画了一幅知识产

① 参见刁胜先:《论权利穷竭原则》,法律出版社2018年版,第62~65页。

② 参见刁胜先:《论权利穷竭原则》,法律出版社2018年版,第81~95页。

③ 刁胜先:《论权利穷竭原则》,法律出版社2018年版,第93页。

④ 参见齐爱民:《知识产权法总论》,北京大学出版社2010年版,第105页。

品(运行)流转图;[①]据此,为了配合前文提出的“权利分离说”,作者指出知识产权穷竭的时间“竭点”不是知识产品首次投入市场后,而是制造完成后,即知识产品无须投入市场,相应的知识产权即已穷竭。[②] 对此,笔者难以赞同。在知识产权产品的流转中适用权利穷竭原则以保证商品的正常流通,一个根本性前提是知识产权人已经就其产品的售卖获得了回报,故法律基于更高层次的公共利益(保障产品的正常流转和交易安全)对其权利的继续行使作出了某种限制,这也就是所谓“报酬论”的基本主张。早期的一些判例已经证明,报酬论是判决意见中分析是否适用权利穷竭原则的关键理据,报酬的获得是知识产权人“舍弃”其相应权利的重要对价。[③] 如果在产品刚刚制造完成暨知识产权人尚未获得任何回报的情况下即令其权利“穷竭”,则显然造成了明显偏向于知识产权产品购买者暨社会公众的利益失衡,完全动摇了知识产权权利穷竭原则存在的经济基础。事实上,作者随后即将“获得必要的经济回报”设计为适用权利穷竭原则的相对要件。[④] 试问,如果权利已经在产品制造完成之时即获得必要经济回报之前穷竭,权利人是否获得经济回报又如何去影响已然适用的该原则呢？此外,该部分的一个明显不足是对于权利穷竭原则的相对适用要件和效力问题的分析,篇幅过少(不到一页),缺乏论证。

其四,作者创建出一个“价值来源与权利转化”标准来判断适用权利穷竭原则时穷竭的权利内容,并重点讨论了适用中争议较大的发行权、平行进口权、出租权等权利,以及被穷竭的权利内容在主要知识产权领域的体现,同时探讨了适用权利穷竭原则的例外情形。对于作为该部分根基的“价值来源与权利转化”标准,[⑤]笔者虽反复阅读,但难以知其所以然,故无法置评。

其五,沿着从理论到实践的研究进路,作者选取了未来权利穷竭原则潜在适用价值最大的领域——网络环境下的著作权权利穷竭展开专章探讨,依次论述了网络环境下权利穷竭问题的应对模式、在线交易中的信息财产权利和原则适用中的主要问题,最终提出了完善我国权利穷竭法律制度的建议。限于篇幅,笔者不再一一评述,只是提出一个自然而然的疑问。尽管该书讨论的均是知识产权领域的权利穷竭问题,在书

---

① 参见刁胜先:《论权利穷竭原则》,法律出版社2018年版,第134页。

② 参见刁胜先:《论权利穷竭原则》,法律出版社2018年版,第147～166页。

③ See Bloomer v. Millinger, 68 U. S. (1 Wall.) 340, 350 (1863); Adams v. Burke, 84 U. S. 453; 21 L. Ed. 700; 1873 U. S. LEXIS 1384; 17 Wall. 453; United States v. Masonite Corp, 316 U. S. 265 (1942); Wilbur-Ellis Co. v. Kuther, 377 U. S. 422 (1964).

④ 参见刁胜先:《论权利穷竭原则》,法律出版社2018年版,第189页。

⑤ 参见刁胜先:《论权利穷竭原则》,法律出版社2018年版,第193～201页。

名上却舍弃了“知识产权”的限定,容易引起该书将该原则扩大至整个法学领域或所有权利的误解。

(六)2021年专著《商标权权利用尽规则研究》

笔者非常赞同《商标权权利用尽规则研究》一书通过书名将商标法领域内的权利用尽定位于具体规则而不再是原则,在知识产权法的基本框架内恰如其分地体现了“原则(总论)—规则(分论)”的理论架构和法律适用关系。该书从基本理论入手(第1章),首先明确了商标权权利用尽规则的要件(第2章),其次从权项内容、地域范围、时间界限和商标权使用方式四个方面探讨了该规则的限定(第3章),再次用相当多的篇幅讨论了商标权权利用尽规则在售后限制、商品状况改变后再销售和平行进口等商品转售中的适用(第4章),最后提出了我国商标法规定商标权权利用尽规则的必要性和体例选择及条款设计(第5章)。令人颇为疑惑的是,出版于2021年的该书,在正文注释和文后参考文献中没有3年前出版的《论权利穷竭原则》一书,不能不说是在资料占有和使用上的缺憾。

对于书中的若干观点和论证,笔者觉得颇值商榷。比如,作者对商标权权利用尽规则的厘定过程过于简略,对于这一最重要的基础性概念缺乏有力的论证,只是在列举了几个学者观点后就立即提出了个人见解。而且,书中对该规则的界定(“商标权人或被许可人将附载有商标权的商品首次销售后,不得以商标权利行使为由控制该商品的后续流转”[①])似乎也不到位,将之套用于版权穷竭和专利权穷竭好像也能说得过去。笔者认为,这一定义没有选取正面即权利用尽的视角,而是用适用商标权权利用尽规则的后果来描述该规则,对于解构性地理解该概念并无助益。

又如,2018年出版的《论权利穷竭原则》在讨论权利穷竭原则理论基础时列举了7种相关学说,而该书只列举了3种。[②] 尽管作者敏锐地察觉到了不动产上所有权和使用权之间的相邻关系与商品之上商标权和物权的并存存在某种相似性,创造性地提出以“准相邻关系理论”来解释商标权权利用尽,然而对这一至关重要的理论基础也只是简略带过而未予全面论证。在笔者看来,法律领域内在同一客体上存在两个以上具有冲突可能性之权利的情形并不少见,仅凭表面形式上的相似性就将同为物权的两个权利之间的相邻关系类推“准”用于解决两个权利性质根本不同的商标权和物权之间的冲突,未免过于勉强,何况作者亦未给出有力的论证,甚至没有进一步的详细解释。

---

① 魏丽丽:《商标权权利用尽规则研究》,法律出版社2021年版,第19页。

② 据笔者收集、整理,关于权利穷竭原则理论基础的相关学说已达15种之多。

再如，在第2章“商标权权利用尽规则的要件”中，作者使用“商标权人同意”代替常用的“合法投入市场”作为规则适用的第一个要件。其实，这一提法很容易引起商标权用尽需要取得商标权人同意的误解。而且，商标权人同意的对象是对商标权或商标的使用，之后标识有商标的商品进入市场流通领域，然后才会出现商标权权利用尽的问题。正如作者所言①，“商标权人同意”要件在商品销售实践中存在多种复杂形式，对于后续的商品购买者或使用者来说，难以辨清其所有或持有的商品是否是经过“商标权人同意”才投入市场的，从而极大地影响了商品消费者对商品交易安全的期待，不如采取简单、直观的“合法投入市场”要件。

作者将“商品具有同一性”确定为商标权权利用尽规则的第二个要件，后文在设计该规则条款时又多次使用“商品未发生实质性改变”的提法。② 对于这一极为重要的概念，前后提法不一致让人感到困惑；而且从作者的论述来看，这两者在内涵上也存在相互矛盾之处。但是，其中对于旧货翻新再销售中“商标具有同一性”要件的分析③，与笔者以往的研究保持了一致④，应予赞同。

总体而言，在知识产权权利穷竭原则的理论研究中，该书具有部门法分论意义上的补白作用；而且最值称道之处，是在论述多数重要观点时，都辅之以相关案例加以佐证，较好地实现了理论与实践的相互印证。然而，在某些观点的提出和阐释上，也留下了资料占有不全、前后不一致、论证不力甚至有误等缺憾。

三、国外研究现状概览

知识产权权利穷竭的理论和原则至今已有一百多年的历史。⑤ 在笔者有限的阅读视野中，基于务实的态度且与判例法国家的特色相联系，国外关于知识产权权利穷竭

① 参见魏丽丽：《商标权权利用尽规则研究》，法律出版社2021年版，第53～57页。

② 参见魏丽丽：《商标权权利用尽规则研究》，法律出版社2021年版，第206～208、218页。

③ 参见魏丽丽：《商标权权利用尽规则研究》，法律出版社2021年版，第68～71页。

④ 参见李强：《“简单”回收利用中的知识产权权利穷竭原则适用研究——基于实证的分析》，载肖永平主编：《珞珈法学论坛》第13卷，武汉大学出版社2014年版，第151～163页。

⑤ 有研究者指出，国外关于国际贸易中知识产权权利穷竭问题的研究主要集中在知识产权的权利穷竭以及平行进口的概念与理论、相关国际贸易和竞争政策、相关国内立法和实践三个方面。参见王弈通：《国际贸易中知识产权的权利穷竭问题研究》，复旦大学2011年博士学位论文，第1～3页。

的研究主要集中于权威判例的研析[1]和以平行进口为代表的国际贸易实践,[2]以及评介各国有关知识产权权利穷竭的立法。比如,在权威判例的研析方面,斯科特·布伦纳(Scott Brenner)回顾了自 1998 年美国最高法院审理的兰萨案[3]以来美国下级法院在版权作品平行进口领域的判例,并总结认为,在这一领域的法律规则被法院、立法或条约确定下来之前,产品的制造地也许是确认版权人是否可以禁止他人平行进口的决定性因素;[4]安妮·莱恩·法拉(Anne Layne-Farrar)从围绕 2008 年 6 月美国联邦最高法院审理广达电脑公司案[5]前后的争论出发,采取非法学(non-legal)的视角解读该案判决,指出当存在市场交易成本和市场摩擦时,对于多层次产品销售体系中的专利许可协议适用严格的专利权穷竭原则是有问题的,因为其会导致对专利权所有人的"不完全补偿"(under-compensation),从而导致专利产品交易次数的减少。因此,在特定情形下对首次销售原则的适用作出契约安排的能力从经济效率的角度来考虑是非常重要的。[6] 关于贸易实践中的权利穷竭原则,S. K. 维尔马(S. K. Verma)通过检视 GATT/WTO 文本中的权利穷竭问题,试图分析区域穷竭原则是否符合 GATT 自由贸易的既定目标和该原则在 GATT/WTO 下的合法性问题,以及其对发展中国家的影响,并主张出于自由贸易和国际竞争的考虑,应当用国际穷竭原则取代区域穷竭原则;[7]克里斯托

---

① See Jacqui Irvine, The Davidoff Opinion and its Implications for Licensing of IPR in Respect of Parallel Imports. W. L. L. R. 3(6), p. 22 – 23(2001); John C. Paul et al., US Patent Exhaustion: Yesterday, Today, and maybe Tomorrow, J. I. P. L. P. 3(7), p. 461 (2008); John W. Schlicher, The New Patent Exhaustion Doctrine of Quanta v. LG: What It Means for Patent Owner, Licensees, and Product Customers, Journal of the Patent and Trademark Office Society, November, 2008.

② See Federico Gonzalez Perini, Patents vs. Trade? The Issue of Patent Rights Exhaustion, Legal I. E. I. 30(2), p. 133 – 156(2003); Michael Turton & Aleta Mills, The First Sale Doctrine and Parallel Imports in the United States After Jazz Photo, E. I. P. R., Vol. 26, No. 3, p. 148 – 152(2004). 另参见[印度]甘古力:《知识产权:释放知识经济的能量》,宋建华、姜丹明、张永华译,知识产权出版社 2004 年版,第 197 ~ 214 页。

③ Quality King v. L'anza, 523 U. S. 135 (1998).

④ See Scott Brenner, Parallel Trade in Copyrighted Materials: What Has Been Happening in the Lower Courts since Quality King v. L'anza, 523 U. S. 135 (1998)? at http://scottbrenner.com/parallel-trade-in-copyrighted-materials-quality-king-v-lanza/. 2019 – 12 – 23.

⑤ Quanta Computer, Inc., et al., Petitioners v. L. G. Electronics, Inc., 128 S. Ct. 2109, 170 L. Ed. 2d 996 (2008).

⑥ See Anne Layne-Farra, An Economic Defense of Flexibility in IPR Licensing Contracting Aroudn "First Sale" in Multilevel Production Setting, 51 Santa Clara L. Rev. p. 1157 (2011).

⑦ See S. K. Verma, Exhaustion of Intellectual Property Rights and Free Trade-Article 6 of the TRIPs Agreement, International Review of Intellectual Property and Competition Law, 29 (5), p. 537 (1998).

弗·B. 康利(Christopher B. Conley)概览了不同类型的权利穷竭原则并分析了其各自之间的差异性,接着对作为该原则基础的各种理论进行了经济分析,最后通过强调各类权利穷竭原则的不同特性以及不存在最优选择,指出在选择的患得患失之间只有WTO能够促成各国有关平行进口法律之间的协调和融合。① 在评介各国有关知识产权权利穷竭立法方面,克里斯托弗·希思(Christopher Heath)编著的《亚洲的平行进口》(*Parallel Imports in Asia*)一书比较详细地介绍了亚洲地区关于知识产权权利穷竭和平行进口问题的各国立法及其经济、政治背景;②克里斯托弗·斯托尔(Christopher Stother)和托马斯·海斯(Thomas Hays)则比较全面地分析了欧盟及其成员国的有关法律和判例。③

在权利穷竭的基础理论和具体适用方面,沃里克·A. 罗特尼(Warwick A. Rothnie)分析了美国与英国分别采取的专利权穷竭原则和默示许可原则,指出两者的理论基础都是报酬理论和激励理论;④克里斯托弗·希思认为,权利穷竭原则与默示许可原则在处理专利权人采取附条件销售的合同效力时可能导致不同的法律后果;⑤西奥·帕帕佐普洛斯(Theo Papadopoulos)分析了版权国内穷竭原则和国际穷竭原则的含义,认为实行国内穷竭原则扩大了版权人的销售范围,使其享有控制产品国际销售的纵向限制的权利;⑥受到2010年美国联邦第九巡回上诉法院在大众案⑦中的判决启发,大卫·W. 巴恩斯(David W. Barnes)探讨了商标权穷竭原则作为侵权抗辩的适当范围,指出在基于售后混淆的商标侵权行为中,搭便车理论不能单独地作为判定首次

---

① See Christopher B. Conley, Parallel Imports: the Tired Debate of the Exhaustion of Intellectual Property Rights and why the WTO should Harmonize the Haphazard Laws of the International Community, 16 Tul. J. Int'l & Comp. L., Winter, p. 189 - 211 (2007).

② See Christopher Heath (ed.), Parallel Imports in Asia, Hague: Kluwer Law International, 2004.

③ See Thomas Hays, Parallel Importation Under European Union Law, London: Sweet & Maxwell, 2004; Christopher Stothers, Parallel Trade in Europe: Intellectual Property, Competition and Regulatory Law, Portland: Hart Publishing, 2007.

④ See Warwick A. Rothnie, Parallel Imports, London: Sweet & Maxwell, 1993.

⑤ See Christopher Heath, Exhaustion and Parallel Imports in Japan, in: Christopher Heath (ed.), Parallel Imports in Asia, Hague: Kluwer Law International, 2004, p. 51 - 71.

⑥ See Theo Papadopoulos, Copyright Law and Competition Policy: International Aspects, The Australian National University Agenda, 2002, p. 113 - 120.

⑦ Au-Tomotive Gold Inc. v. Volkswagen of America, Inc., 603 F. 3d 1133, 1136 (9th Cir. 2010).

销售原则不是抗辩事由的充分根据。① 还有研究者对国外关于专利产品首次销售侵权抗辩的研究现状进行了分析,指出其在总体上缺乏理论层面的把握。② 此外,国外关于知识产权权利穷竭原则及其适用的研究还涉及开放源代码、③变型作品(transformative works)、④采取特殊形式(abandonment)转让版权作品的所有权、⑤知识产权许可协议中的限制性条款、⑥知识产权产品的修理和再造以及回收利用⑦等多个极具现实性的不同主题。

四、知识产权权利穷竭原则研究的评析和展望

我国属于比较典型的概念法学国家,讲究概念的分析和体系的构建。笼统地讲,国内关于知识产权权利穷竭的研究可以分为两个基本面向,即国际贸易和基本理论。当然这两种研究路径并非截然分开,而是相互夹杂在一起。现状是,以平行进口为典型代表的国际贸易层面的研究远远超过基本理论层面的研究,研究者也多具有国际法学或国际经济法学的学术背景。在多数情况下,知识产权权利穷竭原则只是作为从知识产权法的角度规制平行进口时使用的一种法律手段,其基本理论通常也只是作为在

---

① See David W. Barnes, Free-Riders and Trademark Law's First Sale Rule, 27 Santa Clara Computer & High Tech. L. J., April, p.457 (2011).

② 参见万琦:《专利产品首次销售侵权抗辩研究——以财产权转移理论为研究进路》,知识产权出版社2014年版,第6~7页。

③ See Guido Westkamp, The Limits of Open Source: Lawful User Rights, Exhaustion and Co-existence with Copyright Law, I. P. Q. 1, p.14-57 (2008).

④ See Jisuk Woo, Redefining the "Transformative Use" of Copyrighted Works: toward a Fair Use Standard in the Digital Environment, 27 Hastings Comm. & Ent L. J., Fall 2004, p. 51-77; Aaron Schwabach, Reclaiming Copyright from the Outside in: What the Downfall Hitler Meme Means for Transformative Works, Fair Use, and Parody, 8 Buff. Intell. Prop. L. J., Spring, p.1-25 (2012).

⑤ See Dan Karmel, Off the Wall: Abandonment and the First Sale Doctrine, 45 Colum. J. L. & Soc. Probs., Spring, p.353-378(2012).

⑥ See Phillip B. C. Jones, Violation of a Patent License Restriction: Breach of Contract or Patent Infringement? The Journal of Law and Technology, Vol. 33, No. 3, 1993; Dinu Gruia, Patent Law-Restrictions on Use of Purchased Patented Goods Subject to the Rule of Reason-Mallinckrodt, Inc. v. Medipatr, Inc., Suffolk University L. R., 1993. p.297.

⑦ See John A. Tessensohn & Shusaku Yamamoto, Japan: Court Confirms that Recycling does not Lead to Patent Exhaustion, W. I. P. R. 2008, p.5-6; Scott M. Tobias, No Refills: The Intellectual Property High Court Decision In Canon v. Recycle Assist will Negatively Impact the Printer Ink Cartridge Recycling Industry in Japan, Pac Rim L. Poly J., 2008, (16), p.791.

平行进口情形下如何适用该原则的理论铺垫和分析基础，而非研究对象本身。而且，在知识产权法总论的研究中涉及权利穷竭原则时，其讨论亦多停留在一般性的梳理、介绍和分析上。① 从研究内容上看，已有的诸多论述往往直接采用关于该原则的通常理解，只有个别学者给出了极为不同的解释②或者对该原则的若干主流观点提出了反对意见③。

梳理近年来的相关文献，知识产权权利穷竭原则的研究已经从早前以平行进口为主扩展到更多的面向，可以对其研究趋向作如下展望，研究领域主要集中在基本理论和网络环境、二手商品市场、数字图书馆四个方面，④而网络环境和数字图书馆这两个领域的主要关注点是著作权权利穷竭原则。

一是知识产权权利穷竭原则的基本理论研究。从目前来看，知识产权权利穷竭原则在现实中已经表现出了广泛的应用，在一定程度上甚至可以说是数字版权作品能否正常交易和二手商品市场能否有序发展的关键，学界应当给予理论重视。目前已有的3本专著已初步搭建起"总论—分论"的研究架构，对于一个能否提升到基本原则尚且存疑的部门法具体原则而言，这样的研究趋向相当少见。最先出版的《专利产品首次销售侵权抗辩研究》显然属于知识产权法之下的部门法分论，随后出版的《论权利穷竭原则》则是一本总论性的专著，最近出版的《商标权权利用尽规则研究》补充上了商标法这一分支。此外，权利穷竭的研究也已经延伸到较边缘的植物新品种权⑤和展览权⑥。

---

① 参见陶鑫良、袁真富：《知识产权法总论》，知识产权出版社2005年版，第247～250页；李扬：《知识产权法总论》，中国人民大学出版社2007年版，第177～178页；何敏主编：《知识产权法总论》，上海人民出版社2011年版，第26～276页；杨雄文编著：《知识产权法总论》，华南理工大学出版社2013年版，第133～137页。

② 参见齐爱民：《知识产权法总则》，武汉大学出版社2011年版，第51页。

③ 参见王志刚：《平行进口的竞争法律分析》，载《法学》2002年第3期；张永艾：《商标权穷竭原则质疑》，载《政法论丛》2004年第1期；黄鸿才：《"知识产权权利穷尽说"理论误区探要——兼论商标标识的消极权能》，载《中华商标》2013年第1期；刘明江：《商标权效力及其限制研究》，知识产权出版社2010年版，第253～256、287～295页；马乐：《国际知识产权贸易中平行进口法律规制研究》，法律出版社2011年版，第85～94页。

④ 这四个领域互有交叉，并非截然分开。

⑤ 参见武合讲：《植物新品种权利用尽原则的适用》，载《种子世界》2011年第5期；李菊丹：《农民留种权利保护比较研究》，载《知识产权》2013年第7期；史平臣：《论"权利用尽"在我国植物新品种保护中的适用——由案情一致判决迥异谈起》，载《种子》2015年第2期；李瑞：《植物新品种权的权利用尽》，载《电子知识产权》2015年第11期。

⑥ 参见何敏、吴梓茗：《论展览权穷竭制度的完善——从"部分穷竭"到"完全穷竭"》，载《电子知识产权》2021年第6期。

然而,在基本理论研究方面,对于该原则的理论基础、构成要件、规范属性和穷竭的权利内容、权利穷竭的时间节点,以及适用权利穷竭原则的基本要件、例外情形和售后限制条款能否排除权利穷竭原则的适用等诸多问题,尚未清晰明确或形成有力的共识,这些都说明相关研究领域大有可为。

二是网络环境下版权穷竭原则的适用问题,主要聚焦于数字版权作品或电子书的转售。版权作品由实体化发展为数字化,并脱离光盘的承载直接进入网络世界流转,无论在理论上还是实践上都对版权穷竭原则提出了巨大的挑战。完全肯定之,则必然引来数字版权人的不满从而压制创新和创作;完全否定之,则又未免过于偏袒版权人的利益从而对数字版权作品的网上交易造成根本性阻碍,进而影响以社会公众对数字作品的可获得性为代表的社会公共利益。在现实中,与诸如网络文学、影视剧、电子游戏等数字版权作品有关的经济活动和法律纠纷大量产生,美国、欧盟判例逐渐出现,①国内案例亦日渐丰富,②引发了关于网络环境下版权穷竭原则的诸多探讨。早期关于网络环境下不能适用发行权穷竭原则的观点,已经越来越承受不住现实中众多类型的网上交易和司法判例的检验。然而,仍有观点坚持认为发行权穷竭原则不能延伸适用于网络环境或数字环境下权利穷竭原则面临着消亡,③亦有更多的学者提出应当将发行权用尽适用于网络环境,④提出了"数字发行权有限用尽"⑤或重构、改良的建议,⑥或

---

① 参见瞿昊晖:《论软件首次销售规则的适用——以欧美案例为启示》,载《法学杂志》2013年第11期;李晓秋、李家胜:《二手数字音乐作品转卖中的首次销售原则适用例外分析——以美国国会唱片公司诉ReDigi公司为例》,载《重庆理工大学学报(社会科学版)》2014年第4期;聂鑫:《美国版权法首次销售原则的数字困境与司法应对》,载《湖南社会科学》2014年第5期;刘晓海、陈铭:《计算机程序无体复制件与发行权权利用尽问题研究——以德国"UsedSoft"案为视角》,载《中国版权》2014年第5期;金海军:《美国最高法院2016年度知识产权判例解析》,载《知识产权》2017年第9期;孙那:《论数字作品发行权用尽原则的最新发展——以Tom Kabinet案为研究对象》,载《出版发行研究》2021年第1期。

② 参见冯可欧:《论首次销售与合同约定之关系——以淘宝电子书市场"集体违约"现象为观察视角》,载《出版发行研究》2017年第7期。

③ 参见孙那:《论数字作品发行权用尽原则的最新发展——以Tom Kabinet案为研究对象》,载《出版发行研究》2021年第1期;丁婧文:《论数字作品转售不适用首次销售原则》,载《学术研究》2021年第4期。

④ 参见陈全真:《数字作品发行权用尽的解释立场及制度协调》,载《出版发行研究》2021年第9期。

⑤ 参见何炼红、邓欣欣:《数字作品转售行为的著作权法规制——兼论数字发行权有限用尽原则的确立》,载《法商研究》2014年第5期。

⑥ 参见初萌:《论发行权用尽原则在网络领域的适用》,载易继明主编:《私法》第16辑第2卷,华中科技大学出版社2019年版,第249~250页;崔波、赵忠楠:《数字环境下作品首次销售原则的改良适用研究》,载《陕西师范大学学报(哲学社会科学版)》2021年第1期。

是创设信息网络传播权有限用尽原则来代替网络环境下的发行权穷竭,[①]还有学者提出在具体适用时应当用版权穷竭的判断标准来代替具体的规则;[②]但最新的判例却指出,未经著作权人许可转售电子书的行为属于向公众传播行为,不受发行权控制,因而不适用发行权用尽原则。[③] 同时,区块链技术的发展通过解决数字作品转售过程中数字作品复制件所有权的证明问题和加强著作权人对数字作品复制件的控制对此提出了有力的挑战。[④] 版权穷竭原则在网络环境下是否适用、如何适用和数字作品传播行为的定性等问题,在理论阐述、相关立法和司法判例中均未形成有力的共识,尚待进一步研究。

三是二手商品市场的蓬勃发展带来了知识产权权利穷竭原则在适用上的纠结。所谓"二手商品"只是一个笼统的称呼,泛指用过的商品,默认其已经经过一次完整的商品流通过程。在首次流通过程中,即使通说认为商品中所蕴含的相应知识产权已经穷竭,但亦不乏反对意见。[⑤] 当二手商品再次投入流通时,是否可以以及如何适用权利穷竭原则存在多个复杂的面向,需要结合实践展开细致的理论分析。比如,鉴于主要类型的知识产权本身即存在重大区别,至少可以将之区分为二手版权作品、二手专利产品和二手商标产品的权利穷竭原则适用问题。还可以将之区分为"简单"形式的回收利用和复杂形式的回收利用,[⑥]或者是商品状况没有发生改变和发生了改变的再销售。特别是对于商品状况发生了改变的商品再销售,在商标权利是否用尽、什么商标权利用尽和什么时候用尽等问题上都存在不同甚至对立的论说,[⑦]其中还包括旧货翻

---

① 参见黄玉烨、何蓉:《数字环境下首次销售原则的适用困境与出路》,载《浙江大学学报(人文社会科学版)》2018 年第 6 期。

② 参见赵加兵:《论版权权利穷竭原则在数字环境中的适用及其考量因素》,载《郑州大学学报(哲学社会科学版)》2021 年第 1 期。

③ See Nederlands Uitgeversverbond and Groep Algemene Uitgevers v. Tom Kabinet Internet BV, Tom Kabinet Holding BV and Tom Kabinet Uitgeverij BV, Case C-263/18, ECLI:EU:C:2019:1111.

④ 参见郭雅菲:《基于区块链的数字作品发行权用尽研究》,载《上海法学研究》2020 年第 5 卷。

⑤ 参见张永艾:《商标权穷竭原则质疑》,载《政法论丛》2004 年第 1 期;李亮:《在商标领域,是通行权利穷竭还是权利限制?》,载《法治研究》2008 年第 1 期。

⑥ 参见李强:《"简单"回收利用中的知识产权权利穷竭原则适用研究——基于实证的分析》,肖永平主编:《珞珈法学论坛》第 13 卷,武汉大学出版社 2014 年版,第 152~153 页。

⑦ 参见史凡凡:《商标权权利用尽与激活——从商标侵权角度对闲鱼等网络平台二手商品转售行为的分析》,载《中华商标》2020 年第 Z1 期;魏丽丽:《商品状况改变后再销售中商标权用尽规则的适用问题研究》,载《中州学刊》2021 年第 2 期。

新的商品销售引起的若干商标侵权问题。① 还有专利产品的修理和再造,在如何区分专利产品的修理和再造、如何完善专利权穷竭原则的立法,以及在不同的情形下如何适用该原则都有一些有益的探讨。②

四是数字图书馆的迅速发展也促使图书馆学界开始关注版权穷竭原则。版权穷竭原则在数字图书馆的适用是其在网络环境下的延伸,是在附加了数字图书馆的公益性权重之后的进一步考量。国际图书馆协会主张在世界范围内实行首次销售原则。③ 尽管版权穷竭原则在数字图书馆的适用在法理法律、运行机制或技术措施上存在诸多障碍或困难,但也有其必要性、可行性或正当性、合理性。④ 为了在网络环境下继续发挥图书馆在人类文化传承中的重要作用,有必要肯认版权穷竭原则在数字图书馆中的适用,但需要进行相应的改造或加入更多的考量因素。⑤ 比如,数字图书馆的公益性、数字借阅行为的定性、版权协议的约束和转发—删除技术的应用等。此外,对于电子图书的传播或转售是否可以以及如何适用权利穷竭原则也直接关系到该原则在数字图书馆中的适用。⑥

---

① 参见祝建军:《"旧手机翻新行为"的商标法定性——iPhone苹果商标案引发的思考》,载《知识产权》2012年第7期;袁博:《论"旧物翻新"的商标侵权实质与刑事责任延伸》,载《科技与法律》2013年第2期。

② 参见胡开忠:《专利产品的修理、再造与专利侵权的认定——从再生墨盒案谈起》,载《法学》2006年第12期;石必胜:《专利权用尽视角下专利产品修理与再造的区分》,载《知识产权》2013年第6期;杨源哲、杨振洪:《商品状况改变后的权利穷竭问题研究》,载《知识产权》2014年第1期。

③ 参见徐轩、孙益武:《论国际图联关于图书馆版权限制与例外的立场及其启示》,载《图书馆论坛》2014年第12期。

④ 参见魏玮:《论首次销售原则在数字版权作品转售中的适用》,载《知识产权》2014年第6期;翟建雄、邓茜:《电子图书与电子借阅权——数字和网络时代"首次销售原则"的困惑与出路》,载《法律文献信息与研究》2014年第74期;卢纯昕:《论网络环境中首次销售原则的扩大适用》,载《电子知识产权》2015年第3期;蔡晓东:《电子借阅与首次销售原则》,载《图书馆》2015年第6期;马驰升:《数字环境下首次销售原则适用的困境与突破》,载《知识产权》2016年第3期;华劼:《数字网络环境下版权权利穷竭原则延伸性研究》,载《江海学刊》2017年第1期;秦珂:《首次销售原则在我国图书馆传播与利用数字作品中的延伸性适用探讨》,载《图书情报工作》2018年第16期。

⑤ 参见卢纯昕:《论网络环境中首次销售原则的扩大适用》,载《电子知识产权》2015年第3期;马驰升:《数字环境下首次销售原则适用的困境与突破》,载《知识产权》2016年第3期;马玲:《图书馆应对网络环境中权利穷竭原则限制的策略》,载《图书馆学刊》2017年第11期;秦珂:《首次销售原则在我国图书馆传播与利用数字作品中的延伸性适用探讨》,载《图书情报工作》2018年第16期。

⑥ 参见蔡晓东:《电子借阅与首次销售原则》,载《图书馆》2015年第6期;陶乾:《电子书转售的合法性分析》,载《法学杂志》2015年第7期;郑成青、高金强:《电子书版权保护的欧美经验——兼论我国电子书版权保护体系的构建》,载《知识产权》2017年第12期;杜桂华:《电子书传播与权利穷竭原则的重构》,载《河南图书馆学刊》2018年第7期。

类型化视域下二次创作短视频版权定性及治理探究

卢　鑫[*]　刘淑均[**]

内容提要：“互联网+”变革了视听作品的创作方式和传播途径，短视频市场从“滩涂”进入“蓝海”，由此引发的法律矛盾日渐尖锐。当前，如何判断短视频中以不同形式使用他人作品的合法性成为重要话题。经梳理，合理使用规则是界定上述二次创作短视频侵权与否的标尺。据此，从类型化视域出发，采用“四要素标准”对二次创作短视频进行合理使用探究，厘清了合理使用的辐射范围，形成了版权定性的基础性结论。为破解二次创作短视频版权治理困境：首先，司法应以利益平衡原则为导向，确立合理使用标准，以引导产业良性发展；其次，引入平台过滤义务，强化平台“守门人”角色；最后，采用知识共享协议优化授权许可模式，从而实现各方利益平衡。

关键词：二次创作短视频；合理使用；四要素标准；过滤义务

一、问题的提出

截至2021年6月，短视频应用的网民使用率达到87.8%，用户规模从2020年12月的8.73亿人上涨至9.44亿人，短视频已经成为互联网的底层应用。[①] 在短视频产业井喷式发展的过程中，版权争议始终如影随形。早期的版权争议聚焦于短视频客体本身

---

* 北京通商(杭州)律师事务所律师。

** 杭州仲裁委员会仲裁秘书。

① 参见《第48次中国互联网络发展状况统计报告》，载中国互联网络信息中心2021年9月15日，http://www.cnnic.cn/n4/2022/0401/c88-1132.html。

的可版权性问题,司法实践对短视频可版权性持肯定态度①及2020年修正的《著作权法》以"视听作品"概念统摄相关作品后,业界已普遍认可短视频具备可版权性。在客体可版权争议尘埃落定后,版权争议则转向了行为认定,主要集中于短视频侵权认定问题。

依据短视频的产生基础,即是否利用他人具有《中华人民共和国著作权法》(以下简称《著作权法》)意义上的作品制作产生,可以将短视频分为原创短视频和二次创作短视频②两大类。根据《2021年中国短视频版权保护白皮书》的内容③,目前短视频侵权认定难点聚焦于二次创作短视频。此前,腾讯视频的热播剧《扫黑风暴》被抖音未经授权搬运剪切一事,再次将短视频行业中的二次创作推向了风口浪尖。实际上,二次创作短视频侵权认定争议背后凸显的是短视频市场与原作品市场之间的利益分配分歧。据此,本文将聚焦二次创作短视频的侵权判定与治理问题,以立于"潮头"发"先声",为妥善实现短视频市场与原作品市场之间的利益平衡,为促进短视频产业蓬勃发展尽绵薄之力。

二、二次创作短视频类型化及版权定性现状

二次创作短视频的形式多样,应采用场景思维对其进行分类探讨。目前,业界对于二次创作短视频分类莫衷一是,本文采用《2021年中国短视频版权保护白皮书》的分类标准,根据二次创作短视频的剪辑形式和制作主题进行梳理,将二次创作短视频分为片段类、混剪类、解说评论类、模仿类、反应类。

(一)片段类

片段类短视频是指将原视频剪切成内容不变而时长有别的短视频。此种短视频已经受到了行政监管的全面禁止和打击,例如国家版权局、工业和信息化部、公安部、国家互联网信息办公室四部门启动的"剑网2018"专项行动④,将擅自对他人作品进行删减拼接的行为作为重点整治内容之一。在司法实践中,法院也倾向于认为片段类短视频构成版权侵权(见表1)。

---

① 北京互联网法院民事判决书,(2018)京0491民初1号;北京市海淀区人民法院民事判决书,(2017)京0108民初51249号;杭州互联网法院民事判决书,(2020)浙0192民初8001号。

② 二次创作短视频区别于完全原创的短视频类型,它是以在先发表的电影、电视、图片、音乐等为素材,用户通过重新剪辑、重组、配音等方式最后制作完成的作品。

③ 参见《2021年中国短视频版权保护白皮书》,载微信公众号"12426版权监测中心"2021年5月18日,https://mp.weixin.qq.com/s/OaQ8E4QkUB9ALa3rrOfvLQ。

④ 参见《国家版权局等四部门启动"剑网2018"专项行动》,载国家版权局网2018年7月16日,http://www.ncac.gov.cn/chinacopyright/contents/12386/350274.shtml。

表1　司法实践中“片段类”短视频侵权认定的代表性案例

案名	法院	案号	剪辑视频类型	侵权认定
央视国际网络有限公司与暴风集团股份有限公司侵害著作权纠纷案	北京知识产权法院	(2015)京知民终字第1055号	体育赛事视频	构成侵权
华数传媒网络有限公司与北京爱奇艺科技有限公司侵害作品信息网络传播权纠纷案	北京知识产权法院	(2018)京73民终1941号	影视作品	构成侵权
湖南快乐阳光互动娱乐传媒有限公司与北京家视天下科技有限公司侵害作品信息网络传播权纠纷案	北京互联网法院	(2019)京0491民初39647号	综艺节目	构成侵权
腾讯科技(成都)有限公司、深圳市腾讯计算机系统有限公司侵害计算机软件著作权纠纷案	广州知识产权法院	(2018)粤73民初2858号之一	游戏直播视频	构成侵权
浙江广播电视集团与北京搜狐互联网信息服务有限公司侵害作品信息网络传播权纠纷案	杭州互联网法院	(2020)浙0192民初6730号	综艺节目	构成侵权
镇江小燕子文化传媒有限公司、丹阳市广播电视集团侵害作品信息网络传播权纠纷案	江苏省镇江市中级人民法院	(2021)苏11民终2198号	MV短片	构成侵权

综上所述，业界对于片段类短视频的二次创作性质已达成共识，认为其未经授权，属于侵权行为。实际上，“片段类”短视频不属于严格意义上的二次创作，更倾向于传统的盗版行为。正如在“扫黑风暴”案中，北京知识产权法院认为：“放任短视频任意使用原创作品进行简单剪辑并通过平台大范围传播，损害了原创作者的合法权利，长此以往，依赖原创作品进行二次创作的短视频、自媒体产品及相关网络传播平台也会成为无源之水、无本之木，最终影响社会文化产品供给，使广大公众的精神文化生活受到影响。”①

（二）混剪类

混剪类短视频是由一部或多部原视频的片段或画面剪辑组成，有特定的主题或思

① 北京知识产权法院民事裁定书，(2021)京73民初1016号。

想,通常伴有文案、背景音乐或配音等元素的短视频。混剪类短视频的出现源于粉丝文化,其最早可以追溯至1975年电视剧《星际迷航》同人展会上诞生的《双面而今》。随着传播技术的发展,这类短视频的分享方式由私人场合相互拷贝转变为互联网平台的大范围传播,并在视频网站形成了一定的规模,具有极高的播放量。例如,由UP主"烟季"混合了《进击的巨人》《龙珠》等多部作品剪辑后上传在哔哩哔哩(bilibili)上的短视频作品《前方高能! 让世界感受这场视觉盛宴吧!》播放量高达3361万。

当前,业界对于混剪类短视频中二次创作行为的版权定性尚存争议。部分学者认为该类短视频可以落入合理使用范围,不构成侵权,例如,杨吉认为非盈利、专业化、多元化价值表达的短视频可以落入合理使用范围①;部分学者则认为该类短视频无法落入合理使用范围,构成侵权,例如,李蔷认为无论是同一视频提炼还是多视频拼接,混剪类都是以他人视频为素材的表现形式,植根于互联网时代传播经济的短视频无论视频传播本身是否具有商业目的都可能对已发表视频的市场产生影响,无法落入合理使用范围②。

(三)解说评论类

解说评论类短视频表现为对影视作品、体育及游戏赛事视频等进行剪辑,截取片段后加入解说的形式,在短时间内概括原视频的主要内容,达到解读、分析的目的,观众则能迅速获得原视频的梗概、槽点以及亮点。

目前,业界对于此类二次创作的性质存在较大争议。以解说评论类短视频中典型的影评类短视频为例,部分观点认为未经原视频授权即构成版权侵权,例如,董天策、邵铄岚认为,此类二次创作对原影视作品的后续放映和售卖造成了较大负面影响,属于侵权③;部分观点则认为虽然未经原视频授权,但构成合理使用,不属于版权侵权,例如,袁锋认为此类二次创作更多的是表达其对原视频的批判和评论,这是其主要目的和功能,而且与原视频之间不具有竞争替代关系,因而属于合理使用,不构成版权侵权④。

---

① 参见张玲玲、杨吉:《混剪短视频著作权侵权困境与破解策略浅析》,载《中国发明与专利》2018年第12期。

② 参见李蔷:《合理使用视阈下的互联网混剪视频保护困境及出路》,载《西南政法大学学报》2019年第5期。

③ 参见董天策、邵铄岚:《关于平衡保护二次创作和著作权的思考——从电影解说短视频博主谷阿莫被告侵权案谈起》,载《出版发行研究》2018年第10期。

④ 参见袁锋:《网络影评类短视频合理使用问题研究——以转换性使用为视角》,载《中国版权》2019年第3期。

（四）模仿类

模仿类短视频是指利用技术、表演等方式对原视频进行模仿创作的短视频。模仿类短视频根据模仿客体的不同,可以分为模仿人物类短视频和模仿作品类短视频。模仿人物类短视频是指通过模仿包括自然人和虚拟角色的外观形象、声音、动作等人物特征制作的短视频;模仿作品类短视频则指的是通过模仿原视频包括脚本、文案、配音、流程等内容元素,打造出与原视频相似的短视频。

目前,业界对于模仿类短视频中二次创作行为的版权定性形成了两种观点。一种观点认为,模仿类短视频只要符合三步检验法或四要素判断法即可落入合理使用的范围,不构成侵权,例如,孟奇勋认为,模仿类短视频属于其他再现型行为,符合三步检验法的情形下,可以纳入合理使用范围①;另一种观点则认为,模仿类短视频不适合纳入合理使用制度,构成侵权,例如,李蔷认为,从公平角度出发,如果没有其他作品已有内容的呈现,模仿类视频难以产生,故模仿类短视频不应当纳入合理使用制度②。

（五）反应类

反应类短视频是创作者将自己看原视频时作出的声音表达、面部表情、肢体动作等实时反馈进行录制并剪辑创作产生的短视频。目前,反应类短视频已深入内容创作与消费的核心地带,综艺节目、影视剧均试图借助反应类短视视频作宣发推广,例如,爱奇艺的"随刻追青计划"、腾讯视频的"创造营闯关计划"征稿大赛等,都在鼓励衍生反应类短视频创作。反应类短视频的创作形式已引起一定关注。例如在朱金媒体案③中,美国加利福尼亚州中央区法院认为,反应类视频即使整段引用原视频,但反应部分具有高度转化性时,可以构成合理使用。④

（六）小结

业经上述,在类型化视域下对二次创作短视频版权定性现状进行梳理后,不难发现,当前存在版权侵权争议的二次创作短视频类型为混剪类、解说评论类、模仿类、反应类,上述二次创作短视频版权定性争议焦点均聚焦于使用行为是否构成合理使用(见表2)。

---

① 参见孟奇勋、李晓钰:《网络混剪视频著作权转换性使用规则研究》,载《山东科技大学学报(社会科学版)》2019 年第 2 期。

② 参见李蔷:《合理使用视阈下的互联网混剪视频保护困境及出路》,载《西南政法大学学报》2019 年第 5 期。

③ Equals Three, LLC v. Jukin Media, Inc., 139 F. Supp. 3d 1094 (C. D. Cal. 2015).

④ 参见刘晓春、李鸣宇:《短视频版权保护中的合理使用分析——美国判例的启发》,载《中国对外贸易》2021 年第 9 期。

表2　类型化视域下二次创作短视频版权定性现状

<table>
<tr><th>类型</th><th>版权定性现状</th><th>争议焦点</th></tr>
<tr><td>片段类</td><td>属于侵权行为</td><td>—</td></tr>
<tr><td>混剪类</td><td rowspan="4">存在侵权争议,形成了侵权与不侵权的对立意见</td><td rowspan="4">使用行为是否构成合理使用</td></tr>
<tr><td>解说评论类</td></tr>
<tr><td>模仿类</td></tr>
<tr><td>反应类</td></tr>
</table>

三、二次创作短视频合理使用分析

当前,各方对短视频二次创作是否构成合理使用缺乏共识,由此加剧了短视频版权纠纷的复杂性,这也是短视频版权纠纷的症结所在。[①] 二创作者往往主张其行为构成合理使用,而原视频版权人则认为不存在合理使用适用空间,甚至将“二创视频”称为软盗版。由此可见,短视频二次创作行为定性的关键就在于精准划定合理使用的边界。

(一)确定合理使用判断标准

目前,针对合理使用的判断标准在业界还存在分歧,主要有以下三种观点:基于我国《著作权法》第三次修改前形成的“封闭式标准”,即严格按照《著作权法》2020年修正前封闭式列举的12种合理使用类型进行判断;国际公约视域下主要根据《保护文学和艺术作品伯尔尼公约》(Berne Convention for the Protection of Literary and Artistic Works)而来的“三步检验法”;以及美国版权法视域下的“四要素标准”。

就“封闭式标准”而言,在互联网技术高度发达的当下,在司法实践中,已有较多突破封闭式规定的判例[②],并且2020年修正的《著作权法》已经增加了合理使用具体情形的兜底性规定,以应对新兴事物的发展。据此,针对短视频二次创作这一互联网时代下的新行为,倘若坚持规则主义,严格按照现行法律规定作为判断标准,显然不合时宜。

就“三步检验法”而言,其适用条件过于苛刻,只要使用者稍微不注意,就会被认定

① 参见陈绍玲:《短视频版权纠纷解决的制度困境及突破》,载《知识产权》2021年第9期。

② 北京知识产权法院民事判决书,(2016)京73民终143号;武汉市中级人民法院民事判决书,(2010)武知初字第159号;浙江省高级人民法院民事判决书,(2009)浙知终字第112号;广州知识产权法院民事判决书,(2017)粤73民终85号。

为影响著作权人对作品的正常使用,或者对著作权人利益造成损害,且"三步检验法"在规范性质上属于衡量各成员对于"版权的限制与例外"规定是否符合国际条约要求的检验标准,而非用于认定具体个案是否构成合理使用的裁判标准。①

相较于"三步检验法",业界普遍认为"四要素标准"更加具体和量化,并且这一标准被较多法域所采用,对世界大量国家和地区的合理使用立法产生了相当大的影响。②我国最高人民法院也曾出台相应文件明确可以参照"四要素标准"来判断某行为是否属于合理使用③,且从司法实践来看,采用"四要素标准"判断短视频二次创作是否属于合理使用已显成效。

综上所述,本文认为在2020年修正的《著作权法》背景下,运用"四要素标准"来探讨短视频二次创作是否构成合理使用恰如其分。

(二)"四要素标准"的适用分析

1."四要素标准"的适用规则

四要素标准是指,判断某行为是否构成合理使用时应考虑下列四个因素:(1)行为人使用作品的目的和性质;(2)该作品本身的性质;(3)被使用部分的数量和质量与整个作品相比所占的比例;(4)使用行为是否影响了作品潜在市场或价值。实证研究表明④,在四个判定要素里,占据核心决定地位的是第一要素"使用的目的和性质"和第四要素"使用行为是否影响了作品潜在市场或价值",第二要素"作品本身的性质"和第三要素"被使用部分的数量和质量与整个作品相比较所占的比例"则只是参考要素,没有太明显的作用。正如袁锋所言:"在新技术环境的背景下,合理使用要素中的'作品性质'和'使用作品的数量和质量'逐渐被认为是合理使用判断的次要因子。"⑤

具体而言,第二要素是根据原作品的创作程度来对合理使用空间进行评价。一般认为,作品独创性越高,被保护的标准越严格,使用该作品被视为"合理使用"的难度就越大,即原作品的创作程度与合理使用空间构成"负相关"。例如,虚构作品(小说和艺

---

① 参见焦和平:《网络游戏在线直播的著作权合理使用研究》,载《法律科学(西北政法大学学报)》2019年第5期。

② 参见岑超亚:《网络游戏直播画面的著作权问题研究》,甘肃政法学院2019年硕士学位论文。

③ 《最高人民法院关于充分发挥知识产权审判职能作用推动社会主义文化大发展大繁荣促进经济自主协调发展若干问题的意见》(法发〔2011〕第18号),第8条。

④ Clark D. Asay, Arielle Sloan & Dean Sobczak, Is Transformative Use Eating the World ?, 61 Boston College Law Review, 2020, p. 905.

⑤ 袁锋:《网络影评类短视频合理使用问题研究——以转换性使用为视角》,载《中国版权》2019年第3期。

术类)合理使用的范围比事实作品(纪实类)小,因为虚构作品(小说和艺术类)比事实作品(纪实类)的独创性高。实际上,原作品受著作权法保护程度的高低对判断合理使用帮助并不大,因为,只要原作品确实落入"法律保护的范围",即具备合理使用空间,本文对此不再赘述。

第三要素"被使用部分的数量和质量与整个作品相比所占的比例",则要求对使用行为进行定量分析和定性分析,即使用部分在原作品中的数量占比和实质性占比越大,构成合理使用的可能性越小。迄今,这一要素的作用已被逐渐弱化,譬如在朱金媒体案中,美国加利福尼亚州中央区法院认为:被告创作的视频中,虽然整段引用原视频,但是被告具有独创性的解说评论是立足于原视频的,并且被告还会对原视频再次加工后进行呈现,所以不能认定为过度引用。此外,针对二次创作短视频而言,其时长也决定了界定引用的"量"和"质"的困难性。因此,第三要素对于二次创作短视频的合理使用判断并不具有可操作性。

综上,针对二次创作短视频在"四要素标准"下的具体分析,结合各要素在判断合理使用时的比重及二次创作短视频的特征,本文将视野聚焦于第一要素和第四要素。

2. 第一要素、第四要素的判断标准

一般来说,是否具有营利性的商业目的是判断使用目的和性质的判断标准。① 据此,部分观点认为短视频二次创作具有营利性的商业目的,无法成立合理使用,但实际上,司法实践中已倾向于承认营利性商业目的的使用行为也可构成合理使用。例如,最高人民法院曾表示"合理的方式和范围"可理解为带有营利性商业目的的也可能构成合理使用②。再如,"葫芦娃""黑猫警长"美术作品著作权侵权纠纷案③中,法院亦认可带有营利性商业目的也能够被确认为合理使用。据此,二次创作短视频不能单凭是否营利来判断使用目的和性质,而应侧重于判断其目的和性质是否构成"转化性使用",即二次创作对原视频的引用是为了展示原视频本身的美感表达,还是基于产生新的功能与效果的考虑。同时,短视频二次创作是否构成"转化性使用",不能采用"全有或者全无"的笼统结论,而应结合短视频二次创作的类型来分别探讨。实际上,此种观点在司法实践中已有所体现,例如,南京知识产权法庭法官臧文刚便认为应当围绕短视频的

---

① 参见吴汉东:《美国著作权法中合理使用的"合理性"判断标准》,载《外国法译评》1997年第3期。

② 最高人民法院关于山东省高级人民法院《关于山东天笠广告有限责任公司与青岛海信通信有限公司侵犯著作权纠纷一案的请示报告》的复函。

③ 上海知识产权法院民事判决书,(2015)沪知民终字第730号。

类型分类讨论是否符合“转化性使用”①。

二次创作行为对原视频潜在市场或价值的影响则为判断短视频与原视频之间的市场关系。正如袁锋所言，短视频和它所使用的作品之间相互替代性越强，就越有可能将其视为侵权。不同类型的二次创作短视频对原视频的市场影响也不尽相同②。据此，同“使用的目的和性质”要素探讨的路径一致，对原视频潜在市场或价值的影响要素的分析也应当采用类型化视域。

（三）类型化视域下第一要素、第四要素的具体分析

1. 解说评论类

（1）使用的目的和性质

笔者认为，解说评论类短视频是否构成“转化性使用”不能一概而论，而应从使用模式出发，按照二次创作是聚焦于快速介绍、评论原视频内容还是阐述自身对原视频表达形式背后的“价值观”或“技术观”的理解进行区分。

以解说评论类短视频中典型的影评类短视频为例，其形式可以分为“X 分钟看 XX”模式及“视频论文”（Video Essay）模式，“X 分钟看 XX”模式聚焦于快速介绍评论原视频内容，例如，在抖音平台拥有 6000 万粉丝的 UP 主“毒舌电影”创作的短视频便是此种模式的典型代表。而“视频论文”模式则聚焦于原视频的艺术、人文等属性，从摄影、剪辑、美术、声音等门类对原视频进行深度剖析，相对于“X 分钟看 XX”模式，在观感上较为严肃，其受众具有一定局限性，例如，哔哩哔哩 UP 主“好厨艺小侯”对蝙蝠侠电影的构图寓意进行了解析，引起了广泛关注。

针对“X 分钟看 XX”模式，虽然其有一定的独创性，但仍聚焦于原视频内容本身，中国青年报社社会调查中心的调研结果显示，其吸引观众的原因在于融入了解读分析，有助于更好理解原视频剧情，因此，无法构成“转化性使用”。

针对“视频论文”模式，其并非原视频价值或美感的单纯再现，而是采用“论文式”的研究对原视频进行深挖，阐述自身对原视频表达形式背后的“价值观”或“技术观”的理解，由此引发公众更多的关注和思考。实际上，此模式仅是借助原视频的外壳进行自由表达，属于典型的“转化性使用”。

（2）使用行为对作品潜在市场或价值的影响

解说评论类短视频中使用行为对作品潜在市场或价值的影响同样应当以使用模

---

① 参见臧文刚：《二次创作短视频版权纠纷探讨》，载微信公众号“知产财经”2021 年 11 月 18 日，https://mp.weixin.qq.com/s/nv7kQ5KsZTijrc-pEMk71Q。

② 参见袁锋：《网络影评类短视频合理使用问题研究——以转换性使用为视角》，载《中国版权》2019 年第 3 期。

式为标准,即按照二次创作是聚焦于快速介绍评论原视频内容还是阐述自身对原视频表达形式背后的“价值观”或“技术观”的理解进行区分。

以解说评论类短视频中典型的影评类短视频为例,针对聚焦于快速介绍评论原视频内容的“X分钟看XX”模式,观众在看完此类短视频后,往往不再需要通过合法途径观看原视频,此模式下的二次创作之于原视频产生了市场替代效果,极可能导致原视频的受众面减少,削弱了原视频潜在市场或价值;而针对阐述自身对原视频表达形式背后的“价值观”或“技术观”的理解的“视频论文”模式,与原视频则为互补关系,此模式下的二次创作于原视频而言反而是良性互动宣发方式,能够吸引大量观众去观看原视频,增强了原视频潜在市场或价值。

2. 混剪类

(1)使用的目的和性质

混剪类短视频往往并不注重讲述某个故事,而是更偏爱挑动观众的情感,致力于“在观众思想中不断产生割裂效果,使观众在理性上失去平衡”①。从表现形式上看,混剪短视频往往具有高度建构性,作者使用一切元素都是为了传达自身想要表达的特定主题或思想。据此,混剪类短视频与引用的原视频有本质区别,其产生了新的功能和效果,构成“转化性使用”。

(2)使用行为对作品潜在市场或价值的影响

一般而言,混剪类短视频对原视频的呈现内容少,替代性程度低,反而能够在一定程度上引发观众观看正片的兴趣,增强原视频潜在市场或价值。然而,若混剪使用的素材为原视频精华部分,则会导致原视频大量核心画面泄露,不可避免地降低原视频的市场需求量,对原视频潜在市场或价值产生消极影响。

3. 模仿类

(1)使用的目的和性质

毋庸置疑,模仿类短视频并非直接引用原视频的元素,但这并不意味着模仿类短视频势必产生新的功能和效果。如前文所述,以模仿客体为标准,模仿类短视频可以分为模仿人物类短视频、模仿作品类短视频。

模仿人物类短视频具备模仿秀的特点,通常模仿原视频中相关角色的装扮、语言、动作等,从而达到喜感效果、无差别效果或明显差异化效果。显然,模仿人物类短视频不仅具有惟妙惟肖、难辨真假的特点,同时具有突出自身个性,表达自我的功能,丰富了社会的知识宝库,符合“转化性使用”的特征。

---

① 参见[法]马赛尔·马尔丹:《电影语言》,何振淦译,中国电视出版社1992年版,第108页。

模仿作品类短视频通常模仿原视频的绝大部分表现形式,以相似的思维模式,制作与原视频在场景、音乐、脚本、画面流程等多因素实质性相似的短视频,其行为类似于“洗稿”。本文认为,模仿作品类短视频与原视频具有较高的“同质性”,其“卖点”在于复制原视频的表达美感,难以产生新的功能与效果,属于“躺在原视频上的寄生虫”,不应当认为其构成“转化性使用”。

(2)使用行为对作品潜在市场或价值的影响

模仿人物类短视频具备“模仿秀”特征,其与原视频之间相互替代性弱,对原视频的市场或价值影响微乎其微,本文对此不再展开讨论。模仿作品类短视频则与原视频具备“同质性”,本质上属于“洗稿”性质的“搭便车”行为,在一定程度上会分流原视频受众,同时,此类短视频会反向影响原视频在公众中的形象,无形中对原视频潜在市场或价值造成损害。

4. 反应类

(1)使用的目的和性质

反应类短视频广受欢迎的深层次原因在于它具备“互动仪式链”,反应主体所做出的各种情绪反应具有一定的感染力,能够用自己的情绪来调动受众的情绪,让受众与之产生情感共鸣。虽然从反应类短视频的“圈粉逻辑”来看,其满足“转化性使用”的特征,但需要注意的是,原视频内容天然地为反应类短视频进行了一次“群体过滤”,确保点击观看反应类短视频的受众中大多数具有类似的兴趣点。据此,本文认为,不能笼统地认为反应类短视频构成“转化性使用”,而应以其是否侧重“反应”的体现为标准,将其分为弱反应类短视频和强反应类短视频分别探讨。

弱反应类短视频侧重于原视频内容的体现,反应并不具有独特的个人风格,甚至仅是单纯地观看原视频内容,例如哔哩哔哩 UP 主“MOCA 初体验”采取原视频与反应动作同框的形式,制作出带有“画中画”特征的短视频,完整再现了综艺节目《舞蹈风暴 2》古典舞“问月”的表演画面。不难看出,弱反应类短视频仅是原视频的附庸,无疑是对原视频的分流,并不具有新的功能和效果,不属于“转化性使用”。

强反应类短视频则较少采用原视频与反应动作同框的形式,其重心并不在于原视频内容的呈现,而在于反应的体现。在强“反应类”短视频中,反应主体通过风趣的谈吐、夸张的表情、独到的点评等使受众产生情感共鸣,为受众带来深度的沉浸体验。显然,强反应类短视频追求一种真实的情感态度表达,以引起观众共鸣,此种表达同原视频内容有很大不同,属于“转化性使用”。

(2)使用行为对作品潜在市场或价值的影响

弱反应类短视频类似于解说评论类短视频中聚焦于快速介绍评论原视频内容的

模式,其同原视频属于竞争关系,削弱了原视频的潜在市场或价值;强反应类短视频则与原视频之间的相关替代性极弱,甚至能够“反哺”原视频,但强反应类短视频使用的基底素材若为原视频中的精华部分,则与混剪类短视频一致,不可避免地侵害了原视频的潜在市场或价值。

(四)小结

综上所述,本文采用“类型化视域+‘四要素’标准”对二次创作短视频是否构成合理使用进行探讨后,对于二次创作短视频版权定性得出以下结论(见表3)。

表3　二次创作短视频版权定性结论

类型	具体情形	使用的目的和性质	使用行为对作品潜在市场或价值的影响	是否构成合理使用	是否属于版权侵权
片段类	—			不构成	属于版权侵权
解说评论类	聚焦于快速介绍评论原视频内容	不构成“转化性使用”	削弱原视频潜在市场或价值	不构成	属于版权侵权
	阐述对原视频表达形式“价值观”或“技术观”理解	构成“转化性使用”	增强原视频潜在市场或价值	构成	不属于版权侵权
混剪类	未使用大量原视频核心画面	构成“转化性使用”	增强原视频潜在市场或价值	构成	不属于版权侵权
	使用大量原视频核心画面	构成“转化性使用”	削弱原视频潜在市场或价值	不构成	属于版权侵权
模仿类	模仿人物类	构成“转化性使用”	不影响	构成	不属于版权侵权
	模仿作品类	不构成“转化性使用”	削弱原视频潜在市场或价值	不构成	属于版权侵权
反应类	弱反应类	不构成“转化性使用”	削弱原视频潜在市场或价值	不构成	属于版权侵权
	强反应类且未使用大量原视频核心画面	构成“转化性使用”	增强原视频潜在市场或价值	构成	不属于版权侵权
	强反应类且使用原视频大量核心画面	构成“转化性使用”	削弱原视频潜在市场或价值	不构成	属于版权侵权

四、二次创作短视频版权治理的完善建议

(一)以利益平衡原则为导向,确立合理使用标准

实际上,二次创作短视频版权治理的核心在于实现利益平衡,既要保护著作权人合法权益,又要为新型创作模式留出适当的空间。进一步而言,二次创作短视频版权治理的关键在于化解"长短视频"之争。正如许春明所说:短视频产业现在所面临的版权问题,长视频产业早期同样遭遇过,时代变了,诉求变了,但是法律保护没有变,问题的关键在于如何平衡长视频著作权人与短视频制作者、传播者的利益。[①]

"著作权法的永恒困境是决定著作权人专有权的止境和公众获取作品自由的起点"[②],而"合理使用"制度则是权利人与公共利益之间的平衡点。在2020年修正的《著作权法》中,立法者已考虑到合理使用封闭式列举模式在新传播技术下的弊端,从而增加了兜底性规定,以应对新兴事物的发展。在此背景下,针对二次创作短视频版权治理,司法应以利益平衡原则为导向,引入"四要素标准"来精准划定二次创作短视频的合理使用边界,从而引导短视频产业良性发展。例如,针对主要的二次创作短视频类型,可考虑采用以下合理使用认定标准:(1)片段类短视频不存在合理使用空间;(2)解说评论类短视频应当区分使用模式,聚焦于快速介绍评论原视频内容的二次创作行为不构成合理使用,阐述自身对原视频表达形式背后的"价值观"或"技术观"理解的二次创作行为则构成合理使用;(3)混剪类短视频原则上构成合理使用,但作者使用了大量原视频精华部分作为基底素材,则不构成合理使用;(4)模仿类短视频应当区分模仿客体,模仿人物类短视频构成合理使用,模仿作品类短视频不构成合理使用;(5)反应类短视频应当区分是否侧重"反应"的体现,弱反应类短视频不构成合理使用,强反应类短视频原则上构成合理使用,但作者使用了大量原视频精华部分作为基底素材,则不构成合理使用。

(二)引入平台过滤义务,强化"守门人"角色

当前,基于短视频流量利益以及"通知—删除"规则的庇护,短视频平台在版权治理中态度暧昧。面对二次创作短视频的侵权基数大、侵权反复的现状,"通知—删除"规则在治理中已显得"捉襟见肘"。在此背景下,提高平台注意义务已成为短视频行业版权治理发展趋势。正如孔祥俊所说,在算法时代下,应当不断强化平台义务,适时调

---

① 参见许春明:《行业共治视角下短视频版权保护规则分析》,载《中国出版》2021年第17期。

② Neil Weinstock Netanel, Copyright and a Democratic Civil Society, 106 Yale Law Journal, 1996, p. 285.

整原来对于平台经营者过于宽松的具体过错、“红旗标准”“通知—删除”规则等的具体使用[①]。据此,本文认为,为保障短视频行业版权内容生态的良性发展,应当强化平台“守门人”角色。

时至今日,随着过滤技术的发达[②],平台方再高举“通知—删除”规则作为“免死金牌”已不合时宜。据此,为了防止“劣币驱逐良币”,促进短视频产业的良性发展,应当适当加重平台预先审核的法律义务。实际上,一些国家和地区已率先引入平台预先审核义务,例如,欧盟已通过《单一数字市场版权指令》,实质性确立了“在线内容分享平台需承担版权过滤义务”。需要注意的是,加重平台预先审核义务需要遵循比例原则、平衡原则,例如,本文提及的混剪类、反应类等二次创作短视频类型都存在合理使用空间,如果对平台课以过高的审核义务,设定过高的过滤标准,容易产生“一棒子打死”的后果,反而不利于短视频行业发展和公共利益保护。

目前,业界对于在立法中创设“过滤义务”存在较大争议,以崔国斌[③]为代表的观点支持在现有版权法律体系中引入平台强制性过滤机制,以万勇[④]为代表的观点则反对在法律中强制性要求平台实施过滤机制。本文建议现阶段可采取“监管先行”的做法,由监管部门发布规范性法律文件引入平台预先审核义务,以观后效。实际上,在针对平台版权治理中,此种“监管先行”的行政治理手段已有例可循,例如,针对早期的网盘服务市场版权侵权的严峻态势,国家版权局发布《关于规范网盘服务版权秩序的通知》[⑤],明确规定了网盘服务商预先审核的义务范畴,有效引导了网盘服务市场的良性发展。

(三)优化授权许可模式

正如熊琦所言:协商成本是数字时代大规模许可所面临的另一项难以克服的问题。如果互联网平台上“随手可取”的视频资源须逐一地进行事前协商并获得许可方能使用,网络技术带来的传播效率优势就无从发挥。[⑥] 实际上,先授权后使用的传统版

---

① 参见殷继:《算法时代,短视频平台的“避风港规则”不够用了》,载微信公众号“财经E法”2021年12月6日,https://mp.weixin.qq.com/s/iElPQjyWv30EV8cgpUJiBw。

② 业界已拥有关键词过滤、文件哈希值过滤、关键帧对比等过滤技术,例如YouTube已采用“Content ID”技术、腾讯视频已采用“视频基因对比技术”对视频进行事前的侵权过滤。

③ 参见崔国斌:《论网络服务商版权内容过滤义务》,载《中国法学》2017年第2期。

④ 参见万勇:《著作权法强制性过滤机制的中国选择》,载《法商研究》2021年第6期。

⑤ 《关于规范网盘服务版权秩序的通知》第2条:网盘服务商应当建立必要管理机制,运用有效技术措施,主动屏蔽、移除侵权作品,防止用户违法上传、存储并分享他人作品。

⑥ 参见熊琦:《“视频搬运”现象的著作权法应对》,载《知识产权》2021年第7期。

权许可模式已无法满足数字时代下海量的授权需求。针对短视频产业而言,版权逐一授权模式激化了原作品著作权人和二次创作者的利益冲突,导致两者之间形成“零和博弈”。在版权逐一授权模式下,二次创作者往往不知或者无法联系原作品著作权人,这使版权许可授权变得异常困难,创作者始终处于版权侵权的风险中,而原作品著作权人则难以广泛传播原作品,从而实现版权价值,获取许可利益。据此,为了实现短视频市场与原作品市场齐头并进,理应构建更合理的版权许可模式。

在“全民创作”时代下,笔者建议,引入知识共享协议(Creative Commons license,以下简称 CC 协议)模式来应对二次创作短视频的巨大授权需求及实现原作品价值的最大利用,从而消解原版权人与二次创作者之间的矛盾。CC 协议是一种创作授权方式,由知识共享组织拟定协议,著作权人在保留部分著作权的同时,可以选择将其他权利有条件地让渡到公共领域。这种协议通常有多种授权形式和条款组合以供选择,既保留了著作权人的某些权利,又满足了使用者利用作品进行二次创作的需求。实际上,CC 协议模式充分利用了意思自治,打破了逐一授权模式面临以短视频为代表的新创作和新传播的困局,将权利人与使用人之间“一对一”许可的双向表征弱化。不可否认的是,在知识共享许可模式中,若直接采用“权利人—公众”的形式,原版权人难以因许可他人使用作品而直接获得报酬,据此,还应进一步构建符合短视频市场规律的知识共享许可模式,让更多著作权人有意愿采取知识共享许可模式。

笔者认为,可以以平台统一管理的方式对作品进行知识共享授权许可,即著作权人可与视频分享平台签订版权许可协议,建立版权合作机制与实时信息共享和监管平台,著作权人允许平台上的注册用户在合理范围内对作品的使用,例如,许可制作影视混剪短视频。具体而言,短视频平台可以考虑采用区块链技术构建数字版权交易联盟链,将多个短视频平台、著作权集体管理组织、版权管理机构等作为节点纳入区块链网络,既实现信息互通,又便于进行监督和管理,发挥类似“数字作品集市”的功能,与广大有意愿采取知识共享许可模式的著作权人建立合作,以供用户免费下载使用。在此种模式下,CC 协议的可操作性更强,为二次创作者留足了空间,并且可以借助平台优势进行规范化的商业开发,既保障了著作权人的版权收益,又推动了平台经济持续发展,实现了各方利益平衡。目前,这一新型许可模式已在实践中崭露头角,例如,视频平台 YouTube 已经建立了一个采用知识共享许可模式的视频库,任何人都可以免费下载库内作品,并且根据授权类型,可以对作品进行修改或商业开发。①

---

① 参见《访 YouTube 建立采用知识共享许可模式的视频库》,载腾讯科技 2011 年 6 月 4 日,https://tech. qq. com/a/20110604/000036. htm。

五、结语

争议的白热化,大多是其中利益增值和分配分歧的结果,短视频版权纠纷看似是法律问题,实质上是权利人企业与短视频平台企业的商业模式和利益之争。毋庸置疑,技术发展带来的传播手段革新不应成为侵害版权人合法权益的温床,但版权保护并不等同于制造垄断寡头。因此,实践中面临二次创作短视频的侵权问题,不能粗暴地采用"一刀切"的方式进行机械化地判断,而应通过类型化视阈,围绕版权定性的"风暴眼"即合理使用规则进行精细化探讨,做到"分类施策、个案认定"。

如今,短视频行业发展如奔腾江河般势不可挡,呈现出"视频时长进一步细分""长短视频平台融合""短视频+新业态圈扩大"等发展特性,这势必会带来新的版权问题。"路未央,夜还长",为破解二次创作短视频版权治理困境,尚须公权力机关、平台、行业自治组织等多方共同努力,以实现原作品权利人的利益保护与短视频行业良性发展之间的平衡。

互联网平台企业拒绝交易行为的法律规制

喻张鹏[*]

内容提要:基于平台的商业模式及其公共性特征,其实施的拒绝交易行为具有异化的风险。然而,数字市场中禁止滥用市场支配制度的制度问题决定了平台拒绝交易行为很难被认定违法。此外,鉴于必需设施原则的局限性,采用该原则可能会引发更多的问题。因此,规制平台企业的拒绝交易行为需要在重塑平台法律主体地位的基础上引入事前监管工具。事前监管工具并非完全独立于反垄断法,其需要借助现有的理论与实践资源。事前监管工具的适用需要确定合理的主体标准,并在尊重市场经济的一般规律的基础上设定平台企业的开放义务。

关键词:平台经济;拒绝交易;必需设施原则;数字守门人;事前监管工具

一、背景与问题

在过去数十年中,互联网平台企业的兴起是全球范围内最重要的经济现象之一。随着平台日益成为主导性的经济力量,这一行业中存在的"克洛罗斯效应"①也成为众人关注的焦点。一方面,占据主导地位的互联网平台企业在数字市场上掀起了针对初创企业的并购浪潮;另一方面,数字市场中的排他性现象越发明显,互联网平台企业将海量的用户与数据作为私有财产,搭建起"围墙花园",拒绝向其他经营者提供服务,逐

---

* 上海交通大学凯原法学院博士研究生。本文为司法部法治建设与法学理论研究部级科研项目"数字经济背景下《反垄断法》理论与实践路径研究"(21SFB2024)的阶段性成果。

① "克洛罗斯效应"(Kronos effect)是美国学者吴修铭(Tim Wu)在其著作《总开关:信息帝国的兴衰》(The Master Switch: The Rise and Fall of Information Empires)中创造的一个术语,用以描述在创新性行业中建立先发优势的企业如何尽其所能保持其主导地位。

渐走向自我封闭。[①] 其中,受到最多关注的排他性行为就是互联网平台之间的“封禁行为”。在数字市场,互联网平台企业之间相互屏蔽与封禁已经成为一种常见的竞争现象。虽然监管部门对此类行为已采取了一些行动,如工业和信息化部于2021年9月13日通过召开行政指导会的方式要求部分互联网平台企业解除链接屏蔽,[②]但此工作后续并无进展,而且行政指导也并非正式的执法方式。如何从法律层面规制平台企业的“封禁行为”,仍是一个悬而未决的问题。

从定义来看,“封禁行为”并非法律术语,仅是人们对于这类现象直观的概括与形容。虽然涵射范围的模糊导致研究中对“封禁行为”有不同的理解,但实质上都是将其描述为平台企业拒绝交易相对人的交易请求。[③] 鉴于“封禁行为”本身存在模糊性以及被扩大解释的风险,本文使用“拒绝交易行为”作为替代并进一步展开分析。[④] 对于平台企业拒绝交易行为的法律规制,既有研究主要有两种思路。第一种思路依赖于现有的反垄断法律体系。这一类研究又可以进一步分为两类:一类是从禁止滥用市场支配地位制度中的“拒绝交易”展开[⑤];另一类则认为平台企业的拒绝交易行为可能构成自我优待[⑥]或差别待遇[⑦]。第二种思路则主张适度改造现有规则或引入新的制度。前者主张适度扩张反垄断法中的必需设施原则,降低其适用门槛。[⑧] 后者则主张引入针对平台的特殊义务。[⑨] 规制思路差异的根源在于对平台企业及其拒绝交易行为的认知不一。本文将梳理平台企业拒绝交易行为的发生逻辑,并以此为基础展开分析,进而探索更合理的规制方案。

---

① 参见钟祥铭、方兴东:《“围墙花园”破拆:互联网平台治理的一个关键问题》,载《现代出版》2021年第5期。

② 《工信部要求逐步解除屏蔽链接,互不相联或将成为历史》,载财新网,https://baijiahao.baidu.com/s?id=1710786168952627562&wfr=spider&for=pc,最后访问时间:2022年10月11日。

③ 金善明:《中国平台经济反垄断监管的挑战及其应对》,载《国际经济评论》2022年第3期。

④ 本文使用的“拒绝交易行为”这一概念主要是指向互联网平台企业拒绝与交易相对人进行交易的这一类事实,而非直接将其定性为反垄断法中的支配地位滥用行为。

⑤ 参见陈兵、赵青:《互联网平台封禁行为的反垄断法解读》,载《法治现代化研究》2020年第4期。

⑥ 参见周围:《规制平台封禁行为的反垄断法分析——基于自我优待的视角》,载《法学》2022年第7期。

⑦ 参见侯利阳、贺斯迈:《平台封禁行为的法律定性与解决路径》,载《财经法学》2022年第3期。

⑧ 参见殷继国:《互联网平台封禁行为的反垄断法规制》,载《现代法学》2021年第4期。

⑨ 参见郭传凯:《互联网平台企业封禁行为的反垄断规制路径》,载《法学论坛》2021年第4期;焦海涛:《平台互联互通义务及其实现》,载《探索与争鸣》2022年第3期。

二、平台拒绝交易行为法律规制的现实困境

(一)平台公共性异化与用户权益救济困境

1. 平台商业模式及其公共性特征

平台商业模式的本质是为两组或多组相互依赖且都依赖平台进行交易的客户群体提供产品和服务。① 平台并不直接创造价值,而是为用户匹配需求,促使他们进行连接。但是,平台并不能凭空运作,平台商业模式的运行需要一个载体,这个载体是平台的呈现形式,通常表现为一个产品,如搜索引擎、支付软件、即时通讯软件。这类产品代表着平台的核心利益,平台的价值会随核心产品的客户群体增长而增长。如谷歌凭借其搜索功能吸引访问量和浏览量,随着访问量和浏览量的提高,谷歌搜索结果页面中的广告位会更具价值,谷歌可以通过出售这些广告位实现盈利。平台的核心产品对于平台保持竞争优势至关重要。平台是典型的双边(多边)市场,平台所连接的两组或多组用户之间存在间接网络效应。平台一侧的用户增长,另一侧的用户数量也会增长,这种增长又会反过来促进先前那侧用户的增长。如果用户对平台核心产品的体验较好,平台规模可以在这种"鸡生蛋、蛋生鸡"的过程中实现快速增长。但是,如果用户对平台核心产品的使用体验下降,平台一侧的用户流失,完全相反的网络效应也会作用于平台,引发"雪崩式"的后果。此外,在平台扩张的过程中,规模庞大的用户群体会形成社群。良好的社群会提升平台用户成功匹配需求的可能性,进而增加平台的价值;混乱的社群则会降低用户的使用体验,进而降低平台的价值。在缺少平台自治的情况下,平台内的经营活动可能会出现极大的负外部性。平台的用户间往往存在利益冲突,在缺少规则制约的情况下,平台内的用户可能会通过不正当交易来实现追求自身利润最大化的目的。平台积聚了大量的用户资源,由于低转移成本和用户多属性的存在,平台对此类资源的掌握并不稳固,在平台内部缺乏有效治理机制的情形下,容易发生被"搭便车"的风险,平台的商业利益难以保障。

由此,平台经营者对平台内部的治理也就具备了基本的商业逻辑。但是,随着平台规模的扩大和商业模式的变化,平台从纯粹的商业空间逐渐转变为具备一定公共性的空间,平台治理也就具有了公共性色彩。特别是,由于平台企业具有绝对的信息优势和技术优势,监管部门希望通过强化平台企业主体责任的形式,使其充分发挥在平台内部生态治理中的作用,减轻自身的执法压力,传统意义上属于政府的监管权力在

---

① 参见[美]戴维·S. 埃文斯:《平台经济学:多边平台产业论文集》,周勤等译,经济科学出版社 2016 年版,第 531 页。

事实上被“外包”给了平台企业。[①] 在平台责任体系的安排下,平台在事实上承担着维护平台内市场秩序,保障用户权益的公共职能。[②] 在这种责任体系下,网络平台对平台内的网络信息内容负有审查义务。[③] 而且,网络平台不仅对信息内容具有事后审查义务,对于特殊类别的信息,网络平台还必须进行事前审查。[④] 同时,网络平台对违法信息负有处置义务与执法协助义务。在发现违法信息后,平台需要“立即停止传输该信息,采取消除等处置措施”。[⑤] 在具体的平台规则中,这类“处置措施”就体现为封禁账号或链接。

2. 平台公共性异化风险下用户权益的救济困境

在传统私法领域,交易义务属于契约自由的范畴。基于契约自由原则,行为人可以依自己的行为创设法律关系,通过法律赋予拘束力,行为人的意志就成为契约的权利和义务的渊源与发生的根据。[⑥] 但是,在互联网平台领域中,完全的契约自由与意思自治只是一种理想状态。[⑦] 在平台企业拒绝与交易相对方展开新交易的场合,由于缔约义务本质上属于先合同义务,平台与用户间的网络服务合同无法对其形成约束。而在互联网平台企业中断、拖延、停止与用户现有交易的场合,虽然有网络服务合同的约束,但其中的条款总是有利于平台一方,无法有效约束平台拒绝提供服务的行为。

平台的商业模式及其公共性特征决定了平台必须掌握平台规则的制定权。网络平台拥有海量用户,平台客观上不可能与每一个用户就网络服务合同的内容进行一对一的沟通。[⑧] 网络平台制定的“服务协议”“用户协议”“注册协议”等是只需用户点击“同意”即可成立的互联网服务格式合同,是用户进入平台的首道“关卡”。[⑨] 面对海量的格式条款,用户往往难以对条款进行逐一审查,一方面,是因为审查成本较高;另一方面,是因为格式条款本身包含了大量非执行性条款,即使其中存在不合理之处,但触

---

① 参见许可:《网络平台规制的双重逻辑及其反思》,载《网络信息法学研究》2018年第1期。

② 参见刘权:《网络平台的公共性及其实现——以电商平台的法律规制为视角》,载《法学研究》2020年第2期。

③ 参见《中华人民共和国网络安全法》第47条。

④ 参见《互联网跟帖评论服务管理规定》第5条。

⑤ 参见《互联网跟帖评论服务管理规定》第8条。

⑥ 参见冉克平:《强制缔约制度研究》,中国社会科学出版社2010年版,第29页。

⑦ 参见刘权:《网络平台的公共性及其实现——以电商平台的法律规制为视角》,载《法学研究》2020年第2期。

⑧ 参见邓鑫:《第三方电商平台自律管理规则的效力》,载《人民司法》2018年第32期。

⑨ 参见胡安琪、李明发:《网络平台用户协议中格式条款司法规制之实证研究》,载《北方法学》2019年第1期。

发这类条款的概率较低,对其进行审查的效益较低。[1] 同时,在各大网络平台的规则中,往往都包含“继续使用即同意”的条款,即在规则发生变化时,平台只需要公布规则而不需要征求用户同意,只要用户持续使用平台服务,就视为对该规则的同意。在平台规则的生成与变动过程中,用户仅能表示接受或拒绝,后者则以退出平台为代价,除此之外,用户并无与平台协商或“讨价还价”的余地。在苹果与《堡垒之夜》开发者“英配游戏”(Epic Games)的争端中,“英配游戏”不接受苹果的应用内支付提成,推出了自己的应用内支付系统。作为回应,苹果从应用商店中下架了《堡垒之夜》这款游戏。[2] 从这一案例可以看出,对于业已成型的平台规则,平台内的经营者或用户并无协商的空间。平台规则更多地体现了平台的单方面意志,而非基于平等协商形成的合意。[3]

此外,由于平台的拒绝交易行为在外观上遵循了基本的商业逻辑及其公共职能,用户的权益救济往往难以实现。平台依据平台规则所实施的大量行为具有“权力”色彩,甚至与公权力行为产生的效果无异。但受制于平台的私主体身份与平台规则的软法特征,用户在自身权益受到侵害时仅能以违约为由提起诉讼。在违约诉讼中,法院对平台行为的审查通常只会围绕是否违反约定(平台规则)展开。对平台规则的审查则只从合法性角度展开,即只要该规则:(1)不存在加重对方责任、免除己方责任等无效情形;(2)尽到了提示或说明义务,就可以认定该平台规则有效。对于平台规则的合理性审查问题,法院一般持消极态度。在“蔡某文与淘宝公司合同纠纷案”中,佛山市中级人民法院认为“双方争议的规则设立是否合理,管控措施是否太过严厉”等问题不属于本案的审查范围,[4]进而规避了对平台规则合理性的审查。而在“福州九农公司与上海寻梦公司合同纠纷案”中,上海市长宁区人民法院认为,设立违约金条款和“假一罚十”规则系平台履行自律管理权力的体现,赔付标准的合理性与否应交由商事主体自行评估。[5] 从以上案例观之,司法机关虽然敏锐地捕捉到平台经济领域双方缔约能力不平等造成的公平性问题,但只能通过“通知义务、严格解释、买方同意等规则保证合同自由原则不被过分偏离”[6]。

---

① 参见王俣璇:《格式条款规制研究》,山东大学2019年博士学位论文,第163页。

② See Sam Shead:Epic Games files antitrust complaint against Apple in the EU,https://www.cnbc.com/2021/02/17/epic-games-files-antitrust-complaint-against-apple-in-the-eu.html,visit on 10 March 2022.

③ 参见刘权:《网络平台的公共性及其实现——以电商平台的法律规制为视角》,载《法学研究》2020年第2期。

④ 参见广东省佛山市中级人民法院民事判决书,(2016)粤06民终3872号。

⑤ 参见上海市长宁区人民法院民事判决书,(2017)沪0105民初20204号。

⑥ Henningsen v. Bloomfield Motors, 161 A.2d69, p.87(1960).

(二)反垄断法的适用困境

当市场主体间的冲突无法在私人领域内解决时,冲突便会向外扩散,寻求在公有领域解决,干预主义也就由此诞生。① 由此,垄断者的交易义务便进入反垄断法的视野。但是,反垄断法实践表明,即使是垄断者,也拥有交易的自由,并没有与其竞争对手进行交易的一般义务。② 这是由现代反垄断法弱结构主义的特性所决定的,经营者仅具有一定的市场力量并不构成垄断,只有滥用这种垄断地位并造成了排除、限制竞争的效果时,才构成反垄断法意义上的垄断。具体到拒绝交易行为的违法性判断标准,反垄断法中有两种不同的理论依据:其一遵循滥用市场支配地位行为的一般分析范式;其二为必需设施原则。但是,这两种理论依据之间的区分并不明确。甚至有研究指出必需设施原则可被反垄断法一般分析方法所替代。③ 考虑到必需设施原则的定位并不清晰,本文将在后一部分再对其展开分析。如果遵循滥用市场支配地位行为的一般分析范式,分析平台企业拒绝交易行为需要经过下列步骤:先界定相关市场,再认定是否存在市场支配地位,最后分析滥用行为的竞争效应。但是,这一传统范式在分析平台经营者滥用行为时遭遇了重重挑战。

首先,双边市场的存在加重了平台经济领域界定相关市场的难度。相关市场界定是反垄断法分析的基础,只有划定竞争发生的领域范围大小,才能对涉嫌违法行为的竞争效应进行评价,进而判断其是否具有违法性。平台企业面临的是双边乃至于多边用户,平台企业同时向各类群体提供产品或服务。换言之,在界定平台企业的相关市场时,可能存在两个以上的市场。这时,将哪一边的市场作为界定相关市场的依据就成了一个难题。不同的选择下,分析结论也会存在较大的差异。例如,在美国司法部诉微软的反垄断案中,如果根据面向普通消费者的计算机操作系统市场来界定相关市场,微软公司在此市场上占据90%以上的市场份额;而如果根据面向软件开发者的计算机软件市场来计算,微软的市场份额则不足30%。此外,由于平台企业普遍实施的非对称倾斜定价策略,一边用户低于边际成本或者免费,另一边用户收费或高价,双方用户之间的联系影响着价格需求弹性。④ 这导致很难用价格来进行需求弹性分析,被广泛采用的SSNIP测试法在界定平台企业的相关市场时具有明显的局限性。

---

① 参见[德]哈贝尔斯:《公有领域的结构转型》,曹卫东等译,学林出版社1999年版,第171页。

② Aspen Skiing Co. v. Aspen Highlands Skiing Corp., 472 U. S. 585, 603 (1985).

③ 参见张巍:《我国应当确立必需设施理论吗——平台语境下的规则审视》,载《经济法论丛》2022年第1卷。

④ 参见程贵孙:《互联网平台竞争定价与反垄断规制研究——基于双边市场理论的视角》,上海财经大学出版社2016年版,第144页。

其次,平台经济领域认定市场支配地位的要素发生了变化。在界定市场支配地位时,市场份额是最重要的指标。[①] 在传统行业中,往往可以通过市场份额来对市场支配地位作出比较有效的认定。在互联网平台市场中,这一推论的有效性受到了挑战,主要体现在三个方面。第一,间接网络效应具有双重性。间接网络效应可以使平台企业"滚雪球式"地成长,在短时间内占据极高的市场份额。但是,负的间接网络效应同样存在,一旦平台在一边的市场丢失用户,在其他边的市场也立刻会发生用户流失,如此循环会引发"雪崩式"的后果,平台所拥有的高市场份额并不稳定。第二,平台用户具有多属性。用户对于平台的选择是多样化的,有的用户会选择多平台接入,例如,同时选择成为淘宝和京东的用户。在这种情况下,淘宝和京东可能都占据极高的市场份额,但双方为了让用户选择自己的产品或服务仍然会爆发激烈的竞争,会对竞争对手形成有效的竞争约束。第三,平台跨界竞争的存在。平台会利用在一个市场上建立的优势去参与另一个市场的竞争,平台的这种行为被称为"用户包络"(platform envelopment)。[②] 用户包络模糊了市场的边界,不同技术和商业模式下的平台也需要展开激烈的竞争。平台竞争中高市场份额所带来的支配或控制力量往往是脆弱的,通过市场份额来认定平台企业具有市场支配地位并不妥当。

最后,平台企业拒绝交易行为的竞争效应难以判断。平台竞争是一种动态竞争模式,不同的技术或商业模式之间存在激烈的竞争,平台企业始终面临着"创造性破坏"的威胁。暂时处于领先地位的平台企业通过创新获得了巨大的竞争优势,但这种领先地位并非不可取代,其他平台企业也在模仿并追赶头部企业。在平台竞争中,无论是技术、商业模式还是数据,都是易于被复制、模仿的。因此,平台的拒绝交易行为可能是为了保护自身的竞争利益,防止他人"搭便车",是平台正常经营所必须的行为。如果对这类行为一概否定,要求平台无条件地分享,可能会削弱市场创新的动力,最终也会损害消费者福利。但是,平台企业可能会利用这种行为来阻碍潜在的竞争者进入相关市场,也有可能借助这种行为向下游市场传导垄断力量。这同样会排除、限制市场竞争,进而影响消费者利益。

三、必需设施原则的局限与反思

(一)必需设施原则的理论渊源

必需设施原则一词起源于对美国反垄断判例法的解读,其最早可以追溯到美国联

① 参见王先林:《竞争法学》,中国人民大学出版社 2018 年版,第 244 页。

② 参见程贵孙:《互联网平台竞争定价与反垄断规制研究——基于双边市场理论的视角》,上海财经大学出版社 2016 年版,第 53 页。

邦最高法院在“终端铁路(Terminal Railroad)案”中的判决。在该案中,美国密西西比河的跨河设施由数个铁路设备经营者控制,这些经营者成立了一个联营企业,完全垄断了密西西比河的跨河设施,并拒绝向竞争对手提供这类设施。美国法院最终认定终端铁路协会(Terminal Railroad Association)的行为构成“企图垄断”,并说明了要求开放该设施的理由:其他公司无法再建立自己的跨河设施,但运输公司经过该市必须要使用该类设施。① 美国联邦最高法院的这一思路后续被应用于多个案件,但并未明确该原则的适用标准。直至1982年,美国联邦第七巡回法院在“MCI案”中提出了适用必需设施原则的四个条件,即著名的“MCI标准”:(1)垄断者控制了必需设施;(2)竞争者没有能力对该项设施进行复制,或这种复制是不合理的;(3)垄断者拒绝向竞争者提供该设施;(4)该设施是能够提供的。② 不可否认的是,“MCI标准”在必需设施原则的适用中占据非常重要的地位,因为这是美国法院第一次在判决中直接表明必需设施的界定标准。但是,“MCI标准”的缺陷也十分明显,其存在一定程度的同义反复,什么样的设施是“必需的”是第一个要素中需要解决却又未能解决的问题。同时,美国联邦最高法院模糊不清的态度加剧了将必需设施原则作为拒绝交易行为违法性判断标准的难度。“多林克(Trinko)案”代表着美国联邦最高法院对必需设施原则态度的最低点。美国1996年的《通信法》规定,现有的本地电话运营商有义务向新进入者共享其电话网络。多林克(Trinko)作为美国纽约州本地电话市场的新进入者,指控威瑞森通信公司(Verizon)违反了该义务,以歧视竞争对手的方式实施其反竞争的计划——阻止消费者成为竞争对手的客户。美国地区法院驳回了多林克(Trinko)的反垄断诉讼。这一判决结果在后续的诉讼中又经历了两次反转。在该案中,美国联邦最高法院认为,贸然要求垄断者分享其资产,可能会削减企业投资的动力。此外,美国联邦最高法院在判决中明确指出“联邦最高法院从未承认必需设施原则的独立存在”,虽然地方法院适用该原则所裁判的案件已经成为判例法的一部分,但最高法院的结论不会改变。③

欧盟对必需设施原则的应用更加积极。其中主要有两个方面的原因:一方面,欧盟竞争法的实施以欧盟委员会的执法为主,执法机构的执法资源及执法行动本身的主动性可以解决必需设施原则适用中存在的部分问题;另一方面,必需设施原则被认为

---

① United States v. Terminal R. R. Ass'n of St. Louis, 224 U. S. 383, 32 S. Ct. 507, 56 L. Ed. 810 (1912).

② MCI Communications Corp. v. American Tel. & Tel. Co., 708 F. 2d 1081 (7th Cir.), cert. denied, 464 U. S. 891 (1983).

③ Verizon Communications Inc. v. Law Offices of Curtis V. Trinko, LLP, 540 U. S. 398, 124 S. Ct. 872 (2004).

是打破市场壁垒,促进货物自由流通,维护欧洲统一市场的有利工具。曾任欧共体竞争事务主管的 John T. Lang 的报告明晰了必需设施原则的定义,他认为,如果拒绝交易将对竞争产生重大影响,具有支配地位的经营者就具有交易的义务,对竞争的影响可以从三个方面评估:(1)买方能否从其他地方获得产品或服务;(2)下游是否有其他竞争对手;(3)商品或服务对买方业务的重要性。① 如果拒绝提供该设施会产生难以逾越的市场进入障碍,从而将大部分竞争者排除在市场之外,则该设施就是"必需的"。但是,如果使用该设施不是"必需的",而只是有利的,就不具备相应的交易义务。此外,欧盟的必需设施原则还要求考虑下游市场的特点和闲置产能的问题。如果下游市场竞争激烈,除非寻求供应的企业能够证明存在不合理的选择性拒绝,必需设施的拥有者也没有普遍的交易义务。② 但是,如果必需设施没有得到充分利用,拥有极大的闲置产能,拒绝提供就是不合理的。

(二)确立必需设施原则的弊端

1. 必需设施原则的体系定位不明

由于必需设施原则没有写入《反垄断法》,其体系定位一直存在争议。有学者认为,必需设施原则作为拒绝交易制度的下位制度,可以从 2007 年《反垄断法》第 17 条(2022 年《反垄断法》第 22 条)中被引申出来。③ 但也有学者反对这种看法,认为 2007 年《反垄断法》第 17 条(2022 年《反垄断法》第 22 条)规定的拒绝交易规制条款无法涵盖必需设施原则,必需设施原则对"市场支配地位"的要求更高。④ 前一种看法更贴近我国的立法实践,目前《反垄断法》的配套法规都是将必需设施原则作为具有市场支配地位的经营者拒绝交易的一种具体情形。后一种理解更贴近必需设施原则的本意,从必需设施原则的理论渊源与发展过程来看,其证明难度远高于一般的拒绝交易行为。这种争论的实质是反垄断法中是否需要一个独立的必需设施原则。

依照目前的立法状况,必需设施原则虽然在法规文本上有所体现,但并不具备适用的空间。以《禁止滥用市场支配地位行为暂行规定》为例,第 16 条第 1 款列举了 5 项拒绝交易的具体形式,但却体现了两种截然不同的分类逻辑。前 4 项是拒绝交易的普遍形式,这种分类是以拒绝发生在交易的哪一过程以及拒绝的形式为基础。而作为

---

① LANG, John Temple: Defining Legitimate Competition: Companies' Duties to Supply Competitors and Access to Essential Facilities, Fordham International Law Journal, Vol. 18, p. 437 - 524.

② See Sealink/B&I-Holyhead 1992 (9) Common Market Law Reports 255.

③ 参见李剑:《反垄断法中核心设施的界定标准——相关市场的视角》,载《现代法学》2009 年第 3 期。

④ 参见王中美:《必要设施原则在互联网反垄断中的可适用性探讨》,载《国际经济法学刊》2020 年第 1 期。

第5项的必需设施原则割裂了与前4项的联系。如果按照第5项的逻辑,第16条第1款可以分为拒绝相对人使用必需设施的拒绝交易与拒绝相对人使用非必需设施的拒绝交易。那么,该规定第16条第1款前4项绝无可能与第5项并列出现。而且,前4项的证明难度也与第5项不对等。前4项并无特殊的证明要求,第5项还需要证明设施的不可复制性、相对人对其的依赖性、提供该设施的可行性等要求。从这个层面来看,将必需设施原则称为拒绝交易规制条款的"加重情形"也不为过。但是,刑法中罪名的加重情形有与之相匹配的刑事责任,而目前的反垄断法并未有此考量。必需设施原则的证明难度远高于一般的拒绝交易行为,而法律责任又并未对此作出区分。当成本与收益显著不对等时,必需设施原则能在反垄断法执法与私人实施中得到多大程度的运用也就不言而喻。长此以往,必需设施原则的作用只能被拒绝交易违法性判断的一般标准所消解,成为"僵尸条款"。

2. 必需设施原则的负外部性较强

在适用必需设施原则的案件中,互联网平台企业可能会被要求履行开放平台的义务,而这种开放义务会损害市场的投资和创新动力。① 一方面,适用必需设施原则会削弱互联网平台企业投资和创新的动力。熊彼特的创新与动态竞争理论认为,竞争的作用在于推动创新与技术进步,因创新形成的垄断并非真正的垄断,由创新而形成的垄断利润是颁发给大企业的"奖赏"。② 暂时处于领先地位的平台企业通过创新获得了巨大的竞争优势,但其他平台企业也是在模仿甚至追赶头部企业,互联网行业正是在这种你追我赶的过程中不断发展的。互联网平台企业在早期发展的过程中付出了巨大的沉没成本,如前几年外卖软件与打车软件间爆发的补贴大战,所以允许平台企业获得经济租金对于补偿他们前期发展而付出的沉没成本而言是必要的。贸然将互联网平台企业认定为必需设施并要求其分享经营成果,势必会打击互联网平台企业投资与创新的动力,甚至会影响互联网行业的潜在进入者与投资者对该行业的预期,降低行业的投资热情,最终可能会影响国家的整体竞争力。③ 另一方面,适用必需设施原则可能会削弱竞争者与市场潜在进入者的创新与投资动力。如果进入太过容易,竞争者就可以直接获得市场的竞争优势或者平等的竞争优势,互联网平台企业也就因此会失去建立设施的动力。从短期来看,适用必需设施原则降低了市场进入壁垒,相关市场的进入者变多,市场竞争加强;但从长期来看,允许"搭便车"的行为会普遍降低竞争者

---

① 参见宁度:《拒绝交易的反垄断法规制——兼评〈关于平台经济领域的反垄断指南〉拒绝交易条款》,载《法法治研究》2021年第4期。

② 参见王先林:《竞争法学》(第3版),中国人民大学出版社2018年版,第12页。

③ 参见王帅:《作为必需设施的超级平台及其反垄断准入治理》,载《北方法学》2021年第5期。

的创新意愿,竞争反会减少。[①]

此外,适用必需设施原则可能并不会增加消费者福利,反而会提高互联网平台企业之间共谋的风险。[②] 正如“多林克(Trinko)案”中美国法院指出的那样,强制竞争对手之间就(交易)进行谈判可能会助长反垄断法最大的敌人——共谋。[③] 首先,强制平台开放会引发平台企业之间达成共谋的动机。如前文所述,封闭平台维持了平台的经济租金,当开放平台使企业无利可图,其沉没成本无法回收时,可能会通过其他途径维持其利润。其次,强制平台开放会提高平台企业之间达成共谋的能力。一般而言,经营者销售的产品、成本结构或经营效率差异性较小时,经营者就更有可能达成一致,如果经营者的产品差异性较大,产品越具有复杂性和独特性,价格协议就越难达成。[④] 因此,在高度变化的互联网市场,由于产品与商业策略之间差异较大,经营者之间较难达成共谋。[⑤] 但是,在强制平台开放的场景下,经营者的创新意愿减弱,单一经营者难以获得突出的竞争优势,市场的动态性特征可能会受到削弱,经营者间的差异性可能会降低,达成共谋的能力会显著增强。最后,强制平台开放可能会增强经营者维持共谋的能力。由于拒绝交易通常发生在市场集中度较高的市场,强制平台开放会便利竞争者间交换竞争性敏感信息。[⑥] 同时,在算法的加持下,供给侧的市场透明度会大幅提升。[⑦] 市场透明度的提升使得背离共谋的行为更易被发现,共谋的可持续性也得到了保障。

3. 必需设施原则的救济可行性存疑

两家寻求利润的企业只有在能够增加其共同利润的情况下才会自愿交易。[⑧] 因此,在单方拒绝交易的场合,通常隐含的一个商业逻辑就是:交易可能不会为其中一方

---

① 参见[英]西蒙·毕晓普、[英]迈克·沃克:《欧盟竞争法的经济学:概念、应用和测量》,董红霞译,人民出版社2016年版,第351页。

② 参见[美]基斯·N.希尔顿:《反垄断法:经济学原理和普通法演进》,赵玲译,北京大学出版社2009年版,第168页。

③ Verizon Communications Inc. v. Law Offices of Curtis V. Trinko, LLP, 540 U. S. 398 (2004), at 408.

④ 参见[英]西蒙·毕晓普、[英]迈克·沃克:《欧盟竞争法的经济学:概念、应用和测量》,董红霞译,人民出版社2016年版,第179页。

⑤ 参见韩伟:《迈向智能时代的反垄断法演化》,法律出版社2019年版,第72~73页。

⑥ 参见宁度:《拒绝交易的反垄断法规制——兼评〈关于平台经济领域的反垄断指南〉拒绝交易条款》,载《法法治研究》2021年第4期。

⑦ 参见周围:《算法共谋的反垄断法规制》,载《法学》2020年第1期。

⑧ See Erik Hovenkamp, The Antitrust Duty to Deal in the Age of Big Tech, 131 Yale Law Journal (2022).

增加利润。在此情况下,适用必需设施原则的困境在于,如何为双方确定设施开放的交易条件。通常而言,禁止一个协议是很容易的,但创建一个协议却十分困难。如果缺乏有效的救济方式,那么规制就无从实现。①

当然,并非所有的拒绝交易案件都存在这种困境。救济的可行性与交易过程存在明显的关联。在平台企业中断、拖延、停止与交易相对人现有交易的情形中,也就是平台封禁的语境下,救济可能并不困难。在确定了封禁行为的违法性后,只需要要求互联网平台企业恢复与交易相对人的交易即可。在平台企业通过不合理的交易条件变相拒绝与相对人进行交易的情形下,如果存在平台企业与相似的第三方交易的事实基础,也只需要参照平台企业与第三方的交易条件设置救济措施。但是,在不存在既有交易或与第三方交易的案件中,如何对违反必需设施原则的行为进行救济就成了一个难题。在反垄断司法案件中,这一问题则更加凸显。对必需设施原则的救济通常需要对交易义务进行持续的监督,而这已经超越了法院的实际控制能力。② 任何法院都不应该施加无法解释或无法充分合理监督的交易义务。③ 如果强制垄断者分享必需设施,法院就事实上充当了一个管制机构的角色,而该垄断者也就成了受管制的公用事业。④ 这显然已经超出了反垄断法的范畴,混淆了反垄断法与经济管制之间的界限。

四、平台拒绝交易行为法律规制的理论构建与路径选择

(一)平台法律主体地位的反思

1. 平台具有的新特性

在缺乏有效的规制措施时,反垄断法往往会成为经济性规制的"桥头堡",新兴而又不受控制的市场主体会被自然而然地当作垄断主体。但是,反垄断法中拒绝交易行为的分析与规制模式可能难以适用于规制平台企业的拒绝交易行为。反垄断法在规制互联网平台企业商业模式时面临的系统性困境主要源于平台的两个特性,下分述之。

其一,互联网平台企业的跨市场影响力。在打造互联网商业生态系统的过程中,

① 参见李剑:《反垄断法核心设施理论研究》,上海交通大学出版社2015年版,第50页。

② Verizon Communications Inc. v. Law Offices of Curtis v. Trinko, LLP, 540 U. S. 398 (2004), at 415.

③ See Phillip Areeda, Essential Facilities: An Epithet in Need of Limiting Principles, 58 Antitrust L. J. (1989).

④ 参见[美]赫伯特·霍温坎普:《联邦反托拉斯政策:竞争法律及其实现》,许光耀译,法律出版社2009年版,第340~343页。

互联网平台企业关注的并不仅是单个相关市场,而是其在特定市场的竞争优势形成跨越多个市场的影响力。[①] 在工业经济时代,经营者通常会专注于其核心业务,剥离与核心业务无关的部门,但如今的互联网平台企业除了在其核心业务具有市场力量之外,通常会在诸如医药、文娱等诸多相邻市场也占有一席之地。[②] 互联网平台企业的各业务部门之间可以相互作用,并强化彼此的市场力量。借助平台的聚合功能,互联网平台企业打造了围绕平台的业务集群,并以此形成商业生态系统(Digital business ecosystem)。[③] 因此,互联网平台企业拒绝交易可能并非为了攫取单一相关市场的利润,也并非为了将垄断力量传导至相关市场,而是一种系统性的策略行为。这类策略行为服务于其商业生态系统的整体经营战略。

其二,互联网平台企业具有的非经济性权力。有观点认为,反垄断法规制的是源于市场份额、财力、技术等条件的经济性权力。[④] 互联网平台企业可能不仅具有经济性权力,也具有非经济性权力。一方面,互联网平台企业具有较高程度的自治权。双边市场理论将平台划分为交易类平台与媒介类平台。交易类平台更贴近于平台经济学对于双边市场的传统定义,旨在撮合买家与卖家进行交易。交易类平台拥有的自治权相当于中介权利,主要体现在交易资格审查、交易规则拟定与交易纠纷处理等方面。媒介类平台则通过产品或服务吸引消费者,再利用广告或其他方式将用户资源变现。媒介类平台在规则制定、用户行为规制、违规处罚等方面拥有更广泛的自治权。相较于传统的企业,互联网平台企业兼具企业与市场的二重身份。[⑤] 另一方面,在法律授权下,某些本属于政府机关的监管权被"行政外包"给了互联网平台企业。随着平台责任的日趋严格,平台需要承担的普遍性监管义务也就越重。互联网平台在事实上承担了

---

① 参见黄尹旭、杨东:《超越传统市场力量:超级平台何以垄断?——社交平台的垄断源泉》,载《社会科学》2021年第9期。

② See Lina M. Khan, Remarks of Chair Lina M. Khan at the Charles River Associates Conference, Competition & Regulation in Disrupted Times in Brussels, Belgium, https://www.ftc.gov/news-events/news/speeches/remarks-chair-lina-m-khan-charles-river-associates-conference-competition-regulation-disrupted-times, last visit on 4 April 2022.

③ See Diana L. Moss, Controlling Market Power in Digital Business Ecosystems: Incorporating Unique Economic and Business Characteristics in Competition Analysis and Remedies, https://www.antitrustinstitute.org/wp-content/uploads/2021/11/CPI_DBEs_Moss_2021.pdf, last visit on 4 April 2022.

④ 参见刘继峰:《"经济权力"视角下反垄断规则的细化》,载《学术论坛》2021年第3期。

⑤ 参见陈永伟:《平台反垄断问题再思考:"企业—市场二重性"视角的分析》,载《竞争政策研究》2018年第5期。

规制内部市场的公共职能,扮演着监管机关的角色。① 互联网平台具有的非经济性权力同样对市场竞争有很大的影响。

2. 数字守门人:平台法律主体地位的新维度

鉴于互联网平台企业在整个互联网经济中处于中心位置,如果平台内某个商户因平台拒绝向其提供服务而被排除在平台之外,对于中小型商户而言,这会产生极大的成本。② 鉴于此,有学者提出,应当使用"守门人"(gatekeeper)这一概念取代"市场力量"或"平台力量"(platform power),将其作为主要的规制对象,并将守门人分为两个类别:互联网守门人与互联网信息守门人。③ 就其最基本的定义而言,守门人意味着什么可以进入平台,什么不能进入平台。虽然这种守门人理论更关注的是对互联网信息传播的影响,但这种概念与提法仍受到很多关注,并得到一定的发展。其中影响最广泛的就是欧盟委员会提出的"数字守门人"(Digital Gatekeeper)概念。2020年12月15日,欧盟委员会公布了两项针对所有数字服务的立法提案,《数字服务法》(Digital Services Act)与《数字市场法》(Digital Markets Act)。其中,《数字市场法》将数字守门人列为规制对象,旨在解决数字守门人的不公平商业行为。在欧盟委员会起草的《数字市场法》影响评估报告中,将数字守门人描述为:控制终端用户对信息与服务的访问,并控制着依赖于这些平台的商业活动中所需的功能、定位及各项条件。④ 2021年6月11日,美国众议院公布了5项草案,剑指大型数字平台。其中最重要的是《美国选择与创新在线法案》,该法案将涵盖平台(covered platform)列为规制对象并规定了多项该类平台禁止从事的歧视性行为。尽管实现路径有所不同,但转变互联网平台企业的角色定位,将其作为特殊的主体予以规制已经成为全球范围内的道路共识。

在将符合条件的平台视为特殊主体后,随之而来的是施加给平台的开放义务。欧盟委员会在其《数字时代的竞争政策报告》中提出了一种监管工具——互操作性。欧盟的《数字市场法》在多个条款中要求数字市场守门人保持平台产品或服务的互操作性。互操作性的核心在于保障经营者以平等的条件进入平台。在平台经济领域,互操

---

① 参见叶明、贾海玲:《双重身份下互联网平台自我监管的困境及对策——从互联网平台封禁事件切入》,载《电子政务》2021年第5期。

② 参见赵鹏:《平台公正:互联网平台法律规制的基本原则》,载《人民论坛·学术前沿》2021年第11期(上)。

③ See Orla Lynskey, Regulating "Platform Power", https://papers.ssrn.com/sol3/papers.cfm? abstract_id=2921021, last visit on 4 April 2022.

④ See EU, Digital Markets Act: Impact Assessment support study, https://op.europa.eu/en/publication-detail/-/publication/0a9a636a-3e83-11eb-b27b-01aa75ed71a1/language-en, visit on 4 April 2022.

作性要求平台允许提供互补业务的用户使用可供访问的公共接口(API)进入平台并相互竞争。在美国2021年6月公布的平台反垄断草案《通过启用服务切换(ACCESS)法案》中,同样规定了互操作性的要求:被指定的平台应提供一组可供第三方访问的接口,以保持该平台与竞争者间的互操作性;在对接口进行任何改动前,被指定的平台应以合理的方式预先通知竞争企业。①

平台互操作性被誉为数字平台治理的"超级工具"。② 其具备6个方面的优势:其一,互操作性意味着统一标准,由此带来的规模经济与范围经济可以带来巨大的成本优势;其二,通过产品组件的模块化,消费者可以将企业的产品组合,这降低了消费者的成本并增加了他们的收益;其三,互操作性降低了信息成本,进一步降低交易成本;其四,互操作性可以促进互补产品与服务间的创新与竞争,这将有效降低产品或服务价格;其五,互操作性促进了数据的自由流动;其六,互操作性降低了平台的锁定效应,给予了消费者更大的选择权。③

(二)新主体理论视角下平台企业拒绝交易法律规制的路径选择

从各法域的立法动态来看,将平台企业视为一种特殊主体并围绕此建立行为规则正逐渐成为一种主流做法。④ 在正式讨论具体规则前,一个更基本的问题有待厘清:抛开冗杂的立法技术细节及相关的争论,以《数字市场法》为代表的法案旨在建立何种规制模式。由于"数字守门人"是欧盟与美国立法中提出的新概念,对其展开分析仍需回归法案本身。这不仅关乎此类法案的正当性与适当性,而且会对未来具体规则的解释及适用产生直接影响。

以欧盟《数字市场法》为例,拟议的法案与欧盟竞争法的区别是显而易见的。在欧盟竞争法的发展早期,受德国竞争法的影响,对反竞争行为违法性的评估仍然聚焦于竞争对手是否受到损害。20世纪80年代,受芝加哥学派的理论影响及美国经济发展状况的刺激,欧盟竞争法走上现代化的道路,迈向"更经济学的方法"。⑤ 这一改革的核

---

① 参见袁雅婧:《热点聚焦:美国〈通过启用服务切换(ACCESS)法案〉介评》,载微信公众号"武大知识产权与竞争法"2021年6月19日,https://mp.weixin.qq.com/s/K8bFcMYHoEubVmWZ7TkGqw,最后访问时间:2022年3月21日。

② Fiona M. Scott Morton, et al., Equitable Interoperability: the "Super Tool" of Digital Platform Governance", https://papers.ssrn.com/sol3/papers.cfm?abstract_id=3923602, visit on 22 March 2022.

③ See Wolfgang Kerber, Heike Schweitzer, Interoperability in the digital economy, J. Intell. Prop. Info. Tech. & Elec. Com. L. 8 (2017).

④ 为行文便利,下文以"数字守门人"指称这类特殊主体。

⑤ 参见[美]戴维·格伯尔:《全球竞争:法律、市场和全球化》,陈若鸿译,中国法制出版社2012年版,第218~223页。

心在于将竞争法关注的重点从保护竞争者转向保护有效的竞争秩序,并将消费者福利标准作为竞争法理念中的核心目标。相较于无法量化或很难量化的产品质量、消费者可选择性、创新等要素,消费者福利标准关注的是价格、产量等可以量化的因素。对这些要素的分析需要借助相关市场界定、市场支配地位评估等基本工具。正因如此,世界范围内各反垄断司法辖区对滥用行为的规制表现出一定程度的趋同性:总是需要先界定相关市场,再评估市场份额并最终认定市场支配地位。欧盟《数字市场法》突破了反垄断法的这一基本范式:其一,《数字市场法》将重点放在了具体的平台服务而非相关市场界定中的狭义市场边界上;其二,《数字市场法》通过一套量化标准取代了市场支配地位的认定;其三,《数字市场法》以明确的行为规则取代了反垄断法对行为竞争效果的分析。此外,为了避免事前监管对创新产生"寒蝉效应",《数字市场法》对拟规制的行为进行了非常精确的定义。① 与之相对应的,反垄断法的文本规则及其基本分析方法都具有较大的不确定性。正如《数字市场法》立法文件所言:该法案旨在解决不属于欧盟竞争法规制范围,也无法通过欧盟竞争法解决的问题。该法案希冀通过一种比反垄断法更快速、更有效的方式规制数字市场。

从这一层面来看,《数字市场法》似乎建立了一种有别于反垄断法的规制模式,且其在规制方法的选择上也更类似于在能源、交通和电信等公用事业领域中引入的方法。然而,《数字市场法》与在公用事业领域实施的行业监管仍有很大差别。就其根本而言,该法案聚焦的"核心平台服务"与"数字守门人"等概念超越了具体的行业部门,更偏向于对数字经济这一经济现象中关键特征的描述。② 究其本质,以《数字市场法》为代表的法案建立的仍是一种更贴近于反垄断法而非公用事业管制法的规制模式。

首先,《数字市场法》与反垄断法具有相似的价值目标。根据《数字市场法》第 1 条第 1 款的规定,该法案旨在确保欧盟数字平台市场的可竞争性与公平性,而反垄断法同样是为了保护公平竞争的市场环境。不同之处在于,受芝加哥学派影响的反垄断法关注的是特定的结果,即假定的消费者福利。③《数字市场法》更关注市场的公平性与

① See Filomena Chirico, Digital Markets Act: A Regulatory Perspective, Journal of European Competition Law & Practice 12(7), 2021.

② See Pierre Larouche, Alexandre de Streel, The European Digital Markets Act: A Revolution Grounded on Traditions, Journal of European Competition Law & Practice 12(7),2021.

③ See Lina Khan, The New Brandeis Movement: America's Antimonopoly Debate, Journal of European Competition Law & Practice 9(3),2018.

开放性以及不受扭曲的竞争过程。[①] 其次,《数字市场法》与反垄断法均遵循非对称式监管逻辑:将特定行为规则应用于数量有限的大型经营者,保障中小型经营者参与市场竞争。再次,《数字市场法》与反垄断法采用相似的行为违法性判断思路。《数字市场法》将数字守门人禁止从事的行为分为两类,其中第5条规定的7种行为一旦实施即构成违法,实施主体仅在基于公共道德、公共卫生或公共安全等公共利益的狭小范围内具有抗辩空间;第6条确定的规则有一定的回旋余地,需要数字守门人与欧盟委员会通过对话确定具体的义务。这种行为违法性判断思路与反垄断法中的本身违法原则及合理原则具有高度的契合性。[②] 最后,尽管欧盟委员会明确表示其并不打算引入新的竞争规则,且强调《数字市场法》与欧盟竞争法的差异性。但是,该法案界定数字守门人使用的相关指标:平台内用户数量、平台内商户数量、营业额、市值等,同样也是平台经济领域评估市场份额及认定市场支配地位的重要因素。

综合而言,欧洲平台监管的新制度实质上是一部针对数字市场的反垄断法,其填补了反垄断法与公用事业管制法间存在的巨大沟壑,将公用事业管制法中的政策与法律工具嵌入平台企业反竞争行为的规制体系。因此,新主体理论视角下平台企业拒绝交易的法律规制绝非另起炉灶,而是在反垄断法的基础上充分借助已有的理论资源,形成事前与事后相互嵌套的综合规制体系。

五、事前监管工具的引入与实现

(一)事前监管工具适用的主体标准

平台的良好发展离不开平台自主经营,但平台的经营活动需要在法治环境中才能历时长久。[③] 对平台企业拒绝交易行为进行规制并不意味着要求所有平台以牺牲经营自主权为代价承担开放义务。因此,引入事前监管工具的前提是建立一套清晰、合理的主体标准。

从立法实践来看,主流的做法是对平台进行分类分级。就分类标准而言,欧盟《数字市场法》将平台分为核心平台服务与辅助服务。这种分类的依据在于,辅助业务作

---

① See Schweitzer, Heike, The Art to Make Gatekeeper Positions Contestable and the Challenge to Know What is Fair: A Discussion of the Digital Markets Act Proposal, https://papers. ssrn. com/sol3/papers. cfm?abstract_id = 3837341, visit on 10 April 2022.

② 参见张钦昱:《数字经济反垄断规制的嬗变——“守门人”制度的突破》,载《社会科学》2021年第10期。

③ 参见姚辉、阙梓冰:《电商平台中的自治与法治——兼议平台治理中的司法态度》,载《求是学刊》2020年第4期。

为综合生态系统的一部分,平台企业经常将其与核心业务一起提供,而此类辅助业务的供应商在同等条件下无法进入平台,平台可以在辅助业务中施展其跨市场的竞争影响力,降低辅助业务市场的竞争性与可选择性。[①] 考虑到平台企业的最大特点在于其"跨界性"与"网络性",在对平台进行分类时要特别考量相关业务或相关市场是否易受跨市场的杠杆作用影响。[②] 具体而言,移动支付业务就易受到电子商务业务的影响,而广告业务与社交媒体业务间的关联性就较弱。

就分级标准而言,欧盟与美国的做法较相似,将平台分为两类:一类是需要承担特殊义务的特定平台企业;另一类则是无此项义务的其他平台企业。我国将平台分为三个级别:超级平台、大型平台与中小平台。但从《互联网平台落实主体责任指南(征求意见稿)》来看,平台企业达到了大型平台的标准就需要承担特殊的义务,而超级平台与大型平台承担的责任并无差别。

互联网平台企业最重要的特征就在于其控制了数字生态中的关键环节。如何界定平台企业的这类特征对于整个认定标准体系而言至关重要。欧盟在这一问题上采用了量化推定的做法,即只要用户数量达到特定数值,即推定该平台符合相应的标准。《数字市场法》分别从三个方面对数字守门人进行了界定:一是对欧盟内部市场有重大影响,"重大影响"的量化标准为过去三年在欧洲的年收入不低于65亿欧元,或者在过去一个财年市值达到650亿欧元且在至少三个成员方提供核心平台服务;二是处于强大的中介地位,控制着商业用户通向消费者的通道,推定标准为月活用户超过4500万人或年度活跃商业用户超过1万人;三是具有根深蒂固的持久地位,如果某一平台在过去三个财年达到前述两个标准,则被推定为符合此标准。中国《分类分级指南》的征求意见稿规定:超大型平台的用户规模需达到5000万、市值(或估值)不低于1000亿元人民币、主营业务突出且具有较强的限制平台内经营者接触消费者(用户)的能力。

对于量化标准,由于平台用户具有"多归属性",其用户数量是否真正能够反映其控制力程度,仍有待商榷。而且,事前设定的定量标准不可避免地会走向僵化。定量法参考的指标是反映企业经营效率的营业额,而非真正反映企业盈利能力进而反映其市场支配地位的营业收入。[③] 应根据动态变化的数字市场,每隔一段时间对此标准进

---

① See European Commission, Digital Market Act, para 14.

② 参见于立:《平台分类分级两种思路的经济学逻辑:从行业≠市场说起》,载《中国市场监管研究》2022年第2期。

③ 参见赛迪智库信息化与软件产业研究所:《〈数字市场法〉:欧洲的预防性反垄断法》,载微信公众号"竞争法前沿"2021年11月11日,https://mp.weixin.qq.com/s/-o89GPQEJFJBr2Kn8Vgz4w,最后访问时间:2021年11月22日。

行调整。同时,快速变化的数字竞争环境表明,占据优势地位的平台企业随时有衰落甚至被取代的风险。在将平台企业认定为需要承担特殊义务的主体后,也应有相应的退出机制。这种退出机制可以是由执法机构对平台的特殊主体资格进行重新审查,也可以是经过一定期限后特殊主体资格自动失效。

(二)事前监管工具的实现路径

事前监管工具的核心在于确定平台的开放义务。问题在于,符合主体标准的平台企业应对谁开放、以何种条件开放。不适当的开放义务可能会消解平台的商业模式。以"英配游戏诉苹果案"为例,苹果通过应用商店(App Store)进行集中式应用分发,并利用审核权限过滤了欺诈及恶意软件,提高了用户的安全性。相对来说,更开放的分散式应用软件分发虽然降低了市场进入的成本,但也增加了恶意软件进入应用市场的机会,进而增加了用户受侵害的风险。通过此类封闭措施,苹果保护了用户的隐私,提升了其操作系统的安全和可信赖性。① 因此,不能以立法者或执法者的偏好代替市场的选择,需要在尊重市场规律的前提下更加谨慎地决定平台开放义务的具体范围。

首先,平台开放不能违背平台的根本商业利益。如果不加区分地要求平台企业对所有竞争对手保持开放,势必会降低其创新与投资的意愿。但是,也可以想象,平台向任意竞争对手开放不符合其利润最大化的经营战略。如果仅以平台企业的商业利益为判断基准,开放义务就不可能真正实现。因此,本文建议采用"根本商业利益"作为判断标准。相对人的接入不损害平台企业的根本商业利益时,平台应对其保持开放。以"微信封禁飞书"事件为例,腾讯旗下的办公软件"腾讯会议"与飞书是在线协作办公软件市场中的竞争对手。如果飞书借助微信进行产品推广与宣传,势必会影响腾讯会议的市场占有率,进而影响到腾讯的商业利益。但是,考虑到平台跨界竞争的普遍存在,如果任一市场的商业利益减损都可以成为平台企业拒绝交易的理由,那规制拒绝交易也就没有了意义。因此,这种程度的商业利益减损并不能成为拒绝交易的理由。对于平台经营者而言,根本商业利益应该仅限于平台的核心业务,而不能包括该经营者业务线中的其他产品。如果飞书是一款即时通讯软件,想要接入微信进行产品推广与宣传,允许其接入可能会动摇微信作为一款即时通讯软件的用户基础,此时平台就可以拒绝对相对人开放。

其次,平台开放应以公平合理的交易条件为基础。平台企业拒绝交易的最基本经济学假设在于,这样的交易通常会降低其与相对人的共同利润。如果平台企业与相对人存在交易的历史或与相似的第三方存在交易的事实,交易条件就能更容易地确定。

① Epic Games Inc. v. Apple Inc., Case No. 4:20-cv-05640 (N.D. Cal. 2020).

但是,问题在于,在平台拒绝交易的情形中,平台一般是以相对人违反平台规则为由拒绝与相对人进行交易。如果相对人确实存在不当行为,仍以包含平台规则在内的服务协议作为开放条件就会损害平台的自治权。同时,如果平台滥用规则或规则本身不合理,以包含平台规则在内的服务协议作为开放条件则会损害相对人的利益。应当认识到,平台自治发挥至关重要的作用,但并不能因此忽略了其局限性。① 对于交易条件公平合理性的评估应充分考虑相对人的经济实力。经济实力较强的经营者,特别是飞书这类属于其他大型平台业务线中的经营者,其相较于一般的经营者,是更理性且更加专业的交易对象。而这类商事交易主体在订立合同时双方法律地位更加平等,对合同条款的理解更能体现意思自治原则。② 此时,其与平台间的交易条件应视为公平合理。对于经济实力较弱的经营者,由于平台具有的技术、资金、规模优势,主体间的缔约能力并不平等。对于平台与此类主体间达成的服务协议,应适当加强对协议的外部审查,在交易条件确实不合理时实施穿透式监管,避免局限于具体的合同条款。③

六、结语

垄断者的交易义务是反垄断法中悬而未决、令人苦恼的问题之一。④ 任何市场主体都有决定是否交易以及选择交易对象的自由,这一理念构成了市场经济的基石。外在的干预不可避免地带有破坏契约自由的风险。对拒绝交易行为的规制,已经触及市场经济与政府干预的边界。当互联网企业成为拒绝交易的主体,这一问题变得更加复杂,反垄断法的适用亦面临着极大的挑战。尽管必需设施原则常被认为是解决垄断者交易义务问题的有效方法,但是其自身的矛盾性反而使其成了反垄断法中的“不协调者”。世界范围内关于数字平台的立法动态为我们提供了新的理论视角:事前监管。事前监管工具并未遵循反垄断法对拒绝交易行为的规制逻辑,但其仍深深根植于反垄断法,可以与反垄断法形成事前与事后相互嵌套的规制体系。我国在应用事前监管工具规制平台企业的拒绝交易行为时需要注意两个方面的问题:一是应遵循非对称监管逻辑,从分类与分级两个视角建立主体标准,准确识别应受规制的平台企业;二是平台的开放义务设定需要遵循市场经济规律,平台开放的前提是尊重平台商业模式的运行,开放不能损害平台企业的根本商业利益,同时,开放应以公平合理的交易条件为基础。

---

① 参见马长山:《数字社会的治理逻辑及其法治化展开》,载《法律科学(西北政法大学学报)》2020年第5期。

② 参见邓鑫:《第三方电商平台自律管理规则的效力》,载《人民司法(案例)》2018年第32期。

③ 参见胡凌:《合同视角下平台算法治理的启示与边界》,载《电子政务》2021年第7期。

④ Byars v. Bluff City News Co., 609 F.2d 843, 846 (6th Cir. 1980).

青年论坛

账号交易的法律规制

孙慕野[*]

内容提要：互联网领域账号交易引起的纠纷频发。随着对行为性质认识的不断深化，人民法院在规制思路上也逐渐由著作权法转变到反不正当竞争法。但当前对账号交易案件的审理和裁判存在对竞争利益缺乏足够认识、保护立场失之偏颇、审判理念较僵化等问题。对账号交易行为的规制应明确其行为性质既不属于著作权侵权行为，也无法被纳入《反不正当竞争法》所规定的典型不正当竞争行为，需要适用《反不正当竞争法》一般条款与"互联网条款"进行个案裁判，同时应重视竞争利益的基础性作用，在利益衡量的基础上调整审判思路，《反不正当竞争法》在账号交易案件中的适用也应保持适度谦抑。

关键词：账号交易；《反不正当竞争法》；互联网不正当竞争；利益衡量；谦抑性

互联网时代，账号是获得网络服务的前提和条件。用户只有登录账号才能使用相应的软件服务，用户以自己个人信息注册所得的账号也成为用户接受运营商提供的网络软件或服务的唯一凭证。但是在使用账号的过程中，某些用户把自己的账号交由他人使用。根据美国商业软件联盟（Business Software Alliance）对33个国家或地区将近15,000名互联网用户的调查，约42%的用户会将其个人付费网络服务账号交易给他人。① 这种交易行为也引发了一系列纠纷，其中深圳市腾讯计算机系统有限公司诉王某金与淘宝公司著作权侵权案、②深圳市腾讯计算机系统有限公司诉江苏猎宝网络科

---

* 武汉大学法学院硕士研究生。

① See Rob Wright, Cloud Computing: Piracy Killer or New Infringement Avenue?, CRN (Oct. 10, 2022), http://www. crn. com/news/cloud/240006089/cloud-computing-piracy-killer-or-new-infringement-avenue. Html.

② 广东省深圳市南山区人民法院民事判决书，(2007)深南法知初字第7号。

技股份有限公司与北京卓易讯畅科技有限公司不正当竞争案、[①]北京爱奇艺科技有限公司诉杭州龙魂公司与龙境公司不正当竞争案[②]等都引起了社会公众广泛的关注和讨论。认为账号交易系用户自主自愿处分者有之;认为账号交易系正常合法的商业模式者有之;认为账号交易系违法的不正当竞争行为者亦有之。因此,对账号交易行为进行系统研究,厘清其正当与否的判断要素与判断步骤,进而对多种形式的账号交易行为进行正当性判断是十分必要且有意义的。

一、账号交易行为的界定

(一)交易主体是经营者与消费者

用户在注册账号时往往需要同意"用户协议",虽然大多数网络服务提供商都在用户协议中明确用户对账号只有使用权而没有所有权,但从法律角度来看,网络账户具有一定的客观价值,在不违反服务协议约定的服务期限和适用范围的前提下,其使用权也可以因其自身的客观价值而成为虚拟财产。但由于用户个人并非《中华人民共和国反不正当竞争法》(以下简称《反不正当竞争法》)意义上的"经营者",因此用户个人与他人进行账号交易一般不属于《反不正当竞争法》的规制范围。然而当第三方以营利为目的、大规模向市场中的不特定多数人有偿提供账号时,就构成了经营行为,由此产生的纠纷就可能受到《反不正当竞争法》的调整。因此,本文所讨论的交易关系仅仅指经营者与消费者之间的账号交易行为,至于用户个人零散地进行账号使用权的转移则不在本文讨论的范围内。

(二)交易对象是网络服务账号

用户必须在网络平台上注册才能使用网络服务。用户以注册后的账号和密码作为登录凭证进入平台系统,账号作为唯一的字符串,有时还包含字母和其他字符,用于标识持有者并授予对账号的访问权限。用户使用账号和密码,登录客户端与服务器进行交互后获取相应的网络服务。在网络服务法律关系中,账号和密码实质上充当了用户的身份识别工具,网络服务提供商据此识别网络服务相对人,也是防止他人非法干预网络服务运行的技术手段。用户登录时通过账号和密码可以直接访问服务器上的数据信息;当用户退出,停止使用服务时,其使用过程中产生的信息仍然存储在具有不

---

① 北京市海淀区人民法院民事判决书,(2019)京0108民初53072号。

② 北京市海淀区人民法院民事判决书,(2018)京0108民初37522号。

同文件名的网络服务器上。本文所要研究的网络服务账号仅仅指由"用户名"①和"密码"组成的字符串本身,并不包括账号登录后用户账户内的网络社区积分、经验值、通讯录以及游戏装备和虚拟货币等在内的其他虚拟财产。

(三)交易行为包括出售和出租行为

本文所讨论的"账号交易"是事实层面上的,而非法律层面上的。由于当前规定包括网络服务账号在内的网络虚拟财产的相关法律法规还不健全,未形成一套自洽的规则体系,《中华人民共和国民法典》(以下简称《民法典》)第127条②的规定目前还无法应用到具体的网络账号纠纷中,因此,账号作为网络虚拟财产交易是否合法、可否准用当前民法对于财产权利"物债两分"的相关规定、交易中所产生价值的利益归属等问题还不甚明晰。本文所用的"出售"与"出租"概念并非严格意义上的法律概念,而仅仅代表账号的注册人与实际使用人不一致的情形。

本文对账号交易行为进行如下界定:账号出售是指账号的当前使用人有偿将账号与密码告知买家并保证以后不再使用该账号的行为;③账号出租是指账号的当前使用人有偿将账号与密码告知买家,允许买家在约定时间内登录该账号,但保留后续使用的权利并于约定时间到期后通过更改密码等方式排除买家对账号的控制,使账号重新归于其控制下的行为。需要说明的是,账号毕竟不同于民法上的物,其并无实体,故无法界定账号的占有,网络服务商现有的技术手段也无法监测账号的注册人和当前登录人是否为同一人,因此,上述账号交易只能以登录信息的告知来完成,这也是账号交易与传统有体物交易的根本区别。

二、账号交易行为的规制进路探析

(一)著作权法规制

在被称为"账号交易第一案"的腾讯计算机公司诉王某金和淘宝网络公司著作权纠纷案④中,腾讯公司认为王某金出售QQ号码的行为侵犯了其著作权,一审和二审法院认为,王某金出售QQ号码的行为实质上是在未经腾讯许可的情况下授权他人使用

---

① 实践中亦有"用户ID""昵称""登录名"等称谓,但包括"用户名"在内的上述概念均指代在某个网络服务商服务器内唯一且能据此定位到特定用户的字母、数字以及字母与数字的排列组合。至于服务器中所储存与用户相联系的二进制数据则并非本文所讨论的"账号"。

② 《民法典》第127条规定:法律对数据、网络虚拟财产的保护有规定的,依照其规定。

③ 通常账号的出卖方也会移交包括密码保护信息在内的注册信息以保证买方在购买账号后可以排他性地对账号行使权利。

④ 广东省深圳市南山区人民法院民事判决书,(2007)深南法知初字第7号。

腾讯受版权保护的QQ软件产品,属于《中华人民共和国著作权法》(以下简称《著作权法》)规定的"在没有经过软件著作权人许可的情况下,将权利人享有著作权的软件转让或者许可他人使用",因此认定王某金出售QQ号码的行为侵犯了腾讯公司的软件著作权。但此案的判决也引发了诸多争议,有学者认为账号交易行为不属于著作权侵权行为,[①]但账号交易行为是否构成著作权侵权,还要看其是否落入权利人专有权利所控制的范围。

《著作权法》第10条规定了复制权、发行权、出租权、信息网络传播权等12项财产性专有权利,《计算机软件保护条例》第8条规定了复制权、发行权、出租权、信息网络传播权、翻译权5项财产性专有权利。其中账号交易行为可能涉及的权利有复制权、发行权、出租权、信息网络传播权。以下将对账号交易行为对上述权利的侵害性进行逐一分析。

1. 账号交易不属于著作权直接侵权

第一,账号交易不受复制权的约束。对计算机软件而言的,交易的方式通常是将软件的安装程序进行复制并在用户终端中加载,如果未经软件著作权人许可当然构成对计算机软件复制权的侵犯。但是账号交易是通过账号与密码的复制来实现,账号本身不能单独运行在服务器中实现某种功能,因而账号不能等同于计算机软件。计算机软件是相对于计算机硬件而言的,是指按照某种特定顺序组织的电脑顺序和指令,并可以实现某种技术效果。根据传统上对计算机软件的定义,账号和密码既不是"具有信息处理能力的设备执行的编码指令序列",也不是"可以自动转换为编码指令序列的符号指令序列或符号语句序列",又不是"用于描述程序内容、组成、设计、功能规范开发、测试结果和使用方法的文本数据和图表"。因此,账号与计算机软件具有根本上的区别。一般来说,用户获取网络服务往往需要先通过软件著作权人许可的渠道获得软件副本,在用户端安装后取得网络服务。在用户通过账号认证成功后获取软件服务的过程中,一部分数据暂时进入本地计算机存储器,即发生了"临时复制"现象。但是此种复制与复制权中的"复制行为"并非同义。根据著作权理论通说,针对计算机软件的复制行为应使得软件的复制件被相对稳定地固定于有形载体,如硬盘等本地存储器当中。[②] 此种在数据交换过程中发生的临时复制并不属于复制行为,因此无论账号是从网络服务提供商处通过注册而取得,还是从运营商以外的其他主体处购买而获得,通

---

① 参见王迁:《转让QQ号码在著作权法中的定性——兼评"腾讯公司诉王友金、淘宝公司案"》,载《法学》2009年第10期。

② 参见徐璐:《在线软件账号共享行为的法律规制研究》,载《法治论坛》2020年第1期。

过账号登录软件的行为都不侵害计算机软件的复制权。

第二,账号交易不受发行权的约束。根据《著作权法》的相关规定,发行权是指"以销售或赠送方式向公众提供作品的原件或者复制件的权利"。根据传统版权理论,发行权直接规制的目标行为是作品有形载体所有权的让渡。调用和运行在线软件程序需要在线软件服务提供商提前将计算机软件代码上传到服务器。对计算机软件而言,其有形载体应该是加载软件代码与指令序列的计算机内存设备。对仅作为登录工具的账号进行交易当然不会导致本地计算机设备中加载的软件程序物理转移到远程计算机。因此,交易账号并不构成对发行权的侵犯。

第三,账号交易不受出租权的约束。根据本文第一部分对账号交易行为的界定,广义上的账号交易应包括"出售"与"出租"两种行为,当账号的前一使用人保留后续使用账号的权利时即构成账号的"出租"。计算机软件著作权人对其软件作品同样享有出租权,那么账号交易行为是否构成对计算机软件著作权的下位权利"出租权"的侵犯?根据传统版权理论,出租权与上文提到的发行权一体两面,实质上控制着作品有形持有人的占有行为。[①] 因此,作品的有形载体(原件或复制件)转移占有的行为才构成租赁。由于在线软件是通过网络以在线的形式提供给用户的,在使用软件时,程序代码会临时转移到计算机内存中,用户的计算机中不会长期存储软件的稳定复制件。因此,用户只能将其合法账号"出租"给他人使用,但不能转让软件作品的有形载体。这种账户"出租"行为不涉及软件的有形载体,因此不构成著作权法意义上的"出租"行为,也不受著作权法中出租权的规制。

第四,账户交易行为不受信息网络传播权的约束。根据我国 2020 年修正的《著作权法》的规定,信息网络传播权是"以有线或者无线方式向公众提供,使公众可以在其选定的时间和地点获得作品的权利"。法条中清晰地指出了信息网络传播权所控制的行为和行为产生的后果:首先,该行为必须通过网络向公众"提供作品";其次,该行为应该是"互动传播"行为。也就是说,这种行为使公众以"点对点"的方式,在个人选择的时间和场所获得作品。根据前文分析,用户不能通过网络在线使用软件作品并在本地计算机上获得作品的永久复制件。既然用户自身无法获得软件作品的稳定复制件,就不能将该软件作品上传到网络上并提供给公众。在这种情况下,用户只向第三方提供一个使用软件的账户,第三方可以通过该账户在线使用软件,但由于用户没有通过网络交互传播作品,这种行为也就不受信息网络传播权的限制,不能适用著作权法有

---

① 参见《与贸易有关的知识产权协议》(TRIPs)与《世界知识产权组织版权协议》(WCT)对发行权的定义。

关信息网络传播权的规则来加以规制。

2. 账号交易不属于著作权间接侵权

讨论一个行为是否构成"间接侵权"或"帮助侵权",首先需要确定"直接侵权"的客观存在。那么,使用他人提供的账户和密码获取在线软件服务是否构成对版权的"直接侵权"? 如上文所述,由于在线软件作品是通过网络以在线使用的形式提供给用户的,因此在使用软件的过程中,程序代码只是暂时转移到计算机内存中,用户的计算机中没有软件的长期稳定副本。使用他人提供的账户获取在线软件服务,不侵犯发行权、出租权和信息网络传播权。因此,在没有"直接侵权"的情况下,账号交易不会构成对版权的"间接侵权"。综上所述,账号交易行为并不落入著作权的控制范围,对账号的交易也就不构成著作权侵权行为。

(二)《反不正当竞争法》规制

由上文分析可知,账号交易不属于著作权侵权行为,无法通过《著作权法》及其配套规则进行规制。在《民法典》第127条仅具宣示意义、无法为账号交易纠纷提供规则指引的情况下,作为市场规制法的《反不正当竞争法》就有了适用的空间及必要性。但由此又引发了新的问题:2019年修正的《反不正当竞争法》第6条至第11条规定了6种典型不正当竞争行为,在第12条中又列举了3种互联网典型不正当竞争行为,账号交易行为的违法性究竟应该被纳入具体不正当竞争行为的制度框架进行认定还是只能通过一般条款进行个案裁决? 从行为外观上看,账号交易行为在反不正当竞争法语境下与流量劫持和商业混淆有相似之处,对3种行为进行辨析将有助于确定账号交易行为的规制进路。

1. 账号出租与流量劫持

在北京爱奇艺科技有限公司诉杭州龙境科技有限公司等不正当竞争纠纷案①中,龙境公司利用云流化技术将爱奇艺公司运营的视频网站投射至其运营的"马上玩"App,在此过程中将本属于爱奇艺公司的数据流量分流至其App,产生了用户流量的转移和分流。从流量视角观之,账号交易行为与互联网商业模式下较多发的流量劫持行为似有相同之处,但二者也有区别。

《反不正当竞争法》第12条第2款第1项被认为是《反不正当竞争法》修改后,规制互联网环境下流量劫持行为的类型化条款,②其首次在法律层面对实践中较多发的

① 北京市海淀区人民法院民事判决书,(2018)京0108民初37522号。

② 参见刘佳欣:《反不正当竞争法视角下的流量劫持——以流量劫持典型案例为分析样本》,载《法律适用》2019年第18期。

流量劫持行为进行了法律层面的界定与描述:“未经其他经营者同意,在其合法提供的网络产品或者服务中,插入链接、强制进行目标跳转。”可以看出,流量劫持的实现手段通常是在违背用户意愿的情况下截获浏览请求,未经用户同意私自更改用户或浏览器的计算机设置,从而在用户单击访问请求时无法登录或强制跳转到其他站点,允许窃取浏览器的地址栏以获取搜索流量,并对其运行情况进行监控。尽管流量劫持的技术实现方式多种多样,但其法律本质是相同的,即通过技术手段影响用户选择,使用户在违背其意愿的情况下被引导至与其目标网站不同的网站,最终将属于他人的用户流量流入行为人指定的网站。因此,流量劫持主要有以下特征:利用技术手段将用户流量截获;流量流向与用户选择出现不一致;一定程度上限制或剥夺了用户自由选择网络服务的自主权。无论采取哪种劫持手段,流量劫持本质上都是在违背用户意愿的情况下改变了用户选择的交易对象,从而侵害了用户作为消费者自主决定交易相对方的权利。而在账号出租行为中,用户基于消费者的自由选择权选择了账号出租服务,其本身对于出租账号提供者非网络服务提供者有清晰的认知,即使在技术型账号出租行为中,出租账号提供者也只是运用云流化技术将视频网站映射到自己开发的 App 中,用户依然明知自己打开的并非网络服务提供者开发的网络服务 App,因此账号出租行为与流量劫持行为依然在消费者主观意志方面表现出了明显的差异。

2. 账号交易与商业混淆

从北京爱奇艺科技有限公司诉杭州龙境科技有限公司等不正当竞争纠纷案①被诉账号分时出租的行为描述中可以看出,龙境公司自己开发的涉案 App 在界面、功能设置、网页设计元素等方面与爱奇艺 App 高度相似,但通过技术手段实现的账号交易仍然不同于互联网商业混淆行为。

《反不正当竞争法》第 6 条针对网络商业混淆行为作出了规定,对网络商业混淆行为的客体进行了不完全列举,具体指出了“域名主体部分、网站名称、网页等”能够产生标识作用的商业元素。具体而言,网络混淆行为主要有网页混淆、域名混淆、链接混淆三种表现形式。网页混淆是指行为人对特定网页装潢进行模仿的行为;域名混淆是指将其他网络运营商的域名网址稍加更改后注册的行为;链接混淆是指行为人将自己的网页通过超链接形式与其他运营商的网站相连,从而导致用户以为二者之间存在特定联系而产生误解的行为。

在传统竞争环境下,对商品或服务的交易行为似乎难以与商业混淆相联系,因此二者并不存在从行为性质上进行辨析的必要性。但是在北京爱奇艺科技有限公司诉

① 北京市海淀区人民法院民事判决书,(2018)京 0108 民初 37522 号。

杭州龙境科技有限公司不正当竞争案中,账号交易表现出了与以往不同的行为特征:用户购买账号后并非直接登录爱奇艺的网站或App,而是通过龙境公司自己开发的另一款App观看爱奇艺提供的视频内容,因此就有必要讨论龙境公司利用流化技术的账号出租行为是否对爱奇艺提供的视频服务造成了混淆。将互联网商业混淆与账号交易相比较,虽然账号交易行为人与商业混淆行为人都存在利用他人经营资源与营业利益"搭便车"的主观故意与模仿他人网页设计元素与功能布局的客观行为,但其主观故意指向的对象有明显区别:商业混淆行为人擅自使用他人有一定影响的域名主体部分、网站名称、网页,所指向的是诚实经营者通过长期诚实经营所积累的良好商誉;而账号交易行为人仿冒他人网页与App的行为指向的是网络视频服务商所拥有的视频内容。此外,行为所造成的后果也有差别:互联网商业混淆的行为后果要求"足以使普通消费者对商品或服务的来源产生误认",而账号交易行为的后果是视频网站视频内容被不当利用和传播,从而造成其会员增值服务的收入减少。因此,账号交易行为无法通过商业混淆理论进行规制。

综上所述,账号交易行为在《反不正当竞争法》体系下无法被归入法律明确列举的不正当竞争行为,对其违法性和不正当性的认定只能寻求《反不正当竞争法》第2条和第12条第1款进行个案衡量。

三、账号交易行为规制路径的不足与完善

(一)竞争利益视角下账号交易违法性的再审视

对现有涉及账号共享不正当竞争纠纷的判决进行整理和归纳,可以发现有些案件所适用的是《反不正当竞争法》第2条,[①]有些案件则适用的是《反不正当竞争法》第12条。[②] 但无论适用何种具体规则,法院对行为指向的"账号"这一客体也未给予足够的关注,或将账号权利直接归属于网络服务商从而以绝对权保护模式认定行为不正当性,或直接以用户协议中"不得转让、出租、出借"的相关条款推导出行为具有不正当性。换言之,现有裁判思路既缺乏对网络服务账号所指向利益的深入考量,也未在区分账号所指向利益的基础上进一步以竞争视角审视其行为的不正当性。但是,竞争利益的认定是所有不正当竞争行为违法性认定的逻辑起点——只有经营者对某种法益具有可保护的竞争利益时,《反不正当竞争法》才有介入的必要性,脱离竞争利益来认

---

① 优酷公司诉蔓蓝公司不正当竞争案,北京知识产权法院(2019)京73民终3570号民事判决书。淘宝公司诉美景公司不正当竞争案,杭州市中级人民法院(2018)浙01民终7312号民事判决书。腾讯公司诉猎宝公司不正当竞争案,北京市海淀区人民法院(2019)京0108民初53072号民事判决书。

② 相关案例可见爱奇艺公司诉龙魂公司、龙境公司不正当竞争案。

定行为不正当性,因此有必要对网络服务账号背后所蕴含的竞争利益进行系统的研究与分析,方能对账号交易行为“正本清源”。

竞争利益是指在竞争环境中、在交易机会的竞争过程中,具有广义竞争关系的竞争对手所追求的利益的具体表现。它是其他诚信经营者对竞争优势、客户数量、商誉等影响的综合体现,由于其概括性和抽象性,竞争利益可以更全面地指代经营者在竞争关系中的合法利益,并在具体的竞争行为中,呈现不同的模式和内容。具体到网络服务账号,首先必须承认,并非所有网络账号都具有被交易的“价值”。就即时通信、搜索引擎等基础应用类应用而言,由于面向最广大用户,承载着互联网“信息互联,数据互通”之本质,网络服务提供商对用户提供的基础服务并无差异。至于账号装扮、搜索筛选等增值服务则面向特定需求人群,且这部分需求个体差异化显著,账号所购买的进阶服务不具有普适性,用户之间交易“动力”不足。就网络购物、网络支付等商务交易类应用而言,由于涉及资金往来和个人财产,用户一般不愿其账号为他人知晓。在线教育、在线医疗等公共服务类应用账号则与个人敏感信息深度绑定,网络服务提供商提供的服务也并无差异,因此一般也不存在账号交易的问题。从司法实务纠纷和社会生活实践来看,网络游戏、网络音乐、网络文学、网络视频等网络娱乐类应用账号是账号交易的“重灾区”。就内容消费类账号而言,以视频网站会员账号为例,用户购买共享的会员账号并非意在账号本身的价值或使用价值,而是通过会员账号获取对应网络服务商的增值服务或会员专享服务。因此,在实质上出租与出卖行为指向的不是账号本身,而是视频网站本应付费观看的视频内容,用户获取的是一种获取更高权限内容的资格。视频、音乐等内容服务商在市场竞争中需要不断产出新的内容,对业务运营和会员管理也需要投入成本,以维持其竞争优势。而会员服务是保持平台活力和竞争力的重要渠道,作为企业经营制度的会员管理制度是经营者的经营手段之一,会员费等收入也是经营者利润的重要组成部分。经营者根据市场策略制定会员费率和会员章程,通过差异化的会员管理制度为会员提供服务,提高平台用户的活跃度和平台的经济效益。因此,会员管理制度和由此带来的会员收入属于《反不正当竞争法》应予保护的竞争利益。

但在通讯社交账号方面,情况可能有所不同。从通讯社交账号的内在特征来看,通讯社交账号具有唯一性和稀缺性。由于身份是社交的前提,而账号无疑是网络世界中表征用户身份的最通用方式。用户登录社交服务的用户名即特定字符的排列组合是唯一的,密码则由用户自行设置。由用户名和密码构成的社交服务账号也就具备了可识别性(用户名)和保密性(密码)。从技术本质上讲,通讯社交账号只是作为一组二进制数据存储于网络服务商的服务器中,但由于每个账号需要指向特定且唯一的

“人”,外显于公众的用户名就不能任意创造或者复制。字符排列的唯一性决定了其稀缺性。此外,通讯社交账号还具有价值性。一些QQ号码由于其本身位数较少或附加了特定文化意义,在交易市场中亦售价不菲;某些具有广泛关注度的通讯社交账号,其价值性更是不言自明。

通讯社交账号毫无疑问具有价值,并且这种价值并非指向账号背后承载的内容,而仅仅针对账号本身。换言之,在通讯社交账号的交易语境下,账号将不再仅仅作为一把打开权限的“钥匙”和消费增值内容的资格,作为交易对象的账号本身也是具有价值的。腾讯公司销售QQ“靓号”的行为也佐证了这一点。进一步讨论,通讯社交账号蕴含的利益又可分为财产利益和人身利益。

在财产利益中,一部分是社区账号自身特点带来的财产利益。以腾讯公司运营的网络社交服务腾讯QQ为例,随着用户规模的扩大,QQ号码从最初的五位数字逐渐变为更长的数字组合,由于腾讯公司将QQ号码作为用户认证的手段,因此每种数字排列具有唯一性,早期QQ号码因此成为稀缺资源,此外在特定文化语境下具有特殊意义(例如象征财富与顺利)的特定数字排列更受消费者的追捧。此种账号仅仅因为其编号或别名而获得市场价值,而且交易价格多年来一直在上涨。另一部分是社交账号在使用中所产生的经济价值。一些用户将互联网社交服务作为宣传推广自身产品与服务的重要渠道,通过发布留言、杂志、品牌推荐和业务广告等方式提高账号知名度,进而扩大潜在受众范围。以腾讯公司运营的另一社交通信服务软件微信为例,以面向不特定对象的微信公众平台和公众账号为营销平台,并通过实名认证的账号转发推广信息,价格在100~3000元,一些原本在现实生活中就具有广泛影响力的公众人物收费更高达1万~10万元。① 以上经济价值是以用户自身的公众认可度和影响为基础的,是与人格商业化相关的商业价值,虽然学界对于该类价值究竟应当划分为人格利益或是财产利益尚无定论,但已有学者认为此类利益在市场中产生、在交易中体现,在竞争法视域下将其认定为财产性利益是可行的。②

但是同时,通讯社交账号中还附加了用户的一部分人格利益。每一个与用户真实生活相关的网络社交服务账号都代表着用户在互联网社交中的虚拟身份。基于现实生活中的社交影响力或公众知名度,用户在网络社交中进一步塑造自己的社交形象与人格特征。而随着互联网渗透至社会生活的每个角落,社交语境下的虚拟与现实的界

① 参见《微博热门账号价值多少》,载海都网,http://www.nhaidu.com/news/91/n-474791.html。

② 参见刘晓纯、黄沁蕊:《论网络社区账号的法律属性及规则构建》,载《天津大学学报(社会科学版)》2014年第4期。

限变得更加模糊,个体在网络中的行为及所获得的利益已经能够延伸到现实生活,虚拟人格在网络环境中变得更加具有代表性,更有学者认为通讯社交账号所承载的是一种独立的人格权——号权。①

无论如何,用户对其通讯社交账号是享有某种权益的,即使此种权益未被权利化,也不影响反不正当竞争法对其加以保护并在个案中将其纳入考量,因此认为此类账号及其产生的利益全然归属于网络服务提供商的立场是失之偏颇的。

(二)将经营者利益与消费者利益进行重新平衡

传统民法理论根据民事权利的作用将其分为支配权、请求权、抗辩权与形成权,债权是最典型的请求权。与作为支配权的所有权相比,债权无法通过占有或登记来进行公示,事实上由于债权仅发生在特定相对人之间,也没有公示的必要。但是随着商品经济的发展,固守债权的相对性已经无法适应交易的需要,由此出现了债权主体的变更。由于仅以合同作为权利凭证在交易时过于烦琐,为了提高效率,在商事交易中逐渐出现了债权债券化的趋势,票据等有价证券产生。债权被固定在债券上之后,由于票据是有体物,其流通规则就可以准用物权规则,从而弥补了传统债权缺乏公示手段所带来的流通效率低下和法律关系不稳定等缺点。票据权利人也就具有了类似所有权人的地位。而账号虽然不能被归类为民法上的"物",但用户完全可以通过对登录信息即密码的控制,排除第三人对其账户的不当干涉,只不过这种排他性要弱于所有权,用户在账号权利受到侵害时也难以进行自力救济。但无论如何,票据是债权法律关系(金钱之债)的凭证,账号也是债权法律关系(网络服务合同之债)的凭证,只不过票据是物化形式的,而账号是数据形式的,但二者在权利凭证的意义上具有高度的相似性,而"凭证"就意味着权利本身与权利的表现形式可以分离,这也构成了账号具有交易可能性的法理基础。

在分析了账号具有可交易性之后,随之而来的问题就是,交易产生的利益应如何分配。笔者认为,由于账号仅仅只是权利凭证,对流转利益的分配还要考虑其利益指向。由前文分析可知,通讯社交账号由于附加了用户的人格与身份利益,因此也应当赋予用户更多处分上的自主权。通讯社交账号提供了在虚拟世界中查找和识别用户的路径。它通常是用户独占的,是一种身份证明。通讯社交账号包含虚拟资产的总体以及其背后的信息实体。通讯社交账号包括代表用户在网络世界身份的肖像、昵称等。通讯社交账号的昵称在某种程度上是用户的"化名",代表着用户身份。从内容的角度来看,大多数发布在社交网络上的内容都与特定用户有着密切的联系,并且具有

① 参见王红霞:《号权初论——通讯社交利益的形成脉络与设权逻辑》,载《法商研究》2013 年第 5 期。

很强的个人依赖性,比如“Papi 酱”“李子柒”等。用户昵称是通讯社交账号的一部分,可以直接指向特定用户的个人形象。因此,账户本身可以直接指代特定用户的身份。社交网络账户是用户在数字世界中建立的身份,蕴含着特殊的社会关系。因为通讯社交账号具有一定的身份性,社交媒体用户大多以现实中真实的身份出现,社交网络账号往往是现实身份在虚拟世界的投射,附加了用户的一部分人身利益,这决定了社交网络账号一定程度上具有身份权的属性。① 虽然互联网社交服务在外观上不是由用户付费的,但实际上用户以自己的个人信息与使用过程中产生的用户数据作为对价,而个人信息与用户数据作为网络时代的新型生产要素毫无疑问是有价值的,且其价值在网络服务过程中产生。规模化的个人信息是一种具有稀缺性的社会资源。个人信息之上既可能承载个人利益,也可能承载财产利益,甚至可能涉及公共利益。② 因此,在考量个人通讯社交账号交易的不正当性时,应充分考虑不同的权利体系和利益平衡机制,兼顾不同维度的利益。

(三)规制理念由权利侵害模式转向行为控制模式,并保持适度谦抑

1850 年法国《民法典》第 1382 条被认为是现代反不正当竞争法的渊源。之后,随着工业革命的发展,以工业产权为代表的商标权和专利权不足以保护市场主体的合法权益,因此,《巴黎公约》第十条之二在知识产权保护的框架内引入了公平竞争,从而使反不正当竞争法具有行为法的基本属性。1900 年《巴黎公约》出于实用主义的考虑,而不是出于体系逻辑统一的考虑,将反不正当竞争制度作为知识产权保护制度的补充,与知识产权保护规定在一起,成了反不正当竞争法的重要渊源,在很长时期内影响着各个国家和地区反不正当竞争法的立法模式、法律定位与司法实践。直到当代,反不正当竞争法独立于知识产权法的竞争法属性才在各个国家和地区立法和司法实践中逐渐显现出来。

当前在涉及账号交易不正当竞争案件时,法院有时不加甄别地将网络服务账号作为网络服务经营者的绝对权益,并对其加以保护。在审裁思路上,迄今为止的账号交易纠纷中,除北京爱奇艺科技有限公司诉杭州龙境科技有限公司不正当竞争纠纷案件适用《反不正当竞争法》第 12 条进行审判外,人民法院对其余案件均适用了《反不正当竞争法》第 2 条作为审理与裁判依据,在推理部分仍然遵循第 2 条“道德标准”进行推理和分析。如在北京爱奇艺科技有限公司诉杭州龙境科技有限公司不正当竞争案中,

---

① 参见李雅男:《民法典视野下社交网络账号的继承》,载《西南政法大学学报》2022 年第 1 期。

② 参见刘金瑞:《个人信息与权利配置——个人信息自决权的反思和出路》,法律出版社 2017 年版,第 137 页。

裁判者虽然适用了《反不正当竞争法》第 12 条进行裁判，但具体的案件审理与认定思路仍未摆脱《反不正当竞争法》第 2 条“道德标准”的规制：首先论证原、被告之间存在竞争关系，其次从竞争利益入手说明爱奇艺公司的“免费视频 + 会员增值”的经营模式应受《反不正当竞争法》保护，最后依循侵权法上权利侵害的认定模式，在客观行为、主观过错、损害后果等方面说明该账号出租行为违反了《反不正当竞争法》一般条款中规定的诚信原则与商业道德，并得出被诉行为构成不正当竞争行为的结论。

由上文分析可知，在内容消费类账号的交易中，交易最终指向的对象都不是账号本身，而是获取内容的权限，此类账号也不具备独立作为商品流通的条件。卖家或出租人主观上显示出了“搭便车”的心理状态，即不当利用他人经营资源牟利，行为也由此具有了不正当性。但就通讯社交类账号而言，其本身具有作为商品流通的内在属性，所讨论的无非是流通所带来的价值是否一定应由网络服务商所专有，在此基础上认定他人对账号进行交易的不正当性。而通讯社交类网络账号由于附加了用户的部分人格利益，且用户协议的格式条款并非当然有效，因此通讯社交账号所承载的利益归属尚无法确定。但可以确定的是，网络社交服务商对通讯社交账号并不确定而当然地享有竞争利益。反不正当竞争法本身作为对竞争自由的限制，决定了其面对市场竞争必须保持充分的谦抑性，坚持其对市场调整的补充性和辅助性地位。在理念上，将市场可解决的竞争冲突交给市场解决，为技术革新和市场主体行为的自由留有充分的空间；从技术上讲，反不正当竞争法脱胎于侵权责任法，但现代反不正当竞争法已经与民法中的侵权责任法出现了明显的分野，因此在认定行为不正当性时，应该摒弃绝对权保护的侵权责任法思维和抽象的道德判断，在比例原则的分析框架下，权衡各方在竞争基础上享有的利益，划定不正当竞争的界限。从权利的角度来看，反不正当竞争法与知识产权法和侵权责任法不同，与相对确定的权利相比，其保护的合法利益力度较弱。在复杂的市场竞争环境下，不正当竞争纠纷的司法判决必须足够谦抑和适度。在适用反不正当竞争法保护市场的过程中，应该避免经济学中的“寒蝉效应”，不过度干预和影响市场参与者的相关市场行为，不过度保护和干扰市场的活力和创新，采取包容、开放、谨慎的态度，合理分析竞争行为，避免经营者担心“干预”成本过高，从而降低其对市场经济的参与程度和市场主体活动的积极性。

四、结语

在我国数字经济和互联网产业蓬勃发展的背景下，网络服务账号作为用户接入互联网的“钥匙”和享受网络服务的凭证，也不可避免地被纳入了互联网商业模式的探索。然而账号交易作为一种新型商业模式，各方市场主体的权利义务关系界定尚不明晰,亦缺乏商业模式在长期发展中形成的商业伦理与行业惯例,市场主体在商业竞争中的“越界”行为时有发生。在对账号交易行为的治理中,应从作为交易对象的账号本身出发,在充分考察其利益指向的基础上对经营者利益与消费者利益进行衡量并在通讯社交账号的交易中赋予消费者一定的自主权,同时规制理念从权利侵害模式转向行为控制模式并保持《反不正当竞争法》适用上的谦抑性,才能在各方主体间求取最大“利益公约数”,实现《反不正当竞争法》作为市场规制基本法的立法目标。

算法责任构成研究

——以大数据杀熟为例

曹　越*

内容提要：当计算机技术问世时，以代码组成的算法就已经开始对人们的生活施加不可忽视的影响。随着互联网逐渐发展和数据收集技术的提升，算法为人们的衣食住行提供了更多的方便，但也如同一张密不透风的网，密切监视着用户的一举一动。现如今，有些算法经营者为攫取超额利润，更是开始无底线地使用大数据算法进行杀熟歧视，在此情形下，个人信息被任意收集和处理，用户隐私形同虚设。我国已经对经营者在算法方面承担的法律责任作出了一些规定，但目前仅对算法信息服务规范作了阐述并规定了行政处罚措施，未对用户权益保护的民事法律后果进行规定。算法推荐服务者的主体范围、举证责任分配等亦未涉及。因此，我们实有必要以大数据杀熟为典例，细化算法责任的具体构成要件。

关键词：算法；大数据杀熟；民事责任；人工智能

一、算法责任的由来

随着存储技术的发展和处理器运算能力的提升，以海量数据为基础发展而来的大数据算法得以广泛应用。通过算法推荐，信息传播方式比以往任何时候都更加精准化、特定化、人性化。比如，网购一包婴儿尿不湿，页面就立马会推荐学步车、奶嘴等与育儿有关的产品，这在某些时候的确省去了用户另行搜索之累。内部数据显示，目前利用算法定制推荐符合用户兴趣的内容已经占整个互联网内容推荐量的七成，运用算

* 苏州新区高新技术产业股份有限公司律师。

法推荐也已成为互联网厂商的共识。① 但是,某些不良经营者为了利益也会违背技术向善的初衷,向用户推荐劣质信息,甚至进行“大数据杀熟”。为此,2021年3月广州市市场监督管理局专门召开了平台“大数据杀熟”专项调研和规范公平竞争市场秩序行政指导会,会上以京东、美团等10家互联网头部平台代表共同签署了承诺书,向社会公开承诺不非法收集和使用消费者个人信息,不进行大数据杀熟。②

诚然,通过承诺的方式对约束企业合规经营会起到一定的作用,但由于承诺本身并不具有法律强制力,同时缺乏对承诺是否履行的监管措施,所以仅靠企业自身的承诺保证,难免会在效力上大打折扣。在数字经济价值链中,算法或已成为少数头部企业维护高额利润的“护城河”,其凭借技术壁垒优势和每日剧增的数据量,美其名曰用户的选择,其实是在垄断市场,对初创企业的发展非常不利,也有违技术运用的伦理性。因此,算法作为科学技术,其本身是中立的,真正的害群之马是别有用心的算法经营者。

目前,国内对大数据杀熟的关注程度日益提高,已有多部法律法规提及大数据杀熟。例如,《中华人民共和国电子商务法》第18条和《在线旅游经营服务管理暂行规定》第15条等。2021年7月2日公布的《价格违法行为行政处罚规定(修订征求意见稿)》更是对大数据杀熟开出了“罚单”。③ 但是,上述规范的责任主体局限于旅游、电子商务等行业,而在找工作、找房子等情形中也可能存在算法歧视行为,甚至还可能出现算法推荐影响选举的情况,故覆盖范围还不够广泛。2021年8月通过的《中华人民共和国个人信息保护法》(以下简称《个人信息保护法》)尽管对自动化决策下的信息推荐和商业营销行为进行了规制,要求保证决策的透明度和结果公平、公正,但是没有指出透明度的具体标准为何以及怎样保障该决策是公平公正的。2022年1月4日国家网信办公布了《互联网信息服务算法推荐管理规定》(以下简称《算法推荐管理规定》),该文件对互联网信息服务算法推荐活动进行了较为全面系统的规范。但稍有遗

---

① 参见彭训文:《精准推送、大数据杀熟……我们需要什么样的“算法”》,载《人民日报(海外版)》2020年11月16日,第5版。

② 参见广州市市场监管局:《广州市市场监管局召开平台“大数据杀熟”专项调研会和规范公平竞争市场秩序行政指导会》,载广州市市场监督局官网2021年4月6日,http://scjgj.gz.gov.cn/zwdt/gzdt/content/post_7206705.html。

③ 《价格违法行为行政处罚规定(修订征求意见稿)》第13条规定:“电子商务平台经营者利用大数据分析、算法等技术手段,根据消费者或者其他经营者的偏好、交易习惯等特征,基于成本或正当营销策略之外的因素,对同一商品或服务在同等交易条件下设置不同价格的,给予警告,可以并处上一年度销售总额1‰以上5‰以下的罚款。”

憾的是,《算法推荐管理规定》仅对应用算法推荐技术①进行了解释,未能对算法推荐服务提供者的具体范围进行界定,且仅要求"算法推荐服务提供者制定并公开算法推荐相关服务规则",未对算法编写原则以及出现问题后的举证分配进行规定。对算法推荐服务提供者相应的处罚也趋向于行政处罚,而普通民众的私权益如何获得民事救济并未被提及。

所以我们更应当对大数据杀熟的背后逻辑和本质——算法责任加以全面探讨和明确。所谓算法责任是以算法作为生产工具或运营基础的经营者(算法经营者),滥用算法的不透明性和专业性等特点,在提供产品或服务的过程中损害用户利益,根据法律规定应承受的对其不利的法律后果。当前,我国算法责任在构成要件的标准上还有不清晰之处,唯有进一步细化构成要件,才能确保算法推荐内容的价值导向正确,以及产品服务价格和交易条件的公允合理,充分保障用户权益。

二、滥用算法构成侵权的救济基础

法律责任的目的是当某一行为对法律所保护的法益构成侵害时,对该行为须施加救济或惩罚,即构成法律责任必须以法益存在被救济的基础为前提。既然算法经营者滥用算法的行为会损害用户利益,法律在对用户权益进行救济时,就必须先要搞清楚用户的权益具体遭受了哪些方面的损害。就建立在算法程序基础上的大数据杀熟而言,其最主要的就是对价格公允性规律的破坏和未经用户同意的情况下对其个人信息的非法搜集及利用。

(一)对价格公允性规律的破坏

大数据杀熟的最大特征体现在商品和服务的价格上。在商业领域,经营者根据不同消费水平的用户,结合产品特性进行差别定价,从而实现利润最大化,这无可厚非。并且法律本身具有谦抑性,法律调控过多难以保证市场经济的自我运行。② 因此,《个人信息保护法》所禁止的差别待遇要求是不合理的差别待遇。那么,确定一个差别待遇究竟是正当的商业行为还是恶意获利是需要我们进一步在算法责任中予以完善的。一般认为,经营者对待新客户和老客户采取的价格策略不一样,且这种价格策略是违背经济学常理而为牟取暴利专门实施的,这是大数据杀熟对价格公允性规律造成破坏

---

① 指应用生成合成类、个性化推送类、排序精选类、检索过滤类、调度决策类等算法技术向用户提供信息内容。

② 有部分学者认为谦抑性原则仅为刑法原则,但本文认为凡法律皆有谦抑性,作为上层建筑的法律只能是相对独立地反作用于一定的物质生活客观现实。知网上亦有许多学者讨论诸如民法、行政法等的谦抑性问题。

的前提。针对大数据杀熟的性质,具体有以下两种观点。

1. 价格歧视论

价格歧视理论是指为不同的用户制定不同的价格,以便最大化程度攫取利润。在完全竞争市场中,诸如白菜、大米等生活必需品,由于买卖双方数量很多,产品差异不大,因此不具备实施价格差异化的基础条件。只有在非完全竞争市场中才会催生出价格歧视策略——给愿意高价购买的人更贵的价格,给只想便宜买的人更优惠的价格。如果经营者能够知晓每个用户心里愿意支付的最高价格,并且按此价格出售,这种类似“量身定制”的价格就构成了一级价格歧视。但在实践中,这几乎是不可能实现的,因而产生了二级价格歧视——让低端产品更低端,通过区分高、低端用户的购买区间进行差别定价;以及三级价格歧视——以优惠券、折扣等方式直接给不同层次的用户提供不同的价格,比如持有学生证可以享受优惠、同一件商品在不同地区的售价不同、高速公路对不同车型收取不同的费用,这些都是最典型的三级价格歧视。那么,大数据杀熟是否属于价格歧视的一种呢?

从目前的实践案例看,实施价格歧视的要件有三:第一,经营者有能力对市场价格施加特定的影响。目前,大数据杀熟大多出现在互联网平台中,从互联网平台的自身属性看,其往往具有较突出的市场影响力,在相关市场上也几近于垄断地位。以滴滴出行为例,滴滴出行每年全球活跃用户4.93亿人,全球活跃司机1500万人,在全球16个国家或地区超过4000座城市提供网络打车服务①,这些数据足可见滴滴公司的市场支配地位。而有研究显示网约车平台也有能力对不同的客户收取不同的价格。② 第二,用户对经营者生产的同一产品或提供的同一服务有不同需求弹性,经营者利用需求弹性的特性制订高低错落的价格,从而实施价格歧视。对大数据而言,给用户行为画像③是最基本的功能之一,互联网平台掌握着大量的个人信息,从用户搜索内容和频次,到消费金额和价格敏感度,可谓“应有尽有”,很容易就能把不同需求弹性的用户群区分开来。第三,经营者能够成功地分离用户人群,尤其是高端用户无法接触到低价商品或通过设置某些烦琐的购买措施使其懒于以低价购买商品。以淘宝为例,淘宝可通过技术手段为高端用户只展示高价商品或将其排列在先,抑或允许高端用户购买低

---

① 引自滴滴出行美国IPO上市路演报告。

② 2021年复旦大学管理学院副教授孙金云对市场上几个主流的打车软件调研后发现,与非苹果手机用户相比,苹果手机用户更容易被专车、优享等收费贵高的司机接单。如果乘客不是用苹果手机,手机价位越高越有可能被更贵车型接单。

③ 指为了评估自然人的某些条件而对个人数据进行自动化处理的活动,包括为了评估自然人的工作表现、经济状况、健康状况、个人偏好、兴趣、可靠性、行为方式、位置、行踪等进行的自动化处理。

价商品，但又设置了需要分享链接、图片留言等容易让高端用户感到麻烦的前提条件，使其懒于操作，从而更容易选择直接购买高价商品。综上所述，大数据杀熟完全可以实施价格歧视。而且，有观点认为大数据在算法的帮助下，大大增强了经营者获取用户内心底价的能力，甚至可以实现相同交易条件下的一级价格歧视。①

2. 价格欺诈论

在正常情形下，经营者在进行商品或服务行为定价时，必定要围绕生产经营成本和市场供需情况决定价格的高低，即马克思价值规律理论的基本观点。如果利用容易引发曲解的虚假价格，诱导和欺骗用户进行买卖行为，则将构成价格欺诈，并且无论最终达成交易与否，均告成立。② 在互联网消费情景中，价格欺诈常用的手段和典型表现③主要有：(1)商品的标价、品名、产地、等级、质地等所标示的信息与实际情况不符。这是利用了终端用户无法在收货前实际接触到商品，即利用信息不对称进行价格欺诈。(2)商品或服务标明了市场最低价、出厂价、特价等，但又未说明价格依据或者用户无法进行比价。对于一般的网购用户，其时间精力有限，无法对互联网平台展示的上百家甚至上千家店铺的同类产品价格作逐一对比，即人为地利用买方调查能力的不足进行价格欺诈。(3)虚构原价或提供虚假优惠折扣。这是近些年来各种名目的"购物节"中经营者常用的手段，在购物节之前提价，再以所谓的"折扣"在购物节当天打折，使价格明降暗增进行价格欺诈。(4)提供优惠价格，但实际上附加适用条件或附加方式不够显著。在一些团购外卖类平台中经常会给用户提供红包或积分返利等抵用券，但通常这些红包在使用时都有诸多限制且对限制的说明隐藏极深或字号很小，不易被用户察觉。用户决定购买后又发现无法使用，如果用户购买意愿非常强烈则可能会自愿放弃经营者赠与的红包，虽然名义上是买方自愿的行为，但在某种程度上仍构成了价格欺诈。

值得注意的是，尽管互联网消费领域中存在价格欺诈现象，但互联网平台却并非一定构成价格欺诈责任的承担主体。如果平台不直接向用户或者其他经营者销售商品，则不属于经营者范畴，更像是一种中介商。只有在平台参与价格标注或制定时，平

---

① 参见何睿：《"大数据杀熟"的规制困境与反思》，载《法治参考》2021年第8期。

② 参见国家发展改革委关于《禁止价格欺诈行为的规定》有关条款解释的通知（发改价监〔2015〕1382号）第1条。

③ 参见《禁止价格欺诈行为的规定》（中华人民共和国国家发展计划委员会令第15号）（已废止）。

台才会承担责任。① 基于此,在一起案例中法院认为,携程 App 作为中介平台对标的实际价值有如实报告义务,且应当有相应的价格监管措施。该案中,原告胡女士是携程平台上享受优惠价的钻石贵宾客户,其通过携程 App 线上订购了酒店的房间,然而酒店大堂线下标价仅为线上价格的一半。最终,法院认为,携程向原告胡女士承诺钻石贵宾享有优惠价,但实际上非但没有提供促销优惠,更是向原告提供了一个溢价率100%的虚假价格,从行为表现看显然属于价格欺诈,平台应承担责任,故判罚携程退一赔三。②

综上所述,价格歧视更多是违反公平交易规则,让一部分买方在无意识中多付出了成本,而价格欺诈是根本上违反市场经济基本的诚实信用要求。大数据杀熟兼具价格歧视和价格欺诈的双重属性,对市场价格公允性具有明显的破坏性,而价格歧视和欺诈本质上也是算法的歧视和欺诈。当经营者利用自动化决策实施的差别待遇符合价格歧视和欺诈特质时,可以认定该差别待遇是不合理的。

(二)对用户个人信息的非法搜集及利用

在《个人信息保护法》通过之前,但凡使用 App 都会涉及个人信息的授权问题,而一旦用户同意授权则意味着个人信息数据被利用和处理的可能性,不同意则很可能直接导致无法使用 App。虽然《个人信息保护法》已经明确禁止以用户不同意为由拒绝提供产品或者服务的行为,但用户在正常使用相关服务时,其需要主动提供自己的需求信息,由算法对搜索内容匹配相关的产品或服务,所以认定算法是否非法搜集和利用用户个人信息的真正难点在于区分哪些信息是用户同意提供的。比如,经营者经常会提供各种优惠券的组合,这些优惠券大多数是由算法临时生成的,算法也为这些优惠券提供了五花八门的使用限制理由,比如"上个月用户曾打过车""前天用户买过菜",等等。用户的消费记录是用户主动行为产生的并且经常作为用户消费维权的依据,所以单从这一点上看,很难认为是算法主动收集和处理了用户信息,而这背后都实际上却隐藏着算法对用户消费行为信息的利用。

此外,《个人信息保护法》规定了算法在进行信息推荐和商业营销时,应当同时提供不针对其个人特征的选项,或者向个人提供便捷的拒绝方式。但这也意味着在某些

① 这些情形包括:(1)平台在网站或 App 首页或者其他显著位置标示的某商品的价格低于销售该商品的经营者在商品详情页面标示的价格的;(2)平台声称平台内某商品开展促销活动,但销售该商品的经营者并未参加促销;(3)平台强制要求销售该商品的经营者进行虚假的或者设置引人误解的标价的。参见国家发展改革委关于《禁止价格欺诈行为的规定》有关条款解释的通知(发改价监〔2015〕1382 号)第10条。

② 参见余建华、徐少华:《浙江一女子以携程采集非必要信息"杀熟"诉请退一赔三获支持》,载《人民法院报》2021年7月13日,第3版。

非商业领域,针对个人信息特征的算法推荐仍然可以畅通无阻。比如,用户曾搜索过“婴儿奶粉”,那么他可能会看到“外国进口奶粉比国产奶粉好”的文章,甚至还可能会看到“宝宝4~6个月以后应该吃山羊奶粉”的“假知识科普”。这些伪装成非商业营销的科普信息,反倒可能成为大数据杀熟的“漏网之鱼”,使一部分用户“自投罗网”。

不仅如此,个人信息的泄露和对特定隐私的歧视在大数据杀熟领域比比皆是。除姓名、性别等常见的公开个人信息外,人们不愿对外公布的私人信息,如收入、病情、行踪轨迹等,均属于个人隐私范畴。个人隐私是自然人不愿他人介入的私人空间,不论其是否具有经济价值,都体现了一种人格利益。而现有实验显示,当使用多个手机终端模拟不同收入群体的用户使用相同的App时,模拟低收入人群的手机会更容易收到各类低价劣质商品和网络贷款广告轰炸。这恰恰表现出算法收集和掌握了用户的收入隐私,并将用户按照收入高低分为不同层级,进而歧视性推荐不同内容的商品和广告。

综上所述,基于歧视性算法的产品匹配,本质上是平台对算法的滥用造成的结果。现有规则尚不足以阻止个体间认知偏差的继续扩大,经营者仍可以打造信息茧房①,利用算法在未经用户明确同意的情况下,对个人信息进行非法收集,或非法利用用户在使用过程中不可避免生成的个人信息,并进一步侵害用户隐私权。

三、对算法行为的规制路径探索

通过前文的分析,我们已然知晓被经营者滥用的算法,会通过大数据杀熟的方式给用户权益造成什么样的损害。那么,设法对算法行为进行规制自然是算法的终极归宿。目前,主流观点认为,规制算法作恶、防范大数据杀熟的做法可以归纳为以下几种。

(一)算法透明化

算法透明原则是当前最广为人知且最容易被普遍接受的原则,也是《个人信息保护法》的要求之一。《算法推荐管理规定》也规定,必须“制定并公开算法推荐服务相关规则”。算法透明根本上是源于对算法行为的事前预防机制。这项原则的基本要求是经营者在运行算法之前,必须首先向社会公开自己的源代码等算法要素。从公开的动因上看,算法的公开能够助使公权力机关及早介入并对经营者进行问责,同时可以充分保护公众的知情权,保证用户受到公平对待,不受歧视,让公众能够全面了解算法的

---

① 指人们关注的信息领域会习惯性地被自己的兴趣所引导,从而将自己的生活桎梏于像蚕茧一般的“茧房”中的现象。

益处、风险和权衡利弊,从而保护用户的正当权益。

2019年4月,欧洲议会研究服务机构公布了《算法问责及透明度监管框架》,对算法及其决策过程中哪些要素应当透明、透明程度如何、哪种类型的透明度最有益且成本最低等作了探讨与规定。① 2020年12月,欧盟颁布了《数字服务法》,对中介商、广告商和大型的互联网平台等都强调了算法透明原则。譬如,中介服务提供者若需对服务接受者在其使用相关服务时进行某种限制,则必须在其服务条款中向服务接受者主动披露包括用于内容审核目的在内的任何政策、程序、措施和工具的信息,还包括算法决策和人工审核。②

诚然,算法透明化能够让公众参与监督,尽可能在阳光下揭露经营者试图隐藏的"算法黑箱",但在当今大规模使用算法改善生活的时代,首先算法透明原则在成本上便不可行,全部公开也会加大政府监管难度。毕竟算法的代码不是一两行,使用算法的企业也不止一两家,如果逐一进行事前筛查,可能需要极大的人力、物力。其次,就技术的复杂性角度而言,一味地追求算法透明可能起到的监督效果不一定好,因为算法一旦公开就使竞争对手更容易窃取这些技术,很可能会损害算法经营者的利益,影响真正有益的算法创新。所以,我们不禁要对算法透明打上一个问号。

(二)算法可解释化

算法的本质是一种程序处理输入信息的决策。如果一个决策是可以被解释的,我们便可以更容易地了解该决策的优缺点,并对其风险进行合理地评估,知道其在多大程度上、在怎样的情景中可以被信赖,以及我们可以从哪些方面对其进行改善。与此相类似,算法的可解释性原则就是指经营者需对其设计出的算法及决策机制进行合理解释。在算法可解释化的规则下,如果算法被用作违法犯罪③,包括大数据杀熟等侵害民众权益时,该算法就应当有正当且合理的解释。如果经营者无法对其算法的非侵害性作出令人满意的解释,则该算法就是非法的、不该被使用的。因此,与算法透明强调的算法应被公开不同,算法可解释化更多强调的是算法应是可被理解的。而且,算法可解释化应当建立在算法透明的基础上,否则即便经营者将算法公开,民众也会因不了解专业知识,无法对算法及决策机制进行利害评估。

欧盟在1995年《数据保护指令》中开始关注算法的可解释性,该法规定个人有权

---

① See EPRS_STU(2019)624262_EN.

② See Digital Services Act.

③ 例如2015年7月,德国的一名工人被正在安装的机器人突然抓起又重摔后死亡。2017年9月,我国出现了首例运用人工智能实施网络诈骗的犯罪。参见张雅:《人大代表:为防范重大风险　需针对人工智能应用立法》,载人民网,http://industry.people.com.cn/n1/2019/0305/c413883-30957392.html。

了解其个人数据是否被处理以及哪些个人数据以怎样的方式被处理。个人也可拒绝以直接营销为目的的个人数据处理,以及要求完善不完整数据或修正不准确数据,以确保个人数据处理符合使用数据保护原则。随后,欧盟在 2016 年的《通用数据保护条例》(GDPR)中扩大了人们获得关于算法决策机制信息的权利。例如,《通用数据保护条例》允许个人在质疑算法准确性的情况下,要求限制处理个人数据的权利。再如,当个人数据与收集目的不再相关时,或者当个人撤回处理许可且无其他法律依据支持后续处理时,可行使删除权。① 而前述《数字服务法》第 13 条第 1 款也要求"中介服务提供者应当至少每年一次发布关于算法决策审核情况的报告"。综合来看,算法的可解释化已成为评估人工智能技术风险的一个重要指标。

通常,对算法进行解释的最常用方法是数据可视化,如通过设计图表来展示分析挖掘成果,演示用户个人数据是如何被算法收集、整理,商品服务定价是如何操作的。这种方法有点类似于之前的算法公开,但区别在于不对算法代码本身进行公开。算法之所以被人们怀疑和警惕,主要因于其高度的非线性性质,每个下级数据都是由上一层的数据根据非线性函数计算得到的,人们无法像理解线性回归的参数那样去理解算法神经网络中的参数含义。为此,我们还可以使用敏感性分析法,通过改变用户个人数据信息,观察输入变量对输出变量的重要性程度,判断算法对数据处理的合理性。

目前,《算法推荐管理规定》已规定算法经营者应当定期审核、评估、验证算法机制机理、模型、数据和应用结果等,并以适当方式公示算法推荐服务的基本原理、目的意图和主要运行机制等。《个人信息保护法》亦有类似规定,但其前提都是在对个人权益有重大影响时,用户才有权要求算法经营者予以说明。首先,何为"对个人权益有重大影响"难以确定。其次,算法的可解释性原则虽然看似合理,但实施起来却仍有一定的难度。因为,一个算法越复杂,它的准确性程度就越高,但算法越复杂,也就意味着该算法越难以被解释清楚。如果强制经营者使用可被完整解释的算法,可能会导致许多先进的人工智能系统被禁用,因为人工智能的准确性与可解释性之间本身并不是完美融合的。而且大数据杀熟是以多维数据处理和海量数据为基础的,如果为了可解释性而牺牲技术的准确性,结果将会是灾难性的。

(三)建立专门监管

第三种规制策略是建立专门的算法监管机构,特斯拉 CEO 马斯克在 2021 年 3 月

---

① See General Data Protection Regulation.

出席中国发展高层论坛时表示,算法人工智能应当被监管。[①] 2020年6月,美国参议员谢罗德·布朗(Sherrod Brown)发布了一项隐私法案的讨论草案,该法案名为《2020年数据问责制和透明度法案》。他提议建立专门的数据问责制和透明度机构,并设主任一名,任期5年。该机构将被赋予广泛的规则制定权力,并可以确定它认为不公平、欺骗性、滥用算法或算法歧视的具体做法,主要包括:禁止将个人数据保留的时间超过为实现允许的目的所绝对必要的时间;禁止使用面部识别技术以及收集、使用或共享通过面部识别技术获得的任何个人数据;禁止歧视性地使用个人数据;要求对算法决策机制进行偏见测试和风险评估;为公民个人提供访问权、删除权和更正权,以保障算法透明和准确性;要求经营者建立全面的隐私和数据安全政策、实践和程序等。[②]《数字服务法》第47条也规定,由数字服务协调员组成的独立咨询小组"欧洲数字服务理事会"负责监管职责的实施。

不论上述法案监管的内容是否合理,单就大数据杀熟技术本身而言,各家企业的算法逻辑不同,收集的数据不一(如有的是用户喜好,有的则是用户的行程等),监管机构到底要监管什么内容、怎样监管都是不容忽视的问题,由统一的监管机构进行管理存在操作上的障碍。事实上,算法的危险性主要取决于技术的应用场景,不能仅仅因为某个低风险的产品使用了算法,就对它进行监管。而且,无授权的监管显然违背了依法行政的前提,这样会限制经营者使用人工智能技术的能力和意愿。

既然上述三种路径都各有欠缺,是否有集三家之所长的解决方案呢?美国智库机构数据创新中心的高级政策研究分析师乔舒亚在2018年提出了算法责任原则。根据算法责任原则,经营者需要验证自己的人工智能系统是否严格按照设计意图运行,能否预防有害结果发生。算法责任原则的优点在于它不要求经营者向社会公开算法源代码,保留了算法作为公司商业秘密的隐私性,也不需要经营者事先向用户主动地解释算法的具体决策机制,不会减缓技术进步。而且,它可以把政府监管责任分散到各行业的监管机构手里,避免统一机构监管实操难的困境。[③] 综上所述,算法责任既能够保证算法的灵活性并最大限度地减少危害,又不会牺牲算法的经济效益性。

---

① 参见吴雨欣、崔珠珠:《马斯克:支持人工智能安全监管,这是合理的》,载澎湃新闻网2021年3月20日,http://m.thepaper.cn/rss_newsDetail_11800804。

② See Brown-DATA – 2020 – Discussion-Draft.

③ See Joshua New, Event Recap: Accountability in the Algorithmic Economy, Datainnovation, https://datainnovation.org/2018/06/event-recap-accountability-in-the-algorithmic-economy/.

四、细化算法责任的构成要件

上海消保委明确呼吁，为有效应对算法的不透明性与难解释性给消费者权益保护与反不正当竞争带来的新挑战，应尽快健全数字规则，促进平台算法公平。[①] 由于大数据杀熟侵犯的是公民的私权利，所以算法责任本质上属于民事侵权责任的一种。因此，在《算法推荐管理规定》的基础上，我们应进一步细化明确算法责任的构成要件。

（一）责任主体

依如前述，算法责任是以计算机算法程序为基础的，故算法责任的主体一定是互联网领域的企业或至少是依托计算机技术编写算法继而进行信息推荐行为的经营者。并且，大数据杀熟是需要以积累一定用户规模、达到一定市场影响为实施前提的，所以初创型企业即便满足上述行业或技术特征，也根本实施不了大数据杀熟。比如2019年10月，美国通过了《2019算法问责法》，该法案强制要求相关企业针对算法的道德、非歧视性使用进行评估，并解决其对数据安全和隐私的影响，研究审查是否存在算法上的偏见。该法的适用主体包括：(1)根据1986年美国《国内税收法》第448(c)条，在最近一个财政年度之前的3个纳税年度期间的平均年度总收入超过50,000,000美元的企业或个人；(2)用户数量超过100万(人或设备终端)的企业或个人；(3)实质上拥有、经营或由符合上述两项要求的个人、合伙企业或公司控制；(4)是数据经纪人或其他商业实体，其主营业务是收集、组合或维护个人信息，以便出售或向第三方提供对信息的访问。[②]

从规范主体看，《2019算法问责法》把矛头对准了能够获取大量数据信息的大型科技公司，且无论其行业如何。但是从另一个极端看，算法责任主体是否需要达到垄断的程度其实是值得商榷的。《中华人民共和国反垄断法》中明确了“无正当理由，对同等条件的相对人在交易条件上设置有差别的待遇”属于垄断行为，这一点符合大数据杀熟的歧视特征，但实际情况却是某个非初创期的经营者在未获得市场支配地位的情况下，仍然可以对其掌控的用户进行分类并实施差别对待。所以，大数据杀熟和垄断行为并非充要条件，算法责任主体不一定要求具有垄断性质。综上所述，只要是拥有一定数量用户(如100万以上)，能够使用算法对其用户个人信息进行非经同意的加工处理，并利用上述处理结果对用户进行不合理的差别待遇或信息推送的算法经营者，

---

① 参见上海市消保委：《健全数字规则　促进平台算法公平　保护消费者合法权益》，载上海市消保委官网，https://315.sh.cn/html/bjsy/2021/03/17/fa605617-0a40-4ebe-8b7a-ca6f9bff6f3b.shtml。

② See The Algorithmic Accountability Act of 2019.

均属于算法责任主体范畴,应当受《算法推荐管理规定》规制。

(二)行为模式

2021年2月7日,《关于平台经济领域的反垄断指南》(以下简称《指南》)正式出台,旨在预防和制止平台经济领域垄断行为,保护市场公平竞争,促进平台经济规范有序创新健康发展。《指南》明确了可能被认定为“大数据杀熟”等不正当竞争行为的范围①。据此,算法责任指向的一般行为模式可以概括为:利用计算机编程,对特定相对人的个人信息数据进行搜集、归纳、整理,再通过算法对特定相对人匹配不一样的商品和服务,包括施加不同的定价和设置不同的交易条件,从而不正当获利的行为,或者能够通过信息推荐差异影响特定相对人作出判断的行为。如果数个经营者之间共享数据,并利用算法杀熟或实施特定影响等,则应当认定为共同侵权。同时,违反下列原则和义务也将被视为算法侵权。

1. 违反算法的编写原则

算法的处理对象是海量的用户数据,因此必须限定算法的编写原则,从而制约算法超约定范围地挖掘和利用数据。《深圳经济特区数据条例》第3条明确规定自然人的个人数据权属于人格权益。个人数据是指与特定自然人信息有直接关联和指向性的数据,但不包括匿名处理后使指向性下降或消失的数据。笔者认为,算法经营者在编写算法时需谨慎且有限度地处理在经营中接触和记录的个人数据,使数据处理范围处于最小必要,并保证对个人权益的影响最小。所谓最小必要,是指处理个人数据时,数据种类、范围应当与处理目的有直接关联,否则处理目的客观上便不能实现;所谓影响最小,是指为实现处理目的所需收集的数据量和处理频率要最小,存储时间要尽可能短。特别要注意的是,算法在结果的内容呈现上对用户的影响也应保持最小。例如,《算法推荐管理规定》明确规定算法推荐服务提供者应当加强页面生态管理,不得设置歧视性或者偏见性用户标签,在首页、榜单类、弹窗等重点环节积极呈现符合主流价值导向的信息内容,避免对用户产生不良影响。简言之,由于人工智能的复杂性,任何算法在编写时均应遵守上述基本原则,而在具体编写算法时,算法监管部门应结合产品和服务特征,并与技术专家合作,以确定如何正确有效地监管算法。

2. 违反算法的告知义务

在算法对个人信息数据进行收集和处理前,算法经营者应依法告知用户将要收集

---

① 基于大数据和算法,根据交易相对人的支付能力、消费偏好、使用习惯等,实行差异性交易价格或者其他交易条件;对新老交易相对人实行差异性交易价格或者其他交易条件;实行差异性标准、规则、算法;实行差异性付款条件和交易方式等。

的个人信息数据的种类[1]、范围、处理目的、数据存储期限、处理个人数据时可能存在的安全风险，以及出现风险问题时经营者拟采取的安全保护措施，并依法征得同意（特别是以上内容发生变更时应重新同意，且对未成年人数据的收集应由监护人同意[2]）。例如，《深圳经济特区数据条例》第29条规定了数据处理者应当明示用户画像的具体用途和主要规则。但是，经营者利用算法收集和处理以下个人信息数据，不属于违反告知义务：(1)已经合法向社会公开的个人信息数据，并且不违反该数据公开时的目的；(2)尽管未告知，但为了实现以自然人作为一方当事人的合同目的所必需；(3)应政府管理部门要求依法实施的算法数据收集和处理；(4)其他紧急情况下为了保护自然人的人身、财产安全等重大合法权益，无法事前告知的。

除经营者的主动告知外，自然人有权撤回赋予算法经营者的算法数据处理权，并要求删除相关个人信息数据。无论是《2020年数据问责制和透明度法案》，还是《通用数据保护条例》都不约而同地规定个人享有对算法收集数据的理由的质疑权，以及可以要求人工审查算法决策方式是否合理。该点已经被《算法推荐管理规定》所吸纳[3]。当然，个人可以直接拒绝算法对其进行数据处理，比如《个人信息保护法》规定："个人有权拒绝个人信息处理者仅通过自动化决策的方式作出决定。"

（三）举证责任与主观心态

由于算法具有强烈的专业技术性，常人难以对其是否合理进行说明，若按照常规举证责任设置方式，恐给受害人带来极大的举证负担。同时根据算法可解释化规则，经营者应对其算法决策进行必要适当的解释。因此在算法侵权责任中，宜采用倒置的举证责任，由算法经营者证明算法的基本原理、目的意图、运行机制等不存在侵害性。

在主观心态方面，算法出现侵害性可能有三种情形：第一，算法经营者故意指令程序员编写有害算法并实施杀熟行为的，必当承担算法责任。第二，算法经营者并无指令，程序员也并非故意，而是出现了"胖手指"情况而使算法无意中产生了侵害性。"胖手指"原本是指在瞬息万变的金融市场中，交易员因按错键盘，导致投资者损失惨重，甚至造成整个市场的动荡。在算法程序情景下，如果程序员也因为工作疲劳或压力过

---

① 《常见类型移动互联网应用程序必要个人信息范围规定》对常见类型App需收集的必要个人信息范围作了界定，且规定App不得因为用户不同意提供非必要个人信息，而拒绝用户使用其基本功能服务。

② 经营者如何区分用户是未成年人还是成年人属于技术问题，此处不做讨论。

③ 《算法推荐管理规定》第17条：算法推荐服务提供者应当向用户提供不针对其个人特征的选项，或者向用户提供便捷的关闭算法推荐服务的选项。用户选择关闭算法推荐服务的，算法推荐服务提供者应当立即停止提供相关服务。算法推荐服务提供者应当向用户提供选择或者删除用于算法推荐服务的用户标签的功能。

大等原因无意识地多敲了代码,则可能也会导致算法侵权结果出现,对此经营者责无旁贷[①]。第三,算法经营者和程序员均并无故意或过失,而是基于计算机自我学习的技术,算法自身产生了歧视的结果,这种情况应予排除算法经营者的责任,但算法经营者有义务及时弥补算法漏洞,修复所造成的损害。

(四)赔偿金额认定

在上文的携程杀熟案中,法院最终认定的赔偿金额为携程未完全赔付的差价及订房差价的三倍,即赔偿金额的计算基础为产品或服务的实际价格与线上标价的差额。但由于线上标价是经算法结合不同用户的个人特征单独计算形成的,不同用户的线上标价并不相同,所以同样情形下可能会导致用户可获得的赔偿金额不一致。为消除因个人特征形成的计算基础差异,保障赔偿金额的公允性,建议规定退还用户支付的线上标价和实际价格的差额,并按照该经营者正在经营的同样产品或服务的算术平均价与实际价格的差额之三倍支付赔偿金。如果是在非商业领域的算法侵权,因为用户的实际损失可能无法量化,应当根据经营者实施算法侵权期间的获益情况酌定比例予以赔偿。

---

① 有研究发现,通过往程序中随机地制造一些干扰信息,程序可能就会因此输出错误的结果。比如水星探索项目中一段Fortran代码里的逗号被写成了点号,影响了运算的准确性,最终导致太空探测器无法到达更远的轨道。See Programming Languages vs. Fat Fingers.

平台经济领域的相关市场界定

——以保护消费者利益为价值导向

张　键*

内容提要：数字经济下以平台为中心的商业模式对传统相关市场界定理论提出了挑战，目前已有研究和实践提出的分析路径与解决措施没有明确的反垄断价值导向，平台经济领域相关市场界定方法选用仍处于不明状态。应当明确保护消费者利益是平台经济领域相关市场界定的价值导向，在进行具体相关市场界定工作时，以消费者需求替代法与最小市场法为基本思路，以网络效应为基础界定几个相关市场，以需求替代分析为相关市场界定的主要工具，以供给替代作为补充，同时优化假定垄断者测试分析方法。

关键词：平台经济；相关市场；消费者利益；需求替代

随着大数据和与之相关的算法、人工智能、云储存等新技术的开发与使用，平台经济日益兴盛，但随之而来的平台竞争乱象也日渐显现。2020 年，因"食派士"餐饮外送平台实施"二选一"垄断行为，上海市市场监管局对其作出行政处罚。2021 年，阿里巴巴、美团两家大型互联网平台也因滥用市场支配地位行为被市场监管总局处以巨额罚款，并被责令停止违法行为。① 可见，平台经济领域反垄断的重要性日益凸显。既有的反垄断分析通常从定义反垄断相关市场开始，但目前理论研究、执法和司法实践都没有就如何改进传统相关市场界定理论使其适时反映出平台经济领域的新问题达成一致，导致反垄断审查在相关市场界定这一环节出现障碍，亟须在反垄断价值指导下选择适合的相关市场界定方法，保证反垄断执法与司法的连贯性。

---

* 湖南大学法学院硕士研究生。

① 国家市场监督管理总局行政处罚决定书，国市监处 2021〔28〕号。

一、平台经济领域相关市场界定的现状与改良

(一)相关市场理论在平台经济领域面临的挑战

平台是指为两个或多个客户群服务,通过网络外部性将客户群相互联系来促进客户群体之间的互动,从而能够为至少一个群体创造效率和价值的特定业务类型。① 国务院反垄断委员会《关于平台经济领域的反垄断指南》(以下简称《指南》)将平台经济领域定义为互联网平台领域,其因为下列三个显著特征给传统相关市场界定方法带来挑战。

一是双边或者多边市场特征以及由此带来的交叉网络效应。相比于单边市场,平台必须吸引两个或多个不同的用户群体才能持续性地经营下去,双边或多边市场上的用户需求不尽相同,平台此时面临的竞争约束更加复杂,对平台进行相关市场界定时可能涉及多个产品与服务,传统基于单边市场的替代性分析所考虑的因素无法完全涵盖平台市场中的变量,究竟界定一个市场还是多个市场的困惑也由此产生。

二是平台经营者为了追求利润最大化,往往基于双边市场的交互采取不对称的价格策略。由于交叉网络外部性的存在,平台经营者采取对某一边用户(一般是产品与服务的最终消费者)只收取低价甚至免费的定价策略以此博取该市场用户的"注意力",而对另一边用户(一般是平台内经营者或者广告商)需要的产品与服务则收取相对较高的费用。由于平台这种不对称的价格策略,平台上的竞争已经从传统的"价格竞争"走向"非价格竞争"。这一方面就使传统以价格数据为中心的定量分析工具如假定的垄断者测试SSNIP、临界损失法(CLA)失灵,另一方面也会让人产生免费模式下是否需要界定相关市场的疑问。

三是平台的动态竞争性与边界模糊性。一方面,平台经济领域产业更新速度极快,"数据驱动型市场"当中具有创新能力的潜在进入者可以迅速形成竞争优势,取代已有相关市场中的既有平台经营者。动态竞争致使消费者需求与偏好不断变化,平台提供的商品与服务的类型及其所适用的场景也在变化,导致传统静态的替代性分析方法无法涵盖所有要素,分析难度变大。另一方面,正是由于竞争的动态变化,加之平台的非实体性与边界模糊性,相关地域市场界定的难度也随之增大。

(二)既有研究与实践未提供明确的解决路径

已有研究对平台经济领域相关市场界定的改进措施有一定的争议。首先,平台经

① See David Evans & Richard Schmalensee, The Antitrust Analysis of Multi-Sided Platform Businesses Coase-Sandor Inst. for L. & Econ., Working Paper No. 623, (2012).

济领域是否需要界定相关市场存在争议,唐要家等主张可以越过相关市场界定直接认定垄断行为的存在①。陈兵等则认为相关市场界定仍是必要环节②。其次,关于采用多市场法还是单市场法存在争议。菲利斯特鲁基(Filistrucchi)提出以不同类型的平台来决定界定相关市场的数量,交易型平台将平台整体界定为一个相关市场,非交易型平台则将平台界定为两个或多个相关联的市场③;卡茨(Katz)则认为,在线平台的相关市场应该进行细分,多市场的方法才是界定平台相关市场的最佳方法④。最后,市场界定的工具的选用存在争议,有学者认为平台经济领域相关市场界定应改变传统的分析思路,将供给替代分析作为首要分析方法⑤,有学者却认为需求替代法仍是主要分析方法⑥。还有学者提出了如"盈利模式测试法""利润中心分析法""产品性能测试法"⑦等方法。总之,既有研究还无法为实务提供明确的理论指导。

同样,在平台经济反垄断执法与司法实践中,各个司法辖区的不同案件中也未产生一致的相关市场界定的分析思路。欧盟内部在不同的平台案件中对相关市场的选择有很大不同,在索克报业集团合并案(GIMD/Socpresse)中,欧盟委员会分别界定了读者市场与广告商市场。在脸书和瓦次普合并案(Facebook/Whats App)中,欧盟委员会同样划分了用户服务市场和广告服务市场,但是在微软和雅虎合并案中,欧盟委员会只审查了合并对于在线广告服务市场的影响。欧盟和美国在审查相同案件时也存在明显分歧,在谷歌和双击合并案(Google/DoubleClick)中⑧,美国联邦贸易委员会(Federal Trade Commission, FTC)审查了搜索广告市场、广告中介市场和广告服务市场三个市场,而欧盟委员会审查了在线广告空间市场、在线广告中介市场和在线广告

---

① 参见唐要家、唐春晖:《数字平台反垄断相关市场界定》,载《财经问题研究》2021 年第 2 期。

② 参见陈兵:《平台经济领域相关市场界定方法审视——以〈国务院反垄断委员会关于平台经济领域的反垄断指南〉第 4 条为中心的解读》,载《法治研究》2021 年第 2 期。

③ See Lapo Filistrucchi, Damien Geradin, Eric Van Damme & Pauline Affeldt, Market Definition in Two-Sided Markets: Theory and Practice, 10 J. COMP. L. & ECON. 293(2014).

④ See Michael Katz & Jonathan Sallet, Multisided Platforms and Antitrust Enforcement, 127 YALE L. J. 2142 (2018).

⑤ 参见宁立志、王少男:《双边市场条件下相关市场界定的困境和出路》,载《政法论丛》2016 年第 6 期。

⑥ 参见陈兵、郭光坤:《如何做好平台反垄断相关市场界定》,载《中国价格监管与反垄断》2021 年第 3 期。

⑦ 参见张玉洁:《互联网行业相关市场界定的司法困境与对策——以双边市场为视角》,载《价格理论与实践》2018 年第 1 期。

⑧ Case No COMP/M. 4731 – Google/DoubleClick, 11 March 2008, par. 45 – 46.

技术市场三个市场。

近年来,我国涉及平台经济领域的反垄断案例逐步增多,为了给反垄断执法提供指导,《指南》第4条规定了相关市场界定方法。该条删除了《征求意见稿》中的直接证据法,为平台经济领域反垄断分析是否需要界定相关市场这一争论作出初步回应。但是,在采取何种方法以及界定几个相关市场的问题上,该条却略显笼统。虽然明确了替代性分析仍是相关市场界定的主要方法,但其既可以使用需求替代分析,也可以使用供给替代分析,既可以采用单市场法又可以采用多市场法。无所不包也意味着模糊性,最终使得反垄断执法部门在界定相关市场时面临"选择什么方法都可以,但选择什么都可能不合适"的尴尬境地,执法工作的不确定性也因此变大。

(三)以反垄断价值规范平台经济领域相关市场界定工作

在相关市场界定方法实现重大突破前,首要任务是确定平台经济领域反垄断个案中相关市场界定应当按照何种基本思路进行。笔者认为,既有研究与相关执法、司法实践对于平台经济领域相关市场界定方法选择上的激烈争锋,既是综合多种特性的平台经济模式的"客观"体现,其也显示了不同司法辖区、不同学者、不同法院与执法机构对于平台经济反垄断的不同"主观"价值选择。如果侧重于"保护效率与自由",则可能倾向于直接越过相关市场界定,采取供给替代的分析方法,因为供给替代法所界定的相关市场一般较宽,使用供给替代法企业受到反垄断处罚的可能性随之减少;如果侧重于"保护消费者利益与公平",则倾向采取需求替代的方法、细化相关市场界定等,因为需求替代和相关市场细分的结果都是相关市场较窄,"作为原告的消费者"胜诉的可能性更大。而《指南》确立的相关市场界定方式更是各种价值取向兼有之。

既然现有研究、司法判例以及最新的《指南》都无法提供清晰、一致的界定思路,那么应当回归反垄断的价值目标去规范该领域的相关市场界定工作,在"自由""秩序""消费者利益"等价值目标中选择最适宜平台经济领域相关市场界定的价值,进而明确其最佳的相关市场界定方法。总体考察,"保护消费者利益"应是平台经济领域相关市场界定的价值导向,平台经济领域相关市场界定的基本思路、数量选择与工具选择均应从保护消费者利益的角度出发。

二、以保护消费者利益为平台相关市场界定的价值导向

(一)保护消费者利益是反垄断的主要目标

在绝大多数国家和地区的反垄断法中,保护消费者利益都是作为重要的价值目标出现的。在美国,保护消费者利益是反垄断学术研究的核心考量因素。博克(Bork)指

出，反托拉斯的本质目标就是保护消费者利益，防止社会财富由消费者流向经营者。[①]后芝加哥学派进一步提出，反垄断的最终目标不是增加社会的总财富，而是保护“处于弱势的大多数”的消费者免受剥夺其竞争利益。当反垄断案件中消费者利益和经济效率之间出现矛盾时，法院同样忠实于保护消费者利益这一价值目标。[②] 在瑞特公司（Reiter）诉声通公司（Sonotone Corp）一案中，法院认为《谢尔曼法》是一个“消费者福利的处方”。[③] 在布鲁克集团一案中，法院详细阐述了掠夺性定价行为，重申了认定掠夺性定价必须存在“补偿可能性”，因为如果没有这种可能性，掠夺性定价会降低市场上的总价格，从而有益于消费者。[④] 在丽锦（Leegin）案中，法院同样重点考虑维持转售价格对消费者的影响。法院认为，“转售价格维持阻碍了竞争和消费者福利，因为制造商无法选择最优的经营方式，消费者将被迫承担劣质做法增加的费用。”[⑤]此外，微软案中，美国杰克逊法官判决围绕“消费者选择”展开，其判决书的焦点一直不在于当前产品的价格和成本、生产效率或者其他政治影响，而在于创新和消费者选择将被减损的可能性。[⑥]

欧盟在反垄断立法与司法中对保护消费者利益这一价值目标也无比重视，《欧盟运行条约》（Treaty on the Functioning of the European Union，TFEU）第 101 条第 3 款明确规定，反竞争协议产生的效率收益的“公平份额”如果可以传递给“消费者”，则存在豁免的可能性。大陆公司罐头案中，法院在说理中提及，“经营者即使未排除、限制相关市场内的竞争，但是如果滥用行为显著提高了商品价格使得消费者受到损害，就仍然适用《欧共体条约》第 82 条”。在欧洲消费者联盟（BEUC）诉欧共体委员会一案中，欧洲消费者组织要求欧共体委员会对一项协议展开调查，该协议涉及一些汽车经销商联合抵制销售日产汽车，欧共体委员会以该协议有利于欧洲的经营者为由拒绝调查，欧洲消费者联盟向法院提起诉讼。法院审理后认为，该协议虽然有利于某些汽车经营者，但显然侵犯了消费者的利益，故而支持了欧洲消费者联盟的请求。[⑦]

---

① Robert H. Bork, The Antitrust Paradox: A Policy at War with Itself, Basic Books Inc. Publishers, 1978, p. 51.

② See John B. Kirkwood & Robert H. Lande, The Fundamental Goal of Antitrust: Protecting Consumers, Not Increasing Efficiency, 84 NOTRE DAME L. REV. 191 (2008).

③ Reiterv. Sonotone Corp, 442 U. S. 330, 343 (1979).

④ Brooke Grp. Ltd. v. Brown & Williamson Tobacco Corp., 509 U. S. 209, 221 (1993).

⑤ Leegin Creative Leather Prods. v. PSKS, Inc., 551 U. S. 877, 881 -882 (2007).

⑥ United States v. Microsoft, 84F. Supp. 2d9 (D. D. C. 1999).

⑦ CaseT -37/92 BEUCetal. v. Commission (1994), ECRI285.

有些国家在立法中直接给予了保护消费者利益最高的地位。日本《独占禁止法》第1条设立了“金字塔型”反垄断价值目标,排除不当竞争的束缚、促进公平自由竞争、促进经济繁荣等目标位于金字塔下层,而保障一般消费者的利益价值则位于金字塔顶层。澳大利亚的《贸易行为法》第2条同样规定:“本法通过促进竞争、维护公平交易来保障消费者。”①《中华人民共和国反垄断法》(以下简称《反垄断法》)设立了多元化的价值目标,也将维护消费者利益作为重要追求之一。

《反垄断法》通过保护有效的竞争过程,使得消费者福利得以提升,与此同时,自由、创新等反垄断价值也会相应实现,最终达成企业良好经营、消费者获得质优价廉的产品的和谐状态。可以说,竞争法中的任何规定都是消费者权益保护法②,相关市场界定作为反垄断的重要环节,自然也要从保护消费者利益的角度出发。

（二）保护消费者利益是相关市场界定的必要考量

通说认为,相关市场界定并非目的,而只是帮助反垄断执法或者司法机构判定市场力量的一种工具,其与反垄断法的价值目标无涉。诚然,以经济学的角度来看,相关市场界定只是一个事实判断问题,但在反垄断领域,人为设定的相关市场界定方法或标准本身就内在地、不可避免地含有主观性因素,使反垄断活动中的相关当事人可以根据既定结论倒推相关市场的宽窄,结果导向性的相关市场界定很可能使得竞争影响分析徒具形式③。所以,价值无涉只是一种理想状态,相关市场界定既是一个事实判断的问题,也不可避免地包含了价值判断因素。

站在保护消费者利益的立场界定相关市场,已经成为许多学者研究中所坚持的原则。罗伯特(Robert)认为,相关市场界定的正确做法应当是以法条所保护的利益为中心分析,相关市场界定应当从权益受到侵害的原告的角度出发。④ 克勒(Koehler)认为:“反垄断法旨在衡量市场中的竞争的减少对消费者的影响,所以反垄断分析只有站在消费者的角度才是有意义的。”⑤普兰德(Pride)从消费者的角度出发将相关市场直接定义为“作为个人或组织,对产品和服务有需求,并且有能力、意愿和权利购买此类

---

① 孔祥俊:《反垄断法原理》,法律出版社2001年版,第170页。

② 参见王晓晔:《欧共体竞争法》,中国法制出版社2001年版,第29页。

③ 参见郑鹏程:《反垄断相关市场界定的结果导向及其法律规制》,载《政治与法律》2016年第4期。

④ See Robert G. Harris, Thomas M. Jorde, Antitrust Market Definition: an Integrated Approach, 72 Cal. L. Rev. 1, 18(1984).

⑤ Matt Koehler, The Importance of Correctly Identifying the Consumer for an Antitrust Relevant Market Analysis, 67 UMKC L. Rev. 521, 540(1999).

产品的人的集合”①。

保护消费者利益深刻体现在相关产品市场界定过程中。在萨金特诉旺特龙公司一案中,原告萨金特声称被告利用其垄断权力让经销商销售其不想要的产品,本案原告试图证明“微量天平”属于天平的相关子市场。② 美国第七巡回法院仔细研究了布朗鞋案中的子市场标准并指出,“要考虑的最重要的因素是消费者是否认为产品可以合理互换,消费者的需求是关键,一个市场定义忽略买方而只关注卖方正在做什么,或者理论上能做什么,是没有意义的”。③ 基于消费者的角度,法院认为只有那些需要进行难以置信的精确测量的人才需要“微量天平”,这表明微量天平本身是一个独立的市场,没有必要定义子市场。

保护消费者利益同样体现在相关地域市场界定的过程中。在坦帕电力公司诉纳什维尔煤炭公司一案中,美国法院站在经营者的角度界定相关市场,认为“在已知的商业领域中,有效竞争的领域必须通过仔细选择卖方经营的市场领域来划定,买方实际上可以向该市场领域寻求供应”。但是福塔斯法官在“格林内尔案”的裁判中反对此种做法,他认为,“寻找相关市场的目的是找到一个或多个潜在的买方可以合理寻找其寻求的货物或服务的地区,核心问题是潜在的消费者在哪里寻找潜在的服务供应商,或者说消费者在什么地理区域内可以在没有垄断的情况下在价格和替代设施方面有真正的选择”④。

(三)保护消费者利益是平台相关市场界定的必然要求

相较于传统领域,平台的商业模式相关市场界定更需要凸显对于消费者的保护。

一方面,平台会借助其网络效应来锁定消费者,侵犯消费者选择权。以数据为核心的平台具备强大的网络效应和用户锁定效应。平台通过大数据与算法了解消费者偏好,并以此为基础改进产品和服务提高质量,吸引更多的消费者进入。同时,平台运用算法能够为不同的广告商提供更加精准的广告受众,这意味着有更多的广告商会在平台购买广告空间,平台以此获得利润,而利润可以用以继续投入来提高产品或者服务的质量。上述网络效应带来的反馈回路可以为平台带来规模经济,使平台快速扩张,形成“马太效应”。此时平台可以采取“猎杀式并购”的策略来稳固自己的市场地位。这种“赢家通吃”的模式显著提高了潜在经营者的进入壁垒。反观消费者一方,理

---

① W. PRIDE & FERRELL, MARKETING, 1977, p. 17 – 19.

② Sargent-Welch Scientific Co. v. Ventron Corp, 567 F. 2d 701 (7th Cir. 1977), cert. denied, 439 U. S. 822 (1978).

③ Brown Shoe Co. v. United States, 370 U. S. 294 (1962).

④ Tampa Electric Co. v. Nashville Coal Co. 365 U. S. 320 (1961).

想状态下,消费者可以借助平台使搜寻或比价成本大幅降低,更易在不同平台或者商家间进行商品和服务的比较,从而作出最优选择。但受制于网络效应,消费者很容易被锁定在某一项由平台经营者独立提供的商品或服务上,此时消费者不再具有对于产品和服务的选择权,传统语境下的存在多种产品和服务的“市场”将不复存在。在谷歌比价销售案中,占市场支配地位的谷歌搜索引擎平台没有本着搜索结果中立的原则显示搜索排名,而是利用其在搜索引擎市场的支配地位,凭借算法技术不公平地将用户流量引导至自身购物网站,这使其他线上经营者即使有更好的产品与服务,也无法正常地呈现给消费者,这无疑减损了消费者获取更加优质的产品与服务的机会,损害了消费者的利益。

另一方面,平台很可能损害消费者的公平交易权。平台理应为消费者提供多元化的产品和服务,但是“大数据杀熟”“二选一”等平台行为使得消费者只能被动接受平台的交易条件,无法获得更加具有竞争力的价格和服务,限制了消费者的公平交易,损害了消费者利益。

之前我国平台反垄断执法与司法过程中对于消费者利益的保护不够。在“奇虎诉腾讯案”“人人诉百度案”“天猫滥用市场支配地位纠纷案”等众多著名的平台反垄断案件中,法院的关注重点都在于竞争秩序有无被损害,缺少对于消费者利益的考虑。鉴于此,有必要在平台经济反垄断分析的第一步,也就是相关市场界定时就将保护消费者利益这一情况考虑进去。

综上所述,“保护消费者利益”应当成为平台经济领域相关市场界定的最重要的价值导向。以保护消费者利益为导向的平台经济领域的相关市场放弃了模糊的包含了多个矛盾的社会和政治目标的方法,指明了具体的分析路径。正如怀特所说:“消费者福利标准提供了一个可行的、连贯的、客观的框架,将核心的反垄断调查,竞争是否受到损害优雅地转化为一个简单的问题:这种行为是让消费者更好还是更差?”①

三、基于保护消费者利益的平台经济领域相关市场界定

(一)基本思路

从保护消费者的利益角度出发应当如何界定相关市场,现有研究已经有了一定的回答。戴维(David)在1983年提出,相关市场界定应该从对消费者的市场调查出发,

---

① Elyse Dorsey, Geoffrey A. Manne, Jan M. Rybnicek, Kristian Stout & Joshua D. Wright, Consumer Welfare & the Rule of Law: The Case against the New Populist Antitrust Movement, 47 PEPP. L. REV. 861 (2020).

让消费者自由选择某种产品是否具有可替代性，这种市场定义的方式以经验逻辑和消费者为导向，市场定义的焦点在任何情况下都是消费者。① 其实，无论是传统领域还是平台经济领域，相关市场界定都应该从权利容易遭受侵害的消费者的角度出发。具体而言，在经营者和消费者之间选择靠近消费者一侧的市场方法，在存在两个备选市场的情况下，选择较小的相关市场，也即遵循两种基本思路。

第一，在使用替代性分析界定相关市场时，应该首先考虑适用需求替代法而不是供给替代法。需求替代是从需求者对产品或服务的功能、质量要求和价格接受程度等方面出发，其分析的核心是需求者。供给替代是根据其他经营者转产难度、进入市场风险、进入市场时间等因素来确定相关市场，其分析核心是经营者。因为需求侧和消费者有直接联系，只有从需求的角度对产品进行替代分析，才能更好地保护消费者利益。但需要注意的是，由于平台双边可能涉及多边市场的多个用户群体，此时“消费者”概念应当适当外延到多边平台的每一边“用户”，不仅包括商品和服务的最终购买者，还包括任何交易中任何可能的买方。在“阿里巴巴集团滥用市场支配地位案”“美团二选一案”中，市场监管总局就分别以消费者、餐饮经营者为主体进行了需求替代分析②，此种做法值得借鉴。

第二，使用最小市场法来界定相关市场。最小市场法是假定垄断者测试(SSNIP)的内在要求。假定垄断者测试将市场划定在假想垄断者大幅(通常为5% ~10%)和非暂时性(通常为一年)涨价将是有利可图的最小范围内。假定垄断者测试从相关市场的一组候选产品开始，首先模拟只拥有一组产品的假想垄断者在当前价格的基础上涨价，如果涨价导致利润损失，则逐渐增加垄断者拥有的产品数量再次进行模拟，当假想垄断者小幅但显著地提高价格预计利润不会下降时，那么最后一次模拟中垄断者拥有的所有产品就构成了相关市场。最小市场法首先是一个辨识工具，反垄断执法结构借助这一工具来识别经营者的市场份额。同时，最小市场法也是保护消费者利益价值的基本做法，相关市场界定的过程中执法机关与法院的自由裁量权很大，所以可能存在多个范围或宽或窄的相关市场，选择最小相关市场无疑更有利于保护消费者利益。

(二)相关市场的数量选择

现有研究将平台划分为非交易型平台和交易型平台。③ 非交易型双边平台特点是市场双方之间没有交易，双方存在不可观察的交互作用，因此不能按交易收费。交易

---

① See David C. Karp, A Consumer Oriented Approach to Market Definition under the Antitrust Laws, 18 U. S. F. L. REV. 221 (1983).

② 参见国家市场监督管理总局行政处罚决定书，国市监处罚2021〔74〕号。

③ Erik Hovenkamp, Platform Antitrust, 44 J. CORP. L. 713 (2019).

型平台特征在于两组平台用户之间交易存在可观察性,促进了平台两侧的用户之间的特定交易,并且主要根据完成的交易量来获得利润。[①] 对于非交易平台,由于产品差异、用户成熟度差异、纵向一体化差异和用户归属性差异,可能会导致平台一侧用户在单个市场的竞争激励与平台进行协调后的竞争激励存在显著差异。[②] 在考虑市场双边和交叉网络效应的情况下定义"两个紧密相连但截然不同的市场比定义一个单一的平台市场更可取"这一观点获得广泛赞同。

交易平台情况有所不同,支持将平台整体界定为一个市场的观点认为:"交易平台界定市场应该包括平台双方,因为除非双方都选择使用该平台完成交易,否则平台就不能正常运行,整个平台都是存在竞争约束的市场。"运通案中美国联邦最高法院认为:"运通公司向持卡人和商户提供'单一且同时'的中介服务。平台促进双方成员进行互动,它向市场的双方提供交易,并与其他支付卡平台竞争。"基于上述理由,美国联邦最高法院认定只有通过在单一相关市场下评估平台的双方,才能准确评估竞争。[③] 反对者却认为,如此做法背离了市场界定的本质。因为消费者有不同的偏好,平台一侧向用户提供的服务一般不能替代向另一侧用户提供的服务,无论是交易市场还是非交易市场,跨平台的服务都不在同一市场,两个不同的群体使用平台,他们的利益并不完全一致,不同的用户有不同的偏好。

可以看出,以平台类型来决定界定采取单市场方法还是多市场方法存在争议,并且由于平台功能的多元化,很难区分一个平台究竟是交易型平台还是非交易型平台,例如,淘宝一般被视为交易型平台,但是其也附带社交功能和广告功能。所以,要进一步分析平台竞争关系的实质。无论是交易型平台还是非交易型平台,都应当以需求替代为基本思路,综合考虑平台双边对于消费者的影响,即考虑交叉网络效应对于消费者的影响。

若网络效应是双向且强力的,此时平台一侧的用户数量会影响另一侧的市场的需求,或者说一侧用户本身就可以被视为向另一侧用户的投入。此时消费者的需求会因为另一侧的变化产生很大反应,平台双边用户如果不同时使用平台的服务就无法进行交易,此时平台可以被理解为向达成合意的双方用户提供一种交易中介服务。如果平台商品涨价或是一方用户数量减少,都将促使另一边消费者转向别的平台,平台必须

① See David S. Evans & Michael D. Noel, The Analysis of Mergers that Involve Multisided Platform Businesses, 4J. COMPETITION L. & ECON. 663, 674 (2008).

② See Michael Katz & Jonathan Sallet, Multisided Platforms and Antitrust Enforcement, 127 YALE L. J. 2142 (2018).

③ Ohio v. Am. Express Co., 138 S. Ct. 2274.

制定合理的价格结构和经营策略确保同时吸引足够多的消费者和商家,平台主要的竞争是与其他平台争夺消费者和商家。这时可以考虑将平台视为一个市场进行界定工作,此时并不违背需求替代分析的基本思路,但需要对平台各方用户分别进行需求替代分析。此种类型的平台既包括交易型平台中的支付卡平台、网络零售平台、房屋买卖与出租平台、网约车平台和餐饮平台,也包括非交易型平台中的网络招聘平台等。

若网络效应仅仅是单向的,且另一边用户存在与否对消费者需求的满足并无显著影响,消费者的着眼点在于平台向其提供产品与服务的质量本身,即消费者对于替代品的选择与另一边市场的情况并无直接关联,此时就需要界定单一市场。以搜索引擎平台为例,消费者所需要的仅是平台的搜索服务,除广告过多会影响用户体验外,平台另一侧的广告市场并不会直接影响消费者的选择,此时相关市场应只考虑在线搜索服务市场。此类平台还包括在线视频平台、操作系统平台、软件商店平台等。

(三)相关产品市场界定

在明确采取单市场法还是多市场法界定相关市场后,需要进一步分析相关市场界定的具体工具。虽然既有研究认为平台经济领域对现行相关市场界定工具造成挑战,但是工具的短暂失灵并不意味着基本分析思路的失败,而是需要结合平台经济的特性予以适当调整。

1. 以最小市场法界定“相关产品”

相关产品市场的界定可以进一步细分为“产品界定”和“替代性分析”两个环节①。在传统单边市场中,由于商品或服务在功能上往往较为单一,因此容易进行产品界定,实践中也常常忽视这一步骤。但平台经济领域由于商品和服务进行数字化整合②,组合后的商品或服务的形成聚合有多种功能的“补足品”,所以从聚合产品挑选出满足市场界定需要的相关产品成为一大重点,直接影响了相关市场的界定范围。在“阿里巴巴集团滥用市场支配地位案”中,当事人主张相关产品是B2C网络零售服务,但是市场监管总局却认为相关产品是网络零售服务,最终将相关市场界定为网络零售平台服务市场。

对于相关产品的选定,同样不能从平台提供该商品或服务的角度而是要从消费者需求的角度进行考量。本着最小市场的思路,应该首先明确相关商品的主要竞争约束,即寻找消费者在使用平台某种产品或者服务时所依赖的“基础功能”,倘若商品的

---

① 参见张江莉:《论相关产品市场界定中的“产品界定”——多边平台反垄断案件的新难题》,载《法学评论》2019年第1期。

② 参见张江莉:《多边平台的产品市场界定——兼论搜索引擎的产品市场》,载《竞争政策研究》2018年第1期。

基础功能一致,意味着两者都可能满足消费者的需求,具有可替代性。[①] 在确定商品的基础功能后要进行相应的验证工作,即验证选定的"基础功能"是否可以单独满足消费者的需求,若可以,则该基础功能指向的产品就是"相关产品",若该基础功能无法单独满足消费者需求,则需逐次再添加其他功能,看其能否独立满足消费者需求,如此反复,直到找到最小范围内可以独立满足消费者需求的功能集合所指向的产品与服务,从而确定"相关产品"。前案中,法院认为B2C和C2C网络零售平台并无本质区别,强行将天猫和淘宝认定为提供同种服务的平台,没有注意到B2C网络零售平台本身就可以独立作为相关产品满足消费者的需求,从而扩大了相关市场的范围。

2. 需求替代分析的多重考量因素

需求替代分析是判别平台经济领域竞争约束的核心工具,也是相关市场界定的基本思路。但是基于平台经济的特殊性,需要对传统需求替代的考量因素予以补充,综合分析价格要素和考察非价格要素。

首先,分析价格要素。在传统单边市场,价格要素往往是消费者挑选替代品的主要参考,也是替代性分析的主要标准。消费者在选择替代品时,会将产品的质量、功能等要素与价格要素作出横向对比,倘若同质量的商品与服务价格差距过大,对消费者来说则可能不具有可替代性。价格分析在平台经济领域仍有重要地位,特别是存在双向且较强的网络效应时,平台双边一般发生可观测交易,价格数据易获得,此时可以借助价格确定产品和服务的可替代性。但是单向弱网络效应的情况下,由于平台的不对称价格策略,需要界定相关市场的一方往往采取"免费模式",价格要素在需求替代分析的重要性会相应下降,此时应考量平台定价结构、运行模式来增加其他要素在替代分析中的地位。

其次,考察非价格要素。平台经济领域的竞争是动态竞争,市场份额极其不稳定,创新企业的产品与服务可以快速取代原有产业,从而获得市场支配地位。一味地拘泥于静态价格配置可能造成对研发创新、动态竞争和动态效率等因素不够重视的局面。[②] 所以,动态变化的注意力要素、数据要素及质量要素都可能成为需求替代分析中需要考虑的变量。以数据要素为例,数据是平台最为关键的生产要素,平台可以基于数据不断改进其产品和服务,甚至借助大数据分析加强市场预测,固化竞争优势。埃本(Eben)提出,"免费"并不一定意味着不收取"价格"。互联网上的消费者个人数据通

---

① 参见陈兵:《平台经济领域相关市场界定方法审视——以〈国务院反垄断委员会关于平台经济领域的反垄断指南〉第4条为中心的解读》,载《法治研究》2021年第2期。

② See Gilbert, R. J. Innovation Matters: Competition Policy for the High-Technology Economy. MIT Press, 2020.

常充当重要输入的提供者,作为提供个人数据的交换,消费者可以获得这些"免费"服务,个人数据是这些交易的价格,埃本还为数据如何取代价格进行需求替代分析设计了一个框架。① 格雷夫(Graef)甚至认为,在平台经济场景下,即使数据没有被单独交易,但是可以将数据界定为独立的相关市场。② 困难的是,非价格因素往往极具个性化特征,难以量化分析。给需求替代分析方法的适用带来了很大的模糊性,此时就需要在个案中予以具体分析,以消费者需求和偏好为准,确定所要分析的非价格要素的种类和所占比重。

3. 供给替代分析仅作为补充

有学者指出,平台经济中供给替代分析可以成为主要分析方式。③《指南》亦给予了供给替代分析极其重要的地位。

但即便是在传统市场中,供给替代分析也没有成为界定市场的主要方法,欧盟及其成员在反垄断分析中很少使用供给替代分析。这是因为供给替代是从经营者的角度出发,具有供给替代性的产品一旦纳入相关产品市场,会扩大相关产品市场的范围。具体到平台经济领域,一个平台可能已涉足诸多相关市场或具备涉足多个相关市场的能力,商品的潜在供给者无法确定。如果对直接使用供给替代分析,则很有可能把质量和功能差异极大的商品归入同一相关市场,这显然不符合最小市场的原则,也不利于消费者利益的保护。以进入壁垒为例,平台原本的用户极易成为该平台中另一种产品或服务的用户,平台可以轻易借助在一个市场中的显著优势地位将优势传导至另一个市场,这将直接造成一个平台进入其他相关商品市场的难度和风险显著降低。如腾讯以即时通讯产品为依托,目前业务已经涉及在线游戏、网络视频、支付平台等领域。故而,平台经济领域相关市场界定阶段一般不考虑供给替代,或者只将供给替代作为辅助方法适用。

此外,数据和算法已经成为平台开发商品和服务的主要原料,平台边际成本趋近于零,虽然理论上来说大多数平台在短期内实现转产并不困难。但是事实上,由于网络效应和用户锁定效应的存在,平台"赢者通吃"的现象非常普遍,供给替代真正实现的情况较少见。

---

① See Magali Eben, Market Definition and Free Online Services: The Prospect of Personal Data as Price, 14 ISJLP 227 (2018).

② See Graef, Inge, Market Definition and Market Power in Data: The Case of Online Platforms, 38, no. 4 (2015).

③ 参见宁立志、王少男:《双边市场条件下相关市场界定的困境和出路》,载《政法论丛》2016 年第 6 期。

可见,无论是从执法经验,还是从现实情况来看,供给替代分析的正确定位应当是,当需求替代不明确,但供给替代可能已经发生,并且对竞争产生了影响时,可以考虑进行供给替代分析。

4. 假定垄断者测试改良

虽然需求替代分析与假定垄断者测试分属定性与定量的方法。但事实上,假定垄断者测试同样是基于价格这一核心要素的变化来反映消费者对于替代商品选择的变化的情况,故而假定垄断者测试(SSNIP)也符合需求替代性原则。但是在平台经济领域针对单边市场价格变化的 SSNIP 不再能准确界定市场。一是因为平台可能会在消费者一侧实行“免费模式”,使得基于价格的 SSNIP 失去意义;二是享受“免费服务”的消费者一侧可能对平台略微的涨价非常敏感,使涨价幅度难以确定;三是平台交叉网络效应的存在使测试准确性显著降低,在具有双向且较强网络效应时,SSNIP 会低估涨价对于平台利润的影响,导致相关市场界定过窄。在具有单向且较弱网络效应时,SSNIP 会高估涨价对于平台利润的影响,导致相关市场界定过宽。

有学者鉴于平台的特性,提出 SSNIP 的改良方式。以产品质量代替价格的假定垄断者测试(SSNDQ)。该方法与 SSNIP 的分析框架相似,探讨在一段时期内平台将商品质量进行小而显著的降低时,消费者转向其他平台的可能性。此后 SSNDQ 进一步发展,有学者提出以 25% 的幅度确定商品质量的上升或者下降范围,即假设目标商品质量下降 25% 时,消费者转向其他可替代商品的可能性,或者商品质量提升 25% 时,消费者转向该目标商品的可能性。但是 SSNDQ 测试法仍然有缺陷,质量参数不像价格有固定的标准,其选取具有很强的主观性和不确定性,很难反映出不同的消费者的不同质量偏好。

为了解决质量难以量化的问题,有学者提出增长广告时间、增加广告量等影响消费者注意力的指标进行 SSNDQ 测试。① 蒂姆·吴(Tim Wu)认为用户注意力是双边平台及其上游客户寻求的实际货币,像脸书这样的在线企业获得了用户的注意力,并将其出售给广告商和开发商。② 他建议,在考虑市场定义时,反垄断分析应该评估获得和传递注意力的竞争,并提出了“注意力 SSNIP 测试”,以弥补传统的基于价格的市场定义工具的不适应性。

(四)相关地域市场界定

现有的平台经济领域相关市场界定的若干研究重点多在相关产品市场,但相关地

---

① 参见孟昌、李词婷:《网络平台企业免费产品相关市场界定与案例应用——以视频平台为例》,载《经济理论与经济管理》2019 年第 10 期。

② See Tim Wu, Blind Spot. The Attention Economy and the Law, 82 ANTITRUST L. J. 771 (2019).

域市场界定则存在更难解决的特有的问题——边界性问题。在传统相关市场界定中，对相关地域市场考量因素包括地域的进入障碍、运输成本，产品特性等。但是大部分平台产品与服务具有虚拟性和跨地区性，诸如提供搜索、视听、广告等服务的网络公司几乎可以在任何地点注册，并且可以在全世界范围内提供服务，很可能并不存在所谓的进入障碍与运输成本问题，基于此有学者提出“将互联网单独界定为一个相关地域市场”①，即市场范围为互联网所在的全球区域。但是，并非所有的平台产品都是虚拟的，如网络零售平台的产品就是有形的，其不仅要与其他网络零售平台进行竞争，也与实体经济之间存在竞争。此外，并不是所有的平台经济都是跨地域的，很多社交网络平台就具有明确的覆盖限度。因此，绝不能简单地将平台的地域市场视为全球市场。

从保护消费者的利益界定相关地域市场，仍要遵从需求替代和最小市场两个基本思路。要选择平台商品和服务受到消费者需求约束的最小市场，此时影响消费者选择替代品的因素除传统的价格、运输成本、贸易壁垒外，还包括语言习惯、特定的消费偏好、获取产品的难易度等。以语言习惯为例，社交网络平台、在线购物平台和搜索引擎平台基本上的消费者在选择替代品时一般会选择相同语言文字的产品与服务，在谷歌和双击合并案中，欧盟委员会调查发现，不论是对广告商还是出版商，其广告空间的供应都可以根据不同的语言与文化进行区分，所以欧盟委员会以欧洲国家和地区的语言边界为基础界定了相关地域市场。② 而诸如游戏平台、音乐平台则一般不会受到语言文字的限制，如蒸汽游戏平台(Steam)被大多数电脑端网络游戏消费者视为腾讯游戏的有效替代品。

需要强调的是，最小市场原则不代表应该人为缩小地域市场的范围。在上海“食派士”公司滥用市场支配地位一案中，执法机关在界定相关地域市场时，认为即食类食品依靠人工配送，配送服务距离有限，考虑食物口味安全和配送效率，以及平台设定的城市锁定，将相关地域市场界定为中国上海市。但矛盾的是，在界定相关产品市场时，执法机关却将相关产品市场界定为提供英文服务的在线餐饮外送平台服务市场。以“服务”界定相关产品市场而以“食品”本身的性质界定地域市场，两者思路大相径庭。③ 该案中，既然相关产品为提供外文服务的外送平台服务，那么可以合理选择的替代品也应该为一定范围内的外文餐饮外送“服务”。

---

① Charles Carson Eblen, Defining the Geographic Market in Modern Commerce: The Effect of Globalization and E-Commerce on Tampa Electric and Its Progeny, 56 BAYLOR L. REV. 49 (2004).

② Case No COMP/M. 4731 – Google/DoubleClick, 11 March 2008, par. 45 – 46.

③ 上海市市场监督管理局行政处罚决定书，沪市监反垄处〔2020〕06201901001 号。

四、结论

反垄断法保护竞争,而不是保护竞争者,但其目标乃是增进消费者利益。不论是我国《反垄断法》还是《指南》,其保护的价值都非常多,并且没有给出价值的优先次序。《指南》第3条前3项将保护公平竞争、高效监管和保护创新并列,对于消费者利益的保护在第4项"保护各方合法权益"稍有提及,将保护消费者与经营者和其他平台内从业人员并列考虑。虽然《指南》对我国法院没有约束力,但是这样规定无疑会对我国反垄断司法造成某种导向,认为针对平台经济领域反垄断司法中应该优先考虑效率、竞争与创新而忽视对于消费者利益的保护。平台经济反垄断执法和司法若能够兼顾保护各种价值确实是最好的,但是当保护的价值可能面临冲突时,则应当凸显保护消费者利益的第一性。具体到相关市场界定领域,在面临有多种市场界定选择的可能性时,其数量选择、工具选择均应当采取最符合消费者利益的界定方法。

征稿启事

《知识产权与市场竞争研究》是由武汉大学知识产权与竞争法研究所、湖北省法学会竞争法学研究会联合主办，由武汉大学知识产权与竞争法学科带头人宁立志教授担任主编的学术性连续出版物，每年出版一到两辑。力求汇集百家观点、砥砺学术思想、凝聚学术共识、研拟法治策略，赓续往学，推陈出新，力争为推动中国知识产权法与竞争法理论与实务研究的不断深入和发展略效绵力。在此，热诚期盼学术界、监管部门、司法部门以及其他对知识产权与市场竞争理论和实践问题感兴趣的各界贤达赐稿！

作为知识产权法与竞争法以及两者交叉领域学术传播和思想交流的重要园地，《知识产权与市场竞争研究》始终坚持高标准选稿、用稿，突出学术导向，追求学术创新，鼓励学术争鸣，弘扬学术精神，尤其强调贴近中国现实，服务中国进步。每辑视来稿情况拟设“本辑特稿”“理论聚焦”“学术专论”“判解/实务研究”“域外法治”“青年论坛”等专题，不划界自囿，不拘泥于稿件类型和作者身份，要求来稿选题新颖，内容充实，观点明确，论证严谨。来稿篇幅以1万~2万字为宜，并在正文前加列“内容提要”与“关键词”。内容提要为文章主要观点之提炼，字数一般控制在300字以内，关键词一般为3~6个。

为保证用稿质量和水平，《知识产权与市场竞争研究》将采用双向匿名审稿制。稿件一经采用，将给予适当稿酬，并采取“优稿优酬”原则。来稿请以电子邮件的方式惠寄至专用邮箱：whuiprmc@163.com。请在邮件的标题中注明作者姓名和文章题目。所有稿件请采用Word文档格式，以保证文字信息的兼容性。

《知识产权与市场竞争研究》编委会

2022年11月